동농문학

東儂文學

제3집 · 2010

동농 이해조 선생 기념사업회

※ 이 책은 포천시의 지원을 받아 출간하였습니다.

제3집 · 2010

동농문학

동농포럼 발표 논문

동농 이해조 문학 공모전 최우수작

※ 자유종 발간 100주년을 기념하여 이번호부터 제호를 동농문학으로 바꿨습니다.

※ 표지 제자(題字) : 이병찬(포천예술인동호회 회장)

1
동농선생 서거 82주기 추도식(2009. 6. 10)

2
동농선생 묘역

3
동농선생 묘비

4
동농선생 서거 83주기 추도식(2010. 6. 10)

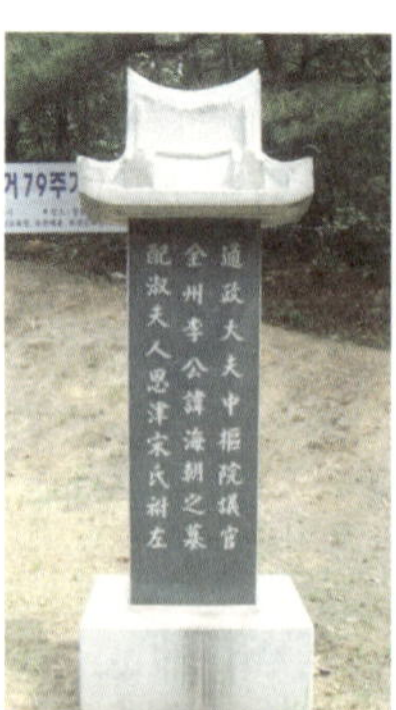

1 2 3

동농선생 기념 심포지엄
(서울역사박물관, 2009. 8. 27)

4

독서감상문 시상
(포천일고, 2009. 12. 1)

1 2

동농선생 도서 특별전시회

3 4 5

연극 〈자유종〉 공연 및 창작포럼
(서울 대학로 예술극장, 2010. 7. 5)

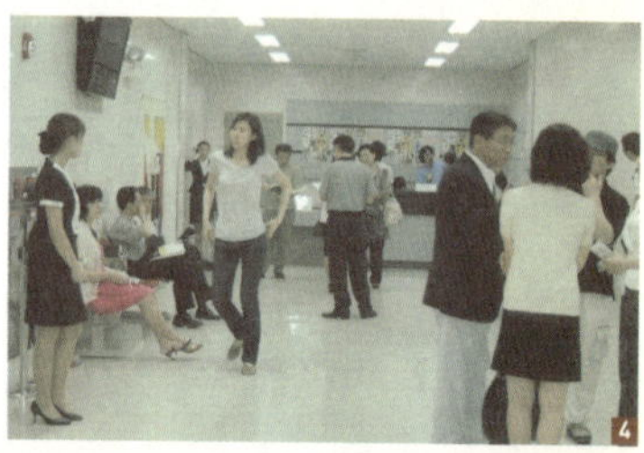

1 2

제3회 동농포럼 이병찬 교수

3 4

제4회 동농포럼 김자현 작가

1
동농포럼 발표장

2 3
제5회 동농포럼 이만수 교수

4
문학공모전 심사 모습

발간사

홍 을 표

동농 이해조선생 기념사업회 회장

금년은 동농 선생께서 이 땅에 「자유종」을 울린 지 꼭 100년이 되는 해입니다. 일제의 노골적인 침탈 앞에 국운은 그야말로 풍전등화였습니다. 그 해 7월에 발간된 「자유종」은 개인의 자유와 민족의 독립을 향한 절박한 표현이었습니다. 그로부터 한 달이 지나 8월 27일, 우리는 자유를 빼앗긴 경술국치를 당했습니다.

「자유종」은 더 이상 울리지 못하게 판금 당하고 36년의 긴 시간 동안 우리 민족에게 자유는 사라졌습니다. 그러나 그 엄혹한 일제 통치에서도, 선생께서 일구어 놓으신 한국 소설사의 굳건한 씨앗과 빛나는 열매는 수백만 독자들의 마음을 통해 면면히 이어나와 오늘날 우리가 사랑하는 모국어를 풍성하게 하였고, 우리가 지금 누리는 문학과 근대정신의 뿌리가 되었습니다.

우리 문학사에서 큰 활로를 개척한 선생의 업적을 기리고 배우기 위하여 저희 기념사업회에서는 작년 82주기 추도식 이후에 많은 일들을 했습니다. 우선 서장원 포천시장께서 묘역을 정비하도록 해주셔서 묘역 주변이 훤하게 밝아졌습니다. 또한 선생의 고향인 포천에 있는 7개 고등학교 학생들을 대상으로 선생의 문학과 사상을 강의하고 자유종 독후감대회를 개최하여 200여 명의 학생들로부터 작품을 받아 15명에게 상을 시상했습니다. 선생의 후학들이 동농 선생의 유지를 받들 수 있겠다는 자신감을 얻었습니다.

또 8월에는 서울 역사박물관에서 문학 심포지엄을 개최하여 선생의 문학, 계몽운동, 연극 및 예술, 종교 및 사상 등에서 남기신 유업에 대하여 다양한 학문 전공자들의 연구 발표를 통해 동농 연구의 지평을 넓혔습니다.

금년은 '자유종 100년제'를 개최하여 우리 문학사에서 기념비적 작품인 「자유종」의 발간을 기념하면서 포천시와 경기문화재단의 적극적인 지원을 받아 학술, 문학, 예술, 전시 등의 다양한 행사를 개최했습니다. 한국연극연출가협회와 공동으로 자유종 연극제를 실시하여 「자유종」을 100년 만에 다시 울리게 했습니다. 또한 포천시립 소흘도서관에서 동농 선생의 작품과 자료를 수집하여 이해조 선생 도서 특별전시회를 개최하여 시민 누구나 동농 선생의 작품을 접할 수 있게 했습니다. 또 작년에 이어 문학공모전을 실시하여 시, 소설, 독서감상문 등의 분야에서 우수한 인재들을 발굴하여 동농 선생의 뒤를 잇도록 했습니다.

이번에 발간되는 「동농문학」 3집은 지난 2년간의 사업회 활동의 결과로, 동농 선생의 문학과 사상을 연구하고 그 뜻을 따르고자 노력한 기록입니다. 또한 이번 3집은 「자유종」 발간 100주년을 기념하는 특집호입니다. 이 특집호의 발간을 위해 귀한 축하 말씀과 함께 그간 물심양면으로 지원해 주신 서장원 포천시장님, 김영우 국회의원님, 김종천 포천시의회 의장님, 이철웅 포천교육장님, 이만구 포천문화원장님을 비롯한 포천의 문화예술계 인사들에게 심심한 감사의 말씀을 드립니다.

이번 「동농문학」 3집 발간을 계기로 이곳 포천이 동농 선생의 근대 문화유산을 계승 발전시키는 동농학파의 산실이 되기를 기원합니다. 그리하여 동농 이해조 선생이 우리 근대문화의 뿌리로서 또한 경기도 문화의 상징으로서 다시 꽃필 수 있도록 노력하겠습니다.

축 사

서 장 원

포천시장

포천이 낳은 근대소설의 선구자이며 계몽사상가인 동농 이해조 선생의 학술적 가치와 업적을 기리기 위해 선생의 문학과 사상을 담은 「동농문학」 3집 발간을 16만 포천시민과 함께 축하를 드리며, 「자유종」 발간 100년을 맞아 특집호로 발간을 준비해 주신 이해조 선생 기념사업회 홍을표 회장님을 비롯한 관계자 여러분께 진심으로 감사를 드립니다.

이해조 선생께서는 국운이 기우는 구한말에 인평대군의 후손으로 포천에서 태어나 민족의 혼과 근대적 각성을 민족 앞에 요청하시고 언론과 문학을 통해 민중의 계몽과 교육에 헌신하셨습니다.

또한 포천 최초의 민립학교인 청성제일학교를 세워 인재를 가르치신 교육자이시고, 국채보상운동을 전개하여 국권회복을 위해 기치를 높이 든 언론인이셨습니다.

아울러 1910년 경술국치 직전에 우리나라 독립의 비전을 그린 대표작인 신소설 「자유종」을 쓰셨으며 그 이후로도 많은 작품을 남기시며 근대문학에 뿌리를 내려주셨습니다.

그리고 애국계몽운동과 사회혁신의식을 통해 민족 스스로 여명에서 어두움을 헤치고 나오길 간절히 바라셨지만, 우리는 아직도 분단의 아픔에서 벗어나지 못하고 있는 현실입니다.

이제 지구촌이 하나라는 세계화 시대를 맞이하여 우리 민족의 정체성을 세우기 위한 선생님의 가르침에 귀를 기울이고 선생님의 문학혼이 곳곳에 발현될 수 있도록 우리는 선생님의 업적을 드높여야 할 것이며 포천의 문화적 자산으로 삼아 길이 빛내도록 노력해야 할 것입니다.

다시 한번, 「자유종」 발간 100년을 맞아 우리 지역의 소중한 문화유산을 대외에 알리게 될 「동농문학」 3집 발간을 축하드리며 여러분의 가정에 늘 건강과 행복이 충만하길 바랍니다.

감사합니다.

축 사

김 영 우

국회의원(포천·연천)

우리 포천의 자랑인 동농 이해조 선생의 「자유종」 발간 100주년을 맞아 「동농문학」 3집이 발간됨을 매우 뜻 깊게 생각하며 진심으로 축하드립니다.

아울러 이해조 선생의 업적과 문학작품을 알리는 데 앞장서오신 동농 이해조선생 기념사업회 홍을표 회장님을 비롯한 관계자 여러분들께 깊은 감사를 드립니다.

동농 이해조 선생은 일제에 의한 국권 찬탈기에 신소설을 통해 애국계몽운동을 전개한 애국지사이며 청성제1학교를 설립한 교육자입니다.

특히 동농 이해조 선생은 신소설의 작가이자 계몽운동가로 활동하면서 꾸준히 소설작품을 통해 자신의 가치관과 신념을 피력하려고 노력하셨던 분입니다.

지금 우리가 과거 우리나라가 겪었던 삶에 대해 느끼고 알 수 있게 된 것도 이해조 선생처럼 그 당시의 삶에 대한 희로애락을 글로 남긴 분들이 있었기 때문일 것입니다.

이런 의미에서, 이번 「동농문학」 3집 발간을 통해 다시 한 번 동농 이해조 선생의 신념과 작품을 알리고 전할 수 있는 의미 있는 자리가 되었으면 좋겠습니다.

또한 「동농문학」 3집을 통해 동농 이해조 선생의 작품을 좀 더 이해하고, 이해조 선생을 만날 수 있는 기회가 되기를 바랍니다.

감사합니다.

축 사

김 종 천
포천시의회 의장

유난히도 무더웠던 여름이 서서히 계절의 흐름 속으로 잊혀지고 들녘이 온통 황금물결로 출렁이는 가을의 문턱에서 우리나라 근대 개화의 대표적인 선각자이신 동농 이해조 선생의 「자유종」 발간 100주년을 기념하는 특집호 「동농문학」 3집 발간을 매우 뜻 깊게 생각하며 16만 시민의 이름으로 축하를 드립니다.

먼저, 어려운 여건 속에서도 오직 뜨거운 학문적 열정만으로 동농 이해조 선생의 연구에 혼신의 노력을 하여 주신 홍을표 기념사업회장님께 진심으로 감사의 인사를 올립니다.

잘 아시는 바와 같이, 동농 이해조 선생은 고난과 절망으로 얼룩진 구한말 국권 상실기에 문학과 언론 그리고 교육활동을 통하여 민족적 각성과 애국 계몽운동을 전개하여 우리민족의 자존과 국권을 회복하는 데 근간이 되신 분입니다.

문화 창조력이 한 국가나 지역의 미래를 좌우하는 이른바 문화의 세기라고 말하는 금세기에 우리 포천이 낳은 위대한 선각자이신 동농 이해조 선생의 혼과 얼을 심층적으로 분석하여 선생의 뜻과 업적을 포천 발전과 우리나라 문화 발전의 에너지로 승화시켜 백년지대계로 삼아야 할 것입니다.

아무쪼록 금번에 발간되는 「동농문학」 3집을 계기로 우리가 꿈꾸고 있는 비전인 '전국 제일의 문화 관광도시'를 만들어 나가는데 중요한 시발점이 되기를 간절히 희망합니다.

다시 한 번 「동농문학」 3집 발간을 16만 시민과 함께 축하드리며, 우리 지역 문화를 사랑하시는 모든 분들의 가정에 늘 행복이 가득하시기를 기원합니다.

감사합니다.

축 사

이 철 웅
포천교육지원청 교육장
교육학 박사

일찍이 문학은 그 민족의 마음의 조감도라고 했다. 우리 포천은 예로부터 덕망과 학식이 높은 선비가 출생했다하여 선비의 고장이라는 칭송을 받고 있다고 본다. 그분들 가운데 근대 신소설의 작가이자 애국계몽 운동의 선각자이신 동농 선생을 빼놓고 우리나라의 근대소설을 정립하기가 어려운 큰 기둥이시다.

선생은 인평대군의 10대손으로 태어난 곳이 우리 고장이요 태어난 시기가 대한제국의 국운에 어두운 그림자가 짙게 베어든 시기인 것이다.

특히 올해는 국치 100년이요. 이 시기에 맞물려 선생의 역작인 신소설 「자유종」 발간 100주년이 되는 뜻 깊은 시기인 것이다.

대한제국의 말년은 쓰러지는 풍운이 시기인 것이다. 이 시기에 지성인들의 고뇌를 잘 나타낸 「자유종」은 우리 민족 근대사의 큰 획을 긋는 작품이라 생각된다.

선생은 그 애국의 고뇌를 「자유종」이라는 작품을 통해 국민을 계몽시킨 이른바 애국계몽운동의 선각자이신 것이다. 선생은 이 작품에서 교육의 힘을 역설하며 시대적 상황의 부조리한 구습이나 신분을 타파하고, 개혁을 이뤄야 한다는 신념으로 계몽하겠다는 정치 경향을 나타내었던 것이다.

주인공 신설헌의 주창을 화두로 정계의 만연한 부정부패를 은유적으로 질타하면서 남존여비사상에 안주하고 있는 답답한 현실을 개혁하자고 하여 교육의 중요성을 미래지향의 방향으로 삼고 답을 찾아나갔으며, 부인들의 수다를 매개로 시대적 혼란을 꼬집으며 현실의 정계와 재계를 비판하기에 이른 것이다.

또한 시대적으로 한자(漢字)폐지와 조금 안다고 난척하는 '지식인'들을 비난하면서 제대로 된 교육의 실현을 앞당기자는 교육철학적 애국론을 전개했던 것이다.

이와 더불어 선생은 현실야합적인 지식인들을 겨냥하여 단순지상의 한글교육이 가져올 수 있는 병폐를 춘향전과 심청전 그리고 홍길동전을 예로 들어 잘못되는 교육을 경계하였던 교육의 선각자이기도 하다.

그는 춘향전과 심청전 그리고 홍길동전을 가지고는 바람직한 교육의 목적에 부적합하다고 생각하여 한글저서들이 가지는 인성교육의 부조화를 간과해서는 안 될 것이라며 한문타파를 급하게 서두름은 교육현장에서 가져올 위와 같은 폐단을 경계하였던 것이다.

이처럼 교육학을 체계적으로 전공하지도 않으시면서 현대 교육학의 대가인 브루너와 같은 교육철학을 전개했던 위대한 어른이시다. 나는 이런 교육철학의 이면에서 사그러져가는 국운을 교육을 통해 바로 잡겠다는 선생의 충정 정신의 발현으로 해석하고 싶은 것이다.

당시 자주독립과 번영된 부국강성을 이루려는 남다른 소신은 뒤에 나올 남녀 평등의식 고취와 자유교육 주장을 의식적으로 추구하려는 선생의 의지로도 확인할 수 있었다. 교과의 과정에서도 남녀 평등논리를 도입하여 여권의 권리신장에도 이바지하여야 함을 강조한 선생의 온고지신은 오늘날 우리에게 보여주는 교훈이 된다.

선생은 초등교육의 이상적 교육이념으로는 자국의 인물을 기념하는 초안을 설정하였고, 자국민 정체의식을 강조했던 이른바 교육을 통한 애국계몽이요, 대중의 교육을 위한 예의의식을 바탕으로 기초학업의 성취를 달성하려는 현대적 교육개념을 설파했던 것이다.

국치 100년, 그리고 선생의 혼이 담긴 「자유종」 발간 100년을 맞아 우리 사회는 이를 현대적으로 해석해서 사회기풍을 바로 잡는 계기로 삼아야 할 것이다.

이런 의미에서 이해조 문학의 정신을 계승 발전시켜 나가는 「동농문학」 3집의 발간을 진심으로 축하하며, 많은 발전을 기원하는 것이다.

문학의 국민정신의 원류요, 이를 수단으로 이끄는 것이 교육이라고 조직적 정의를 한다면 오늘날 조금은 어두운 사회현상을 파타하고 바람직한 국민의식을 정립하는 차원에서 선생의 이상향인 「자유종」이 우리 사회의 새로운 교육덕목으로 거듭나기를 기대하는 바이다.

특히 우리 고장의 선각자인 동농 선생의 혼이 깃든 이해조 문학의 무궁한 발전과 더불어 이 사회를 일깨우는 진정한 자유종의 메아리가 지속 발전되기를 기대하는 바이다.

이와 더불어 민족문학의 발전이 교육을 통하여 우리 사회를 정화시키는 일역을 다해야겠다는 의중을 밝히는 바이다.

그동안 이해조 문학 발전과 동농선생 기념사업에 헌신하신 관계자 여러분들의 그 숭고한 뜻에 존의를 표하며 발간 축사에 가름하는 바이다.

동농 선생이시여!

영원하시어 이 민족을 밝히는 등불로 거듭나시라…….

축 사

이 만 구
포천문화원장

온 누리에 국화 향기 그윽한 결실과 풍요의 좋은 계절을 맞아 우리 포천이 낳은 신소설의 개척자 동농 이해조 선생의 대표작인 「자유종」 발간 100주년을 기념하는 「동농문학」 3집을 발간하시게 됨을 먼저 진심으로 축하드립니다.

언론인으로, 계몽운동가로, 문인으로 1900년대 전후의 암흑기를 어렵게 살아오신 동농 이해조 선생의 문학사상을 선양하기 위하여 애쓰시는 동농 이해조선생 기념사업회 홍을표 회장님을 비롯하신 회원 여러분의 그간의 노고에 대하여 깊은 감사를 드립니다.

기념사업회에서는 그 동안 수 차례에 걸친 「동농문학」 발간 및 세미나 개최 등을 비롯, 올해에는 「자유종」 발간 100주년을 기념하는 연극을 서울 동숭동 예술극장 무대에 올려 동농선생의 문학 사상을 널리 알리는 데 크게 기여 하였습니다.

동농 선생은 1905년 을사늑약으로부터 1910년 경술국치 전후에 이르는 동안 '광무사', '대한협회', '기호흥학회' 등 애국 계몽 단체에 적극 참여하신 애국계몽 운동가이신 한편 기호흥학회에서 창건한 기호학교의 교감으로 취임하여 후진 양성에 힘쓰셨으며, 또한 <기호흥학회> 월보의 편집장으로 활동하신 애국적인 언론이시기도 합니다.

특히 1910년 발간된 소설 「자유종」은 선생의 애국계몽주의가 잘 농축된 신소설의 백미라고 생각됩니다. 선생은 이 소설에서 여성 및 자녀 교육의 중요성, 한글전용문제, 적서와 계급의 차별, 자주독립 등을 토론형식으로 다룸으로써 계몽주의적 문학가로 우리의 마음속에 영원히 기억되고 또한 존경받으실 것입니다.

국권의 상실이라는 어려운 시기를 애국계몽운동으로 살아오신 선생이 포천에서 태어나시고 또한 포천에 묻혀 계심을 우리는 자랑으로 여기지 않을 수 없으며, 따라서 선생의 계몽사상과 문학 정신을 우리는 잘 선양하고 지역의 자긍심으로 승화시켜 나가는 일에 모두 나서야 할 것입니다.

「자유종」 발간 100주년을 맞는 올해야말로 이런 뜻 깊은 사업들이 더욱 알차게 결실을 맺는 보람있는 한 해가 되기를 바랍니다.

끝으로 동농 이해조선생 기념사업회의 무궁한 발전을 기원드립니다.

감사합니다.

추도시 |

100년 궤적을 뚫는 자유의 종소리

김 자 현

서해의 호곡소리를 삼키고
무심한척 너울대는 2010년의 여름
선생 가시고 여든 세 해가 되는 날
골짜기마다 찔레의 향이 높아
더 서러운 유월이 갑니다

어리고 순한 사회를 진화시키겠다고
기치 내걸은 양으로 둔갑한 외세라는 늑대들
붉은 아가리 벌린 국제의 정글에 국토는 물론이요
우리 불쌍한 민중의 척수에 칼을 꽂고
우리 민족의 얼과 혼을 속속들이 유린했던
지구 자전 이래 가장 잔인한 민족
야만의 극치! 倭나라 늑대에게 심장이 물린
이 나라를 두고 동농 선생님 그해 오늘
아카시꽃 융단을 밟고 떠나셨습니까

화이에서 잠을 깼더니 친일이요
왜는 물러갔으나 친미를 비롯한 외세 여전히 드높아
선생께서 죽을 힘을 다해 치던 자유의 종소리
파도에 묻히고 나라는 허리가 잘려
한민족이 동강난 지 올해로 60년이 되었답니다.
제 조부모와 조상을 못 알아보고
말과 글이 토막 나
이민족처럼 풍습이, 타민족처럼 문화가 생경한 날이 올까
걱정인 채
반세기가 훌쩍 지났답니다.
그러나 우리의 소원 통일이
지금도 요원한 것은
늑대와 손을 잡고 제 나라를 팔아치우던
국익도 대의명분도 없이 친일에 이어
을사오적보다 더 비겁한 것들이 정권을 잡아
미디어에는 올가미를 씌우고
영문 모르는 사천만 자유의 사지를 결박하여 꿇어앉힌 50년
세월
그리하여 온 국민을 청맹과니를 만들고
정의로운 지성들이 무수히 희생된
독재의 그늘이 반세기, 5.18민주항쟁을 거쳐
그리하여 오늘은 6.10 항쟁 스물두 해가 되는 날이기도 합니다
이제 전 지구적인 대세, 자본주의로의 함몰로

환경위기 가속화 되는 이 때
당신이 그렇게 염원하시던 평등과 자유는 더 멀어지고
개발이라는 머리띠 두른 이 땅의 위정자들은
빈곤층을 양산하는데
가열차게 박차를 가하고 있을 뿐이지만
자유를 실은 시대의 열차는
여전히 진실이라는 21c 선로를 타고 달려
그 험난하던 현대의 역사 위로 친일 청산의 깃발을 꽂았습니다
그리하여 친일과 친미로 이어진
독재의 잔뿌리 여전히 남았다고는 하나
이제 우리의 할 일은 나머지 역사찾기
비틀린 역사를 바로 세우는 일입니다
제 2인자로 새겨진 동농 당신의 이름을
신소설의 아버지로 새롭게 쓰는 일입니다
아아-어느 날이 되어야
밤을 지배하려는 늑대개 물러가고
어느 때나 이 민족이
당신이 치는 죽비에 깨어나
까마귀 그물을 벗어 던지겠습니까
남과 북이 하나 되어
줄줄이 넘어오는 외세의 파도를 주름잡으며
윈드서핑을 즐기는 그 날이 오겠습니까

계층 계층의 턱을 허물고

소외계층을 향한 진정한 머슴정치
다민족을 수용하는 박애의 정치가 실현되는 날
단일이라는 어린 개념을 넘어
지구촌이 하나라는 성숙한 정서 속에
오천 년을 지켜온 이 땅에서
다양한 인종의 백성들이 손에 손을 잡는 그 날을
혼령이 되어서조차 염원하고 계실 동농이여!

백년이란 궤적을 뚫고
오늘도 내일도 언제까지나 울려퍼져야 할 자유의 종!
멸망을 모르는 우리 후손들에게
들려주어야 할 진실의 종소리!
지하에서 살아나와 햇발 따사로운 한반도를 그리며
우리의 영혼 속으로
<신 자유의 종>을 타종하고 계실
동농 이해조여!

– 동농 이해조 선생 서거 83주기에

특집 I

동농 이해조선생 기념 심포지엄 발표 논문*

1. 누가 신소설 최고의 작가인가?
   최원식(인하대학교 한국어문학전공 교수)

2. 한말 계몽운동과 東儂 李海朝
   김도형(연세대학교 사학과 교수)

3. 경술국치 이후의 문학적 변모에 대하여
   홍정선(인하대 한국어문학전공 교수)

4. 동농 이해조 소설의 창작공연 가능성
   김석만(연출가, 한국예술종합학교 교수)

---

* 2009년 8월 27일 서울역사박물관에서 개최된 이해조선생 기념 심포지엄에서 발표된 논문임.

누가 신소설 최고의 작가인가?

菊初 李人稙과 東儂 李海朝

최원식(인하대학교 한국어문학전공 교수)

1. 계몽주의의 두 유형

한때, 우리 문학사에서 갑오경장(1894)부터 3·1운동(1919)에 이르는 시기를 '개화기'라고 통칭하는 일이 유행한 적이 있었다. 이 관행을 승인한다고 하더라도 신소설의 흥기와 쇠퇴를 기준으로 삼으면 이 시기는 셋으로 구분된다. 첫째는 1894년에서 1905년까지, 둘째는 1905년에서 1910년까지, 셋째는 1910년에서 1919년까지. 그런데 신소설은 둘째 시기에 나타나서 셋째시기 초기까지 명맥을 이어가다가, 정확히 말하면 일본신파소설 번안시대가 열리는 『장한몽』(1913)의 출현 이후 급속히 쇠퇴의 길로 들어섰다. 물론 『장한몽』 이후에도 신소설이 창작 · 유통되긴 하지만 이미 문학사적 의의는 거의 소진된 형편이다. 그러니까 신소설은 둘째시기, 즉 애국계몽기에 전성기를 맞이했다고 보아도 좋다.

대한제국이 반식민지로 전락한 애국계몽기에는 도시를 중심으로 한 합법적 애국계몽운동과 농촌을 중심으로 한 비합법적 의병전쟁이 민족운동을 양분하였다. 또한 주목할 것은 이 시기에 일제와 그에 조종되는 조선의 괴뢰내각과 착종된 관계 속에 연결된 매국운동이 준동했다는 점이다. 따라서 이 시기에 세 노선의 문학, 즉 의병전쟁문학, 애국계몽문학, 친일문학이 병존했으니, 친일문학은 이 시기에 이미 출현한 터이다. 그런데 이 삼자는 뚜렷이 구분되는 듯 얽혀있다. 나라의 독립을 추구하는 문제를 중심으로 하면 앞의 2자와 친일문학이 대립하고, 나라의 개명을 기준으로 삼으면 의병전쟁문학과 뒤의 2자가 경계를 이루고 있기 때문이다. 물론 애국계몽문학과 의병전쟁문학이 이 시기 문학사의 주류임은 말할 것도 없겠다. 이 시기 문학을 검토할 때는 우선 대상 작가 또는 작품이 어느 노선에 속하는가를 따져보아야 하는데, 당시 친일문학도 애국으로 위장하고 있어서 세심한 판단이 요구된다. 요컨대 한국 계몽주의에는 개화를 자강의 방편으로 삼는 애국계몽사상과 개화를 매국에 이용하는 친일개화론이 병존하는 것이다.

기존 문학사에서 신소설의 아버지로 받든 국초(菊初) 이인직(李人稙)은 바로 애국계몽기의 친일문학을 대표하는 작가다. 나는 그 동안 이인직 중심으로 구성된 이 시기 문학사를 해체하는 일련의 작업을 진행하면서 '개화기'라는 용어를 폐기하는 한편, 이해조를 새로운 구심으로 삼을 것을 그 대안으로 제시한 바 있다. 애국계몽기에 촛점을 맞추면 두 작가는 선명히 구별된다. 이해조가 대원군 집정기(1864~1873)에 득세한 왕족 출신이라면 이인직은 조선왕조에 대한 충성심이 거의 없는 한미한 출신이고, 전자가 중국 변법파의 사상적 세례를 주로 받았다면 후자는 이미 국권론으로 기울어진 일본 자유민권파의 영향 아래 있었으니, 출신이나 교양의 배경이 이처럼 판이했던 것이다. 그리하여 애국계몽기에 두 작가는 상반된 길을 걷는다. 전자가 당시 대표적 민족언론의 하나였던 제국신문의 기자로서 애국계몽운동에 투신한 반면, 후자는 이완용 내각의 기관지 「대한신문」의 사장으로 일제의 하수인 노릇에 분주하였던 것이다.

2. 국초, 친일개화론과 동양주의의 제휴

국초는 일본유학생이다. 1900년 토오꾜오로 떠나 1904년 러일전쟁 발발과 함께 일본군 통역으로 귀국, 이후 저널리스트요 작가로서 활약한 그는 기실, 당시의 친일내각과 통감부 사이를 매개한 매국협상의 막후로 암약하였다. 그는 왜 이러한 악역을 자처했는가?

그의 소설 『혈(血)의누(淚)』(1906)를 통해 그 경로를 추적해 보자. 작품은 청일전쟁의 포화에 휩싸인 평양에서 시작된다. 1894년 7월 성환전투에서 패배한 청군은 평양에 방어진을 구축한바, 일본군은 그해 9월 15일 평양 총공격을 감행하였다. 이에 따라 "성안은 울음천지요, 성밖은 송장천지요, 산에는 피란꾼천지"의 지옥도를 방불했던 것이다. 여주인공 옥련은 이 와중에서 가족과 이산하여 고아로 전락한다. 이 초기 설정을 통해 작가는 외국군대의 각축장으로 변모하여 영문도 모른 채 민중이 고통받는 조선의 한심한 현실을 침통히 드러내고, 이러한 사태를 초래한 원인이 어디에 있는가를 엄중히 묻는 것이다. 작가는 당시 사태의 근본 책임을 조선의 지배계급에 돌린다. 국초는 그 어떤 계몽주의자들보다도 양반에 대한 비판이 날카롭다. 대체로 개명한 양반층을 배경으로 자라난 한국의 계몽주의는 내부의 계급문제보다는 제국주의의 위협을 핵심 모순으로 삼는 민족주의적 경향이 강한 데 비해 국초는 그로부터 매우 자유롭다. 아마도 서얼계로 짐작되는 그의 신분적 조건과 관련될 터인데, 그는 전통적 양반신분에 대한 가장 급진적인 부정론자였다. 낙후한 중세체제를 개명한 근대체제로 전면적으로 변혁하는 것만이 조선이 나아갈 길이라고 믿었던 점에서 그는 전형적인 계몽주의자다.

그의 계몽주의는 외세 문제와 만나면서 불구성을 드러낸다. 이 작품에서 그는 시종일관 반청친일적(反淸親日的)이다. 작가는 이 소설에서 청군의 부패와 약탈을 규탄한다. 그런데 일본군에 대해서는 그 약탈도 '전시국제공법'(戰時國際公法)으로 옹호한다. 이 편향은 여주인공 옥련을 일본군 군의의 양녀로 만드는 데서 더욱 노골적이다. 의지가지 없는 조선의 고아를 거두는 은혜로운 일본인! 그는 조선의 변혁을 민족 또는 국민의 형성에서가 아니라 일본의 전면적인 후원에 의해서 빠르게 성취하고자 하였다. 그리하여 그에게 일본은 조선의 침략자가 아니라 조선의 해방자였던 것이다.

그런데 작가는 옥련을 오오사까의 일본인 양모의 품에서도 떼어내 미국으로 보낸다. 그녀는 한국소설에 등장하는 최초의 미국 여자유학생인 것이다. 왜 작가는 그녀를 일본대학에 보내지 않는가? 사실 이 소설에서 일본인 양모 밑에서 눈칫밥 먹는 그녀의 갈등이 아주 리얼하다. 이 핍진성에는 아마도 작가의 일본에 대한 일말의 불편함이 반영된 것인지도 모르는데, 그는 근대일본의 원본인 구미, 특히 미국을 동경한다. 그의 소설에서 미국은 가장 완벽한 시민적 공간으로 이상화된다. 구미 체험이 없기에 더욱 강화됐을 법한 그의 미국 짝사랑은 지금도 여전히 한국사회의 한 흐름으로 존재하는 맹목적 근대추종의 그 시원적 형태를 잘 보여준다.

여기서 우리는 그녀의 미국 유학에 결정적으로 기여하는 구완서라는 조선의 부르조아 청년에 유의할 필요가 있다. 일본인 양모집을 나와 방황하는 옥련의 구원자 구완서는 특이한 인물이다. 미국 유학을 위해 무작정 가출한 그는 조선의 문명개화를 염원하는 열혈 계몽주의자다. 그런데 그의 꿈이 독특하다.

> 구씨의 목적은 공부를 심써하여 귀국한 뒤에 우리나라를 독일국같은 연방도를 삼으되 일본과 만주를 한데 합하여 문명한 강국을 맨들고자 하는 비사맥같은 마음이오.

비사맥(比斯麥)은 누구인가? 동프로이센 융커 출신 비스마르크(Otto von Bismarck)는 분열된 독일을 철혈정책으로 통일한 보수정객으로, 독일통일이 프로이센 군국주의 아래 이루어졌다는 것이 그후 독일이 세계사에서 맡을 악역의 불씨가 되었던 바다. 구완서는 비스마르크를 본받아 조선과 일본과 만주를 합친 대연방을 구성한다는 야무진 꿈을 꾸고 있는 것이다.[2] 이

2) 비스마르크는 오스트리아를 포함한 대독일주의가 아니라 그를 제외한 소독일

철부지 꿈을 뒤집어 보면, 그것은 태평양전쟁을 야기한 일본의 대륙침략론 또는 '대동아공영권론'과 긴밀히 맞물린 일본식 동양주의 또는 아시아주의다.

작가는 구완서를 어떻게 바라보고 있는가? 국초는 "제 나라 형편을 모르고 외국에 유학한 소년학생의 의기에서 나오는 마음"이라고 논평을 삽입함으로써 구완서의 대연방론이 비현실적이라는 점을 넌짓이 암시하고 있다. 그런데 이 논평 속에는 조선이 아니라 일본이 중심이 되는 대연방의 길이 불가피하다는 체념이 묻어 있는 것이 아닐까? 국초의 친일 계몽주의는 일본의 아시아주의와 일찍부터 은밀히 제휴하고 있었다. 그는 근대 일본에 편승하여 조선도 그 행운을 나누기를 희망하고 매국에 적극적이었지만, 그의 꿈은 배반되었다. 이 점에서 철부지 '애국자' 구완서는 바로 국초 그 자신이었던 것이다.

3. 동농, 애국계몽사상과 유교개혁

국권론으로 변질한 일본자유민권론을 사상적 바탕으로 한 국초가 민족허무주의적 입장에서 불구의 계몽주의로 떨어진 친일파라면, 왕족 출신의 동농은 내적으로는 실학사상(특히 성호학파)과 개화사상(특히 雲養 金允植의 동도서기적 개화론), 외적으로는 청의 변법사상(특히 康有爲와 梁啓超)을 기틀로 한 독

주의를 근간으로 독일통일을 이룩했다는 점을 염두에 두면 구완서의 대연방론은 더욱 허황하다.

특한 계몽론에 입각, 국권회복을 목표로 삼은 애국운동에 참여한 대표적 소설가다. 그런데 광범한 대중적 영향력을 가진 구소설을 신소설로 개량하는 문학적 실천은 그의 계몽주의의 한 핵인바, 여기서는 한국계몽주의 최고의 정치소설의 하나로 꼽히는 『자유종』(1910)을 통해 그의 계몽사상을 엿보기로 한다.

'인민의 자유'와 '나라의 독립'은 그의 계몽사상을 지탱하는 양축이다. 그는 이 바탕에서 국권회복의 구체적 방략을 강구하면서 기존의 운동방법 일체를 비판하였다. 의병전쟁에 대해서는 그 지도이념 위정척사사상의 낙후한 보수성 때문에, 갑신정변이나 갑오경장같은 위로부터의 급진적 개혁에 대해서는 그 대중적 기반의 나약함 때문에, 그리고 갑오농민군같은 민중적 혁명파에 대해서는 그 급진성 때문에 반대하였다. 그리하여 그는 '백성으로부터 국민으로'라는 일종의 국민주의적 슬로건을 제출하였다. 외부적으로는 중세적 보편주의 즉 중화체제로부터 해방되고, 내부적으로는 일체의 중세적 질곡, 예컨대 여성차별·신분차별·적서차별·지방차별로부터 탈각한 자유로운 개인들의 자발적 결합으로써 이루어진 근대적 국민의 출현이 온전하게 실현될 때 국권회복의 문제가 옳게 해결될 수 있다는 것이 동농 계몽사상의 핵심으로 된다. 국권회복의 주체를 국민에 둠으로써 변법의 주체를 황제에 두었던 기존의 한국개화파 또는 청의 변법파로부터 결정적으로 나아간 그의 계몽사상은 그 점진주의적 한계 안에서도 높이 평가되어 마땅한 것이다.

그러면 그의 국민주의는 국민혁명론인가? 여기서 흥미롭게도 그는 국민혁명론이 아니라 유교개혁론을 제안한다.

> 종교 없이 어찌 사오?(...)만일 다수한 국민이 겁내는 것도 없고 의귀(依歸)할 곳도 없고 존칭할 것도 없으면 어찌 국민의 질서가 있겠소?(...)우리 동양 제일종교는 세계의 독일무이(獨一無二)하신 대성지성(大聖至聖)하신 공부자(孔夫子) 아니시오?(...)우리나라는 범위를 좁혀서 남자만 종교를 알지 여자는 모를게라, 귀인만 종교를 알지 천인은 모를게라 하여 대성전(大成殿)에 제관(祭官) 싸움이나 하고 시골 향교(鄕校)에 재임(齋任)이나 팔아먹고 소민(小民)들은 향교 출렴(出斂)이나 물리니(...)종교가 이렇듯 부패하니 국세(國勢)가 어찌 강성하겠소?(...) 종교에야 어찌 귀천과 남녀가 다르겠소? 지금이라도 종교를 위하려면 성경현전(聖經賢傳)을 알아보기 쉽도록 국문으로 번역하여 거리거리 연설하고(...)가령 제사로 말할지라도 귀인은 귀인 예복으로 참사(參祀)하고 천인은 천인 의관으로 참사하고 여자는 여자 의복으로 참사하여 '너도 공자님 제자 나도 공자님 제자 되기 일반이라' 하면 종교 범위도 넓고 사회단체도 굳으리다.

그의 종교개혁론은 청의 변법파 강유위의 공자교 구상과 연관된다. 과학기술로 대표되는 서양의 힘[西器]의 바탕에 기독교[西道]가 있음을 통찰한 강유위는 천주교의 조직을 따라 유교를 공자교로 개편, 그 수장을 황제로 삼아 위로부터의 근대화를 추진하고자 하였던 것이다. 이해조는 강유위의 구상을 황제 대신에 국민을 중심에 두는 국민종교론으로 발전시킨다. 남성 지배자 중심의 유교를 개혁하여 일종의 국민종교로 들어올리고 그를 통해 내부적 파쟁과 일제의 회유와 압박에 의해 분열을 거듭하는 우리 사회운동을 하나로 묶을 정신적 구심을 건설하고자 하였던 것이다.

이 시기에는 민족운동의 종교운동적 전환이 나타나고 있었으니, 1906년 동학이 손병희에 의해 천도교(天道敎)로 전환하고, 1909년에는 나철(羅喆)의 대종교(大倧敎 : 단군을 모시는 민족종교로 1910년대 해외무장독립투쟁의 강력한 이념이 됨)가 창립되었던 것이다. 서양의 기독교를 모방하면서 그에 대항하는 동양의 공자교를 재창안할 것을 제안하는 동농의 독특한 유교개혁론도 대한제국 멸망 이후를 내다보는 중장기 포석의 일환으로 나타난 종교운동의 흐름과 연관되는 것이다.

나는 친일 여부만 가지고 이인직보다 이해조를 높이자는 것은 아니다. 이해조의 문학적 업적이 이인직을 능가하고 있는 점에 더욱 주목한다. '인민의 자유'를 기반으로 한 국민(nation)의 창출을 통해 '나라의 독립'을 추구하는 당대 최고의 계몽주의자 이해조는 중세적 구소설을 국민주의에 입각한 새로운 소설로 개량하는 고투 속에, 『빈상설』(1907) · 『홍도화(상)』(1908) · 『구마검』(1908) · 『모란병』(1909) · 『산천초목』(1910) · 『자유종』(1910) · 『화의혈』(1911) 등 일련의 작품을 생산함으로써 우리 소설의 리얼리즘 발전 도상에서 중대한 역할을 수행하였던 것이다.

이해조문학의 궤적은 신소설의 전진과 붕괴, 그 전체상을 가장 충실하게 반영하였으니, 이해조는 신소설과 이광수(李光洙) 이후를 연결하는 가장 중요한 고리라는 문학사적 위치가 확연하다. 다시 말하면 이인직이 아니라 이해조를 신소설시대의 중심에 둘 때 우리 초기 소설사의 올바른 맥락이 재구성된다는 점이다. 요컨대 이해조는 긍정적 측면과 부정적 측면을 아울러서 신소설시대 최고의 작가였다.

한말 계몽운동과 東儂 李海朝

김도형(연세대학교 사학과 교수)

1. 한말 계몽운동의 성격

1905년의 '을사늑약'으로 대한제국(大韓帝國)은 국권을 상실하고 일본의 '보호국'이 되었다. 우리 민족은 이를 '국권상실'로 인식하고, 국권회복을 위한 운동을 전개하였다. 이 운동은 참여층과 방법이 다른 두 운동, 곧 '애국계몽운동'과 의병항쟁으로 전개되었다. 그러나 두 운동은 '민족'적 차원에서 결합하지 못하고, 서로 적대적인 모습을 보였다.

계몽운동은 지식인, 자산가, 관료층 등이 주도한 문화운동이었다. 국권 상실이 우리의 실력 부족에서 야기되었으므로, 교육과 산업을 발전시켜 실력을 양성하고 자강을 이루면 국권을 회복할 수 있을 것이라는 확신하였다. 이를 위해 학교 설립과 신교육 보급, 신문·잡지 발간과 민중 계몽, 산업 진흥, 민족 의식 고양 등을 추진하였다.

계몽운동은 새롭게 만들어진 단체들이 주도하였다. 국권회복을 목표로 한 계몽운동은 대한자강회(大韓自强會, 1906년 3월 창립)로부터 시작되었다. 독립협회 이후, 일본의 황무지개척권 요구를 반대한 보안회(保安會), 근대적 정치체제 도입을 주장한 헌정연구회(憲政硏究會)에서 활동하던 개화세력이 주축을 이루었다. 대한자강회가 해산된 뒤, 대한협회가 조직되어(1907. 11) 이를 이어갔다. 또한 교육운동을 위한 각 학회, 곧 서우학회(西友學會), 기호흥학회(畿湖興學會), 호남학회 등도 만들어졌다. 운동 단체는 각각 잡지를 발행하고, 각 지역에 학교를 설립하거나 혹은 설립을 지원하였다. 한편, 합법적인 운동의 한계를 절감한 일부의 사람들은 비밀리에 신민회(新民會)를 조직하였다.

신문이나 잡지를 통한 계몽활동도 전개되었다. 『대한매일신보』, 『황성신문』, 『만세보』, 『제국신문』 등의 신문과, 『소년한반도』 등의 잡지들이 이를 담당하였다. 신문, 잡지는 신지식 보급과 애국심 고양에 큰 몫을 차지하였다. 또 계몽운동가들은 조선의 국어 · 역사 · 지리에 관한 책, 역대 명장들의 전기에 관한 책 등을 저술하고, 또한 국가 건설과 외침(外侵)에 저항한 외국의 사례들을 번역하여 제공하였다. 이런 활동 과정에서 역사학, 국어학, 국문학 등에서 근대적인 학문들이 성립할 수 있는 기초가 이루어졌다.

이러한 계몽운동은 사회진화론(社會進化論)에 근거하고 있었다. 개인, 집단, 민족 사이의 경쟁에서 강자는 살아 남고 약자는 망하는데, 이를 통해 사회는 진보한다는 논리였다. 이에 한국도 실력을 길러야 강자(强者)가 되고 국권을 회복할 수 있다는 논리가 나타났다. '선실력양성(先實力養成) 후독립론(後獨

立論)'이었다. 따라서 계몽운동에서는 제국주의 침략을 정면에서 반대하지 않았다. 자강이나 국권회복도 오랜 시간에 걸쳐 달성될 수 있는 것으로 판단하였다. 따라서 계몽운동에서는 즉각적인 무력 대결은 패배를 자초할 뿐이라고 반대하였고, 실정법의 범위 안에서 통감부나 정부를 상대로 정책을 건의하고, 또 우매한 민중을 계몽하였다.

동농(東儂) 이해조(1869~1927)는 문학 활동을 통해 계몽운동에 참여하였다. 계몽운동에 다양한 집단이 참여하고 있었는데, 그는 전통적인 지식인으로 출발하여 서구 문명 수용을 겸한 '신구절충'의 개신유학자의 모습을 보였다. 그는 당시 만들어진 각종의 단체, 잡지, 신문 등에서 임원으로 활동하였고, 소설을 비롯한 많은 글을 통하여 민중층을 계몽하였다. 하지만 계몽운동기 이해조의 계몽활동 자체를 규명할 만한 자료가 충분하지 않다. 부득이 관여했던 단체를 중심으로, 그가 행한 단편적인 활동을 중심으로 검토하고자 한다.

2. 이해조의 학문적 배경

1) 개신유학적 학문의 확립

계몽운동에 참여하기 이전 이해조의 활동에 대한 자료는 거의 없는 형편이다. 다만, 그의 조부와 부친의 활동이 이해조 학문적 태도에 영향을 끼쳤을 것으로 추정할 뿐이다.

이해조는 인조의 셋째 아들 인평대군의 후손이었다. 이해조의 조부 이재만(李載晩)은 고종 초, 대원군 집권기에 왕실 후손으로 우대를 받으면서, 대원군의 정치세력으로 활동하였다. 대원군은 안동 김씨 세도 정권에 의해 약화되었던 왕권을 다시 세우는 일을 최우선으로 추진하였다. 경복궁 중건, 서원 철폐, 당색의 고른 등용 등은 모두 이런 목적 하에서 추진된 것이었다. 이런 차원에서 왕실의 후예를 결집하는 작업도 행하였다.[1)] 종친부(宗親府)의 지위를 높이고 권력기구로서의 기능을 강화하였다. 대원군의 명령('大院位 分付')은 종친부의 권위를 배경으로 하달되었다. 종친 선파인(璿派人)을 위한 응제시(應製試)도 거의 매년 시행되었으며, 그 외 과거시험에서도 종친들이 다수 합격하였다.[2)] 이해조의 조부 이재만도 고종 8(1871)년에 시행된 알성시(謁聖試)에서 문과에 합격하였고,[3)] 바로 홍문관수찬(弘文館修撰)에 임명되었다.

대원군 세력은 고종 친정 이후 몰락하였다. 6년간이나 경상감사로 재직하던 김세호(金世鎬), 대일 외교를 담당하던 동래부사 정현덕(鄭顯德), 훈도 안동준(安東晙) 등이 그 대표적인

---

1) 『高宗實錄』 1년 4월 21일. 또 지시하기를 "종친부(宗親府)의 여러 당상관(堂上官)들에게 지시하여 소현 세자(昭顯世子)와 인평 대군(麟坪大君)의 후손들을 거느리고 들어오게 할 것이다"라고 하였다. 행 호조 판서(行戶曹判書) 이돈영(李敦榮), 대호군(大護軍) 이경순(李景純) 등이 유학(幼學)인 이재영(李載英), 이재만(李載晩), 이재완(李載完)과 동몽(童蒙)인 이재윤(李載允), 이재홍(李載洪)을 거느리고 들어왔다. 지시하기를, "일가간에 화목하게 지내는 것이 우리 집안의 전통이다. 오늘 이 뜰에다 불러들여 만나는 것도 의도가 있는 것이니 경 등은 더욱 친밀하게 지냄으로써 화목한 기운을 잃지 말 것이다."

2) 金炳佑, 『大院君의 統治政策』, 2006, 제3장 「대원군의 정치적 위상과 종친부」

3) 『高宗實錄』 8년 3월 13일. 같은 날, 고종은 과거에 합격한 이재만에게 악공(樂工)을 보내 축하하였다.

예였다. 교린 관계의 회복이라는 변화된 정책을 추진하기 위해서도 그러하였고, 또한 개인적인 비리, 지방관으로서의 실정, 간리(奸吏) 등의 이유를 들어 파면 혹은 유배시켰다.[4)]

이재만도 개인 비리를 이유로 유배되었다. 고종은 "방금 신문고(申聞鼓)를 친 이병두(李丙斗)의 소장을 보았는데 이재만이 법에 어그러진 수많은 일을 저지른 데 대해서 통분함을 이길 수 없으니 깊이 생각하여 처리하지 않을 수 없다. 우선 섬에 귀양 보내는 처분을 적용하고, 소장 가운데의 여러 가지 문제들은 이후에 꼭 처분할 것이다"고 하였다.[5)]

귀양 갔던 이재만은 고종 13(1876)년에 석방되어 시골로 쫓겨 갔다가, 다시 1879년에 석방되었다.[6)] 그러나 곧 고종은 "부사과(副司果) 이재만(李載晩) (…) 타고난 성품이 패려(悖戾)하고, 품행이 외잡(猥雜)스러우니 심상하게 처리해서는 안되겠다. 모두 의금부(義禁府)로 하여금 잡아다가 세 차례 엄하게 형벌을 가하고, 위리안치(圍籬安置)의 법조문을 시행하라"고 하였다.[7)] 이에 이재만은 흥양현(興陽縣) 녹도(鹿島)에 위리안치 되었는데, 이듬해 1883년에 사사(賜死)되었다[8)]

---

4) 김병우, 앞의 책, 2006, 416쪽. 김세호는 '수하관원을 안찰하여야 할 감사가 사적인 관계로 믿어 변정의 일에 대처하고, 오히려 은폐하여 변방을 혼란스럽게 만들었다는 이유'로 견책 파면되었고, 정현덕은 '관리 임면과 송사에서의 뇌물 수수, 형장 남용 등'의 죄목으로 함경도 문천에 유배되었다.(『日省錄』 고종 11. 7. 3)

5) 『高宗實錄』 11년 7월 6일. 이병두가 신문고를 쳐서 이재만의 악행을 보고하다.

6) 『高宗實錄』 13년 2월 27일. 귀양 죄인 이승보 · 김세호 · 이재만을 석방하여 시골로 내쫓다 ; 16년 2월 9일. 위리안치한 죄인 최익현을 석방하다.

7) 『高宗實錄』 19년 8월 21일

8) 『高宗實錄』 20년 4월 28일 "이런 범죄를 저지른 자들이 오늘까지 용서를 받

이재만은 대원군 집권을 둘러싼 정쟁에 휘말려 사망하였다. 그는 사후 10년이 지나 갑오개혁기에 벼슬이 회복되었다.9) 이 회복 후에야 이해조의 부친 이철용(李哲鎔)은 하급직인 참봉직에 임명될 수 있었다.10)

이철용은 계몽운동 시기, 포천지역 계몽운동의 중심 인물로 활동하였다. 이철용은 1905년에11) 신야의숙(莘野義塾)을 세우고,12) 1908년에는 대한협회 포천지회에 참여하였다.13)

당시 지방의 유생층은 대부분 보수적인 척사론자들이었다. 하

았으니 만일 양심을 가지고 있었다면 조금이라도 두려워하는 마음이 있었을 것이다. 그러나 연이어 저지른 흉악한 행동은 사람들의 눈을 가리우기 어려우며, 원망하는 말은 아무 거리낌 없이 함부로 내뱄었다. 속이고 흉악한 음모를 하였으며 난리에 편승하여 화가 일어나기를 좋아하였다. 고약한 놈들이 서로 결탁하여 위기가 순간에 달렸었다. 이들에 대하여 나라에서 무엇을 잘못하였기에 흉악한 기도가 이 지경에 이르렀는가. 나는 절대로 태아(太阿)를 잘못 주어 앉아서 곤경에 빠질 수 없다. 유배 죄인 정현덕(鄭顯德)과 조채하(趙采夏)는 위리안치(圍籬安置)하고, 죄인 이재만(李載晩)과 이원진(李源進)은 다 사사(賜死)하라."

9) 『高宗實錄』 31년 12월 27일. 벼슬이 회복된 사람은 박영교(朴泳敎), 박호양(朴顥陽), 홍진유(洪晉裕), 홍영식(洪英植), 김옥균(金玉均), 이원진(李源進), 이회정(李會正), 임응준(任應準), 정현덕(鄭顯德), 조병창(趙秉昌), 조채하(趙采夏), 조우희(趙宇熙), 이재만(李載晩) 등, 갑신정변 관련자 및 대원군 세력이었다.

10) 『관보』나 『일성록』 등에서 확인되는 것은 光陵參奉(1895.12.27), 靖陵令 敍判任官七等(1896.2.17). 懿陵參奉(1896.3.1), 懿陵參奉(1896.4.24) 등이었다.

11) 『大韓每日申報』 1909. 2. 18 論說 「抱川曙光」. 같은 날 『대한매일신보』 한글판의 론셜 「포쳔에 붉은 빗」에서는 "신평리에 흔 학교를 놉히 세웟스니 그 일홈은 신야학교ㅣ라ᄒ엿고 그 ᄶᅢᄂᆞᆫ 을ᄉᆞ년이라"고 하였다.

12) 『皇城新聞』 1906. 2. 28 「莘塾注力」. 심상과, 고등과 양과를 두었다. 설립초의 숙장은 이철용이었으나, 후에 군수 한만용, 대한협회 총무 윤효정 등으로 바뀌었다.

13) 『大韓協會會報』 7(1908. 10. 25) 會員名簿. 李晳鎔은 李哲鎔의 오식으로 보인다.

지만 점차 시세(時勢)의 변화에 따라 사상적으로 변화되는 사람들이 나타났다. 대한제국의 근대화 정책이 추진되고, 또한 각종 신문이 지방으로 보급되어 서양 문물 수용의 필요성이 환기되었던 현실 속에서 그러하였다. 정부에서 교육의 중요성을 천명하고, 관찰사나 군수를 통하여 각 지방의 유교지식인, 자산가의 학교 설립을 권장하였다. 이에 지방의 많은 유생층이 '신학(新學)과 구학(舊學)의 절충'이라는 형태로 학교를 세웠다. 지방 학교에서는 종래의 유교를 포기한 것이 아니라 유교 교육과 더불어 신지식을 교육하였다.[14)]

이해조는 이런 학문적 분위기에서 성장하였다. 틀림없이 그는 어려서 전통적인 유학을 공부하였을 것이고, 그 후 신학문 수용의 필요성을 자각하면서 계몽운동에 적극적으로 참여하였다. 제국신문 기자, 대한협회 평의원, 기호흥학회 평의원, 편집인, 그리고 기호학교 교감(1909년 7월) 등으로 활동하였다. 이런 점에서 그는 개신유학자의 모습을 보였다.

2) 莘野義塾과 지방 유림

근대적인 학교와 계몽운동이 각 지방으로 파급되면서 각 지방에는 사상적 혼란과 대립이 빈번하게 일어났다. 유교적 전통이 강한 지역일수록 학교 설립과 신교육을 둘러싸고 많은 문제들이 일어났다. 당시 포천 지역 유생층도 신구(新舊) 양파, 곧 명완파(冥頑派, 완고파)와 문명파로 구분되었다.

---

14) 경북지방의 경우, 金度亨, 「한말 경북지역의 근대교육과 儒敎」『啓明史學』 10, 1999 참조.

當郡은 畿甸의 著名ᄒᆞᆫ 文鄕으로 近年 以來 士流의 思想이 新舊兩派에 分ᄒᆞ니 一派ᄂᆞᆫ 校儒輩의 冥頑不靈으로 國家民族의 興亡存滅을 夢外에도 不關ᄒᆞ고 其 言論이 班常四色仕宦利慾에 不外ᄒᆞ야 社會와 敎育을 仇視ᄒᆞᄂᆞᆫ 者오, 一派ᄂᆞᆫ 卽 國民의 現狀을 憂歎ᄒᆞ며 敎育과 社會를 振興ᄒᆞ야 回復ᄒᆞᄂᆞᆫ 文明的 人士니 卽 當地에 玉成 莘野 兩義塾의 任員及敎師 諸氏라. 今回 支會發起ᄂᆞᆫ 專히 此 文明派의 熱心中 出來인 故로 冥頑派의 萬般 謗害를 透過ᄒᆞ야 百折不回의 志氣를 確立ᄒᆞᄂᆞᆫ 中 趙彦植 李晳鎔 尹商鉉 李喆柱 諸氏ᄂᆞᆫ 其 智識 聲譽가 足히 支會를 無弊維持ᄒᆞ기로 擔保[15]

라고 하여, 완고파와 문명파의 분화, 대립이 있었고, 문명파가 학교를 세우고 또 대한협회 지회를 설립한다는 것이었다.

이런 대립은 학교 운영을 둘러싸고도 일어났다. 당시 여러 지역에서 학교 재정을 위해 종래의 향교 재산을 귀속시켰는데, 이를 둘러싼 문제들이 자주 일어났다. 이철용이 세운 신야의숙의 운영에서도 그러하였다. 이철용은 의숙을 설립하면서 향교 토지를 학교에 부속시키고자 이를 학부에 신청하여 허가를 받았다. 그런데 포천 향교에서 관립학교를 설립하면서 교토(校土)를 그 학교에 부속할 것을 청원하였다. 여기에 포천의 선비들이 동조하였다.[16] 신야의숙 쪽에는 몇몇 잡류배들이 사림들을 선

15) 『大韓協會會報』 5, 57쪽

16) 『皇城新聞』 1906. 4. 23 「宜從輿論」

동하여 문제를 일으켰다고 보았고, 사림쪽에서는 신야의숙에서 헛말을 유포시키고 있다고 광고를 내기도 하였다. 이 문제를 둘러싸고 분란이 심화되자 학부에서는 시학관을 파견하여 정확하게 조사하도록 하였다.[17)]

당시 서울에서 활동하고 있던 이해조는 서울의 여러 사람을 신야의숙 찬성원으로 조직하고, 이들을 모아 정부에 다시 청원하기도 하였다. 이 모임에는 내부 참서관 석진형이 참석하여 찬동하는 연설을 하기도 하였다.[18)] 그러나 이 문제는 여전히 해결되지 않았고, 교라배(校儒輩)의 행패가 지속되었다.[19)]

이런 문제에도 불구하고 신야의숙의 교육 사업은 지속적으로 발전하였다. 1907년 9월에 첫 졸업식 광경을 보도한 신문 기사에서는

> 포천군 莘野義塾에서 심상 고등 양과 제1회 졸업식을 본월 7일에 행하였는데, 사무원 兪東濬씨는 勸學勅語를

---

17) 『皇城新聞』 1906. 6. 1 ; 6.12 "抱川郡新野私塾長李哲鎔氏가 欲奪校土之計로 誣告上部ᄒᆞ니 校宮學校認許ᄂᆞᆫ 四五年이오 新野私塾은 不過數月則輕重先後逈別ᄒᆞ니 此土를 見奪私塾則校宮享祀와 學校經費가 萬無計策ᄒᆞ야 多士가 請願學部ᄒᆞ고 各新聞을 接見則該塾設始人의 家舍를 毁破ᄒᆞ얏다고 許多訛言으로 煽動京鄕케ᄒᆞ니 僉君子ᄂᆞᆫ 照亮ᄒᆞ십 李鍾稷 告白" ; 『황성신문』 1906. 6. 30 「視學派往」

18) 『皇城新聞』 1906. 8. 24 「塾o將戰」

19) 『皇城新聞』 1908. 4. 22 「校儒害學」. 본래 이 토지는 砲糧畓에서 나오는 租 31석으로 포군이 혁파된 이후 귀속되는 곳이 없자 처음에는 군수가 학교를 설립하자 이에 속하게 하였는데, 군수가 돌아간 후에 군민 趙宇植이 향교에 부속시킨다고 하면서 마음대로 乾沒하였는데, 신야의숙에서 다시 학부에 청원하여 귀속을 허가 받은 것이었다. 학부에서는 포천군에 훈령하기를 이 租를 신속하게 의숙에 移置하라고 하였다.(『황성신문』 1908. 5. 20 「奪租還覓」

> 봉독하고 李載茂씨는 개식 취지를 설명하고 塾監 李海敬씨는 본숙 내력을 설명하고, 塾長 本郡守 韓晩容씨와 교사 李始厚씨는 教育大旨로 권면하고, 朴喜寅, 趙天植 양씨는 축사를 필한 후, 尹商鉉, 任憲宰 양씨가 내빈으로 연설하니 學員 李海亮 權天應 양인이 답사를 하였는데, 來賓이 백여 인에 달하고 관광인이 운집하여 교육 취지를 莫不稱歎하더라니 此鄕의 완고한 습속이 稍稍 開發이 되겠다더라.[20]

그후 1908년, 신야의숙은 포천에 설립되어 있던 옥성의숙(玉成義塾)과 합하였다. 포천의 옛 이름을 따서 청성학교(青城學校)로 하고, 신야의숙을 청성제1학교, 옥성의숙을 청성제2학교로 하였다. 앞으로 포천군내에 지속적으로 학교가 설립되기를 바라는 의미였다.[21) 『大韓每日申報』에서는 청성학교의 지교(支校)가 제2, 제3 출현하고, 또한 군수를 비롯한 군내 인사들이 학교 건물 개건(改建)과 운영을 위해 모금을 실시하고 있던 사실을 들어 포천에 '서광'이 비치고 있다고 칭찬하였다.[22] 이런 학교도 일제의 병합 후에 폐교되었다. 당시의 신문에는 '私立青城第一學校(前 莘野義塾)는 동대문 밖에서는 자못 우수한 학교이었으나 경영난과 군청에서 1개 공립학교만 설치한다는 방침에 따라 폐교'되었다고 보도하였다.[23]

---

20) 『皇城新聞』 1907. 9.21. 「華塾卒業式」. 기사의 본문에는 '莘野義塾'으로 하면서 기사의 제목에서만 '華塾'으로 표기하고 있다.

21) 『畿湖興學會月報』 2(1908. 9. 25), 51쪽

22) 『大韓每日申報』 1909. 2. 18 논설 「抱川曙光」

3. 이해조의 계몽활동

1) 『少年韓半島』 찬술원

이해조가 서울의 계몽운동에 참여한 것은 1906년 경이었다. 1906년 11월에 창간된 『소년한반도』에 「잠상태(岑上苔)」라는 제목의 소설을 연재한 것이 처음으로 확인되기 때문이다. 그 이전에 이해조의 수학, 활동에 대해서는 거의 알려진 것이 없다. 다만 조창용(趙昌容)의 『백농실기(白農實記)』에

> 이해조(李海朝) [나이 38세. 입교, 광무9년(1905) 7월 일] 직업, 의관(議官) [북서 광화방(廣化坊), 원동 9통 11호].

라고 하였는데, 조창용이 연동교회의 사찰위원이 되어 자신이 사찰하던 구역원에 대한 인적 사항을 적은 것이다. 1907년 3월조의 기록으로, 이해조의 나이도 맞다. 이것만 본다면 이해조는 1905년에 이미 서울에서 생활 혹은 왕래하면서 기독교 교인이 되었던 모양이다.[24)]

『소년한반도』도 계몽운동 차원에서 발간된 잡지였다. 소년한

---

23) 『每日申報』 1911. 9. 17

24) 이 자료의 뒷부분에 양주 녹동의 '일성(一成)학교 학생 이해조'가 나오는데, 이는 다른 사람으로 보인다. 이 사람이 그 학교의 교사였던 조창용에게 보낸 편지에 "지친(至親)이나 다를 바 없음"이라고 적고 있는 것은 1875년생인 조창용에게 하기에는 부적당하다. 그리고 일성학교를 세운 이철용(李喆鎔)도 이해조의 부친 이철용(李哲鎔)과는 다른 사람임에 틀림없다.

반도사는 사무소를 돈화문 앞의 사립보광학교(私立普光學校) 내에 설치하였는데, 사장 양재건(梁在謇), 총무 조진태(趙鎭泰)였고, 찬술원(撰述員)은 이해조를 비롯하여 양재건, 원영의, 정교, 조중응, 박정동, 이인직, 이응종, 서상호, 김경식, 유석태, 서병길, 이범익, 한익교, 유제달, 최재익 등이었다. 앞서의 『백농실기』에 의하면, 양재건도 같은 연동교회 교인이었던 점, 그리고 이 교회 인사들이 국민교육회라는 단체를 만들어 교육운동을 전개하고 있었던 점 등으로 미루어 본다면, 이해조의 『少年韓半島』 참여도 이런 차원에서 이루어진 것이라 생각된다.

그들은 당시를 "약육강식하는 생존경쟁의 시대"라고 규정하고, 강자에게 죽임을 당하는 망국의 화를 면하기 위해서는 기예, 곧 기술이 필요하며, 기술은 지식에서 연유하므로 지식의 보급을 위해 잡지를 발간함을 천명하였다.

> 현재 우리 형제는 지식이 暗昧하고 학술이 蔑劣하여 外侮가 疊至하고 內禍가 層生하여 五常이 幾滅하고 四業이 不興하여 인민의 생활이 곤란하며 국가의 운명이 岌嶪하여 장차 어떤 지경이 될 지 알 수 없다. (…) 이런 때에 선각자가 矯捄의 방책을 강구하여 동포의 행복과 국가의 진흥을 도모함은 국민의 의무라. 이 잡지를 발간하여 專혀 지식 발달에 종사하여 국가의 문명을 증진하고 동포의 행복을 향유코자 노력하노라.

즉, 잡지를 발간하여 국민 지식을 발달시키고 문명을 증진시켜 동포의 행복을 향유할 것을 목표로 하였다.

그리고 잡지에서는 궁극적으로 애국심을 키우기 위한 것이었다. "천하의 盛德大業이 어찌 애국하는 것을 넘을 수 있으랴. (…) 請言能保我自由하고 能培養我少年韓半島하노니 乃高尙純潔之愛國心也"라고 하였던 것이다.[25] 또한 "대한제국의 독립기초와 자유정신과 평등주의로써 국민적의 腦髓를 滋養하는 神經元素오 교육계의 學理를 발명하는 海上 燈臺"라고 스스로 광고하였다.

2) 帝國新聞 기자

이해조는 1907년 6월 경에 제국신문의 기자가 되었다. 제국신문은 1898년 8월 10일에 창간되었다.[26] 『제국신문』이라는 제호 속에는 대한제국을 기념하고 황제에 대한 충성을 담고 있었다.

> 대개 데국신문이라 ᄒᆞᆫ 뜻슨 곳 이 신문이 우리 대황뎨폐하의 당당ᄒᆞᆫ 대한국 ᄇᆡᆨ셩의게 속ᄒᆞᆫ 신문이라 ᄒᆞᆷ이니 (…) 하늘 ᄀᆺ하신 우리 황상폐하ᄭᅴ오셔 처음으로 창업ᄒᆞ신 긔쵸라 (…) 동양 반도국 ᄉᆞ쳔여년 ᄉᆞ긔에 처음되는 경ᄉᆞ라. 우리가 이ᄀᆺ치 경츅ᄒᆞᆫ 뜻슬 천츄에 긔렴ᄒᆞ기를 위ᄒᆞ야 특별히 데국 두 글ᄌᆞ로 신문 제목을 ᄉᆞᆷ아 황

25) 『少年韓半島』 1 (1906. 11), 「趣旨」

26) 제국신문에 대해서는 崔起榮, 「帝國新聞의 刊行과 下層民 계몽」『大韓帝國期新聞 硏究』 참조.

상폐하의 기극ᄒᆞ신 공덕을 찬양ᄒᆞ며 우리 신민의 무궁히 경축ᄒᆞᄂᆞᆫ 뜻슬 낫하ᄂᆡ노라.[27]

제국신문도 당시의 여타 신문과 마찬가지로 지식 보급과 문명화, 계몽에 그 목적을 두었다. 법률 개량, 풍속 개량, 민지 개발 등 실력 양성을 강조하고, 1905년 이후에는 특히 교육, 식산흥업을 강조한 것은 여타 계몽운동 단체와 동일하였다. 특히 신문을 순한글로 간행한 것은 그 독자층을 일반 하층민에 설정하였기 때문이었다. 독자층에 부녀자가 많았던 점에서 특히 여성 교육의 중요성을 강조하였다.

창간 시의 임원은 사장 이종일(李鍾一), 편집 이종일, 유영석(柳永錫), 이승만(李承晩) 등이었다. 그러나 제국신문은 지속적으로 경영상, 재정상의 어려움이 있었고, 운영하는 사람들도 빈번하게 바뀌었다. 특히 '국문신문'으로 위치를 다지고 있던 제국신문은 1907년 5월에 『대한매일신보』 국문판이 발간되면서 타격을 받았다. 이를 극복하기 위해 6단으로 지면을 확충하고, 또한 편집진도 보강하였다. 이때 정운복이 편집원이 되었고, 박정동, 이인직, 이해조 등이 물리학, 소설을 담당하였다. 이해조는 그때 「杏木花」라는 소설을 동농(東儂)이라는 필명으로 연재하였고, 그 신문의 기자가 되었다.

그러나 제국신문의 재정난은 여전하였다. 폐간을 결정하였다가 각계의 의연금으로 다시 속간하기도 하였다. 그 과정에서 중간에 다시 사장으로 돌아왔던 이종일이 물러나고, 편집원인 정

---

27) 『제국신문』 1898. 8. 10 「고빅」

운복이 신문을 인수하였다. 그후 제국신문은 점차 민족적인 색채가 약화되어 갔다. 1909년 12월, 전국을 떠들썩하게 했던 일진회의 합방청원 성명에 대해서는 별로 논박하는 태도를 보이지 않았음에서 알 수 있다.[28]) 그러다가 『제국신문』은 1910년 3월 31일에 종간되었다.

3) 대한협회 : 평의원, 교육부 사무장, 교육부 평의원

국권회복을 위한 계몽운동을 시작하였던 대한자강회는 1907년 8월, '안녕질서의 유지에 방해'된다는 이유로 해산되었다. 대한자강회에 참여하였던 사람들과 천도교 세력 등이 다시 결집하여 대한협회를 조직하였다(1907. 11).[29]

대한협회도 국권회복을 그 목표로 하였다. 여타 계몽운동 단체와 마찬가지로, 대한협회에서도 국권이 상실된 것은 정치, 교육, 산업의 미발달 때문이라고 판단하고, 이를 발달시키기 위해 ①교육의 보급, ②산업의 개발, ③생명재산의 보호, ④행정제도의 개선, ⑤관민폐습의 교정, ⑥근면저축의 실행, ⑦권리, 의무, 책임, 복종의 사상을 고취 등 '7대 강령'을 제정하였다.

대한협회에서는 회보를 발간하고 전국을 순회하면서 연설회를 개최하였으며, 지방 지회를 적극적으로 설치하였다. 회보 발간을 위해서 회보발행소(소장 홍필주)를 따로 두고 편집인(이종일)과 부원들을 두었다. 처음에는 월간 형식의 잡지를 12호까지 간행하다가 일간 신문으로 『대한민보(大韓民報)』도 발간하였다.

---

28) 『大韓每日申報』 1909. 12. 10. 「帝社可疑」

29) 李鉉淙, 「大韓協會의 組織과 活動에 關한 硏究」, 『亞細亞硏究』 13-3, 1970

대한협회에서는 교육의 보급을 위해 의무교육을 주장하였다. 교육부를 따로 설치하여 학부 관장 사항, 학정(學政) 가부, 교육 방법 강구 및 학사자료 제공 등을 담당하였다. 또한 산업 발달을 도모하기 위해 실업부를 두고, 국내 실업 정황 조사와 전진 방법의 조사 연구 및 개량 발전, 농업과 황무지 개척, 제언 축조, 수리 개발, 식목·목축·광업과 어채, 교통기관 등에 관한 방안을 강구하였다. 특히 그들은 지주나 자본가를 상대로 계몽활동을 전개하면서 산업의 발달이 자강을 이루는 근본이라는 점을 강조하였다.

대한협회는 스스로를 정당(政黨)이라고 자처하였다. 정부에 의해 채택될 수 있는 건전한 정책을 수립하고 건의하는 일을 하였는데, 이는 정부와 내각을 비판, 공격하여 정권의 핵심 세력이 되겠다는 목적도 가지고 있었다. 법률부에서는 생명·재산 보호 및 행정제도 개선 등을 목적으로, 법률 사항 조사 강구와 개량 전진, 국민의 억울한 소송신리(訴訟伸理), 법률강습소(法律講習所) 설치와 현행법률 보급, 국가 법률 조사 건의 등을 다루었다. 법률 해석을 통하여 국민을 계몽하기 위해 신리강구소(伸理講究所)를 설치하고, "토호의 탐학과 국민의 억울함을 풀며 행정관의 간섭을 불허하고 재판의 공정 견확을 기"하려고 하였다.

이해조는 대한협회 창립 초기부터 참여하였다. 교육부 사무장[30], 교육부 평의원(1908. 6. 27),[31] 그리고 평의원(1908. 6.

---

30) 『大韓協會會報』 1, 58쪽

31) 『大韓協會會報』 4, 54쪽

23)으로 활동하였다. 한편 포천에서 지회 설립을 청원하자 본회에서 총무 윤효정을 시찰원으로 선정하였는데, 이해조는 윤효정과 같이 포천으로 가서 신촌 옥성의숙(玉成義塾)의 학도를 권면하고, 전 우편취급소에서 개최된 발기회에서 '國民의 4大罪'라는 연설을 행하였다.[32]

4) 기호흥학회 : 월보 편집인, 평의원, 기호학교 교감

계몽운동에서 교육을 통한 민중 계몽, 민지 개발이 가장 중요한 운동 영역으로 제기되자, 이 운동만을 추구하는 학회(學會)도 나타났다. 서울에서 활동하던 지방 출신들이 각자의 지방을 근거로 하여 조직되었는데, 먼저 평안도, 황해도를 근거로 한 서우학회가 조직되었고, 이어서 한북흥학회, 호남학회, 기호흥학회, 교남학회 등이 만들어졌다.

포천 출신이었던 이해조는 기호흥학회(1908. 1 창립)에 참여하였다. 기호흥학회는 경기도, 충청도를 근거로 설립된 것이었다.

> 인심이 환산에 상하가 離德하고 학교가 不興에 습속이 野昧하고 실업이 不振에 국력이 瘠削하고 정치가 문란에 主權이 外移하니 이는 모두 畿湖人所不可逭之責也이라. (…) 기호흥학회는 一片 정신이 振興學問 한가지 외는 없다. 학교를 설립하여 俊乂를 양성하고 각지에 파견하여 전국의 청년을 교육하노니 이는 진실로 조금이라도 늦출 수 없는 급무이다.[33]

---

32) 『大韓協會會報』 5, 57쪽

라고 하여, 학문의 진흥, 인재 양성 등을 목표로 하였다.

기호지방이 정치의 중심지였던 점에서 기호흥학회에는 전현직 관료 출신이 주도하였다. 그외 일본 유학 등으로 신교육을 받은 사람, 개신유학자 등도 참여하였다. 초대회장 이용직(李容稙), 부회장 지석영(池錫永), 총무 정영택, 평의원은 유성준(兪星濬)·석진형(石鎭衡)·이상재(李商在)·윤효정(尹孝定)·장헌식(張憲植)·정교(鄭喬)·장도(張燾)·유근(柳瑾)·유일선(柳一宣)·안종화(安鍾和) 등이었다.

이해조는 창립 초기부터 월보 편집원으로 활동하였다.[34] 기호흥학회에서는 "학회의 목적을 달하기 위하여 본회에 교육부를 설(設)하고 부내(部內)에 학무과와 편집과를 치(置)"하고, "회보나 혹 신서적을 발행하여 본회의 취지를 발표하며 연설 및 토론으로 교육의 사상을 고취"하였다. 월보에는 흥학강구(興學講究), 학해집성(學海集成) 등을 통해 새로운 신학문을 소개하고, 잡조(雜俎)나 예원수록(藝苑隨錄)에서는 여러 이야기, 문예 작품 등을 실었다. 신구학에 모두 조예가 있던 이해조가 능력을 발휘할 수 있었을 것이다. 가령 그는 월보에 「윤리학(倫理學)」을 연재하여, 개인의 존재, 가족의 윤리, 혼인 문제, 사회윤리 등 소개하였다.

그후, 이해조는 평의원(1908. 10. 26)이 되었고, 1909년 2월에는 기호흥학회에서 설치하여 운영하던 기호학교(1908. 6 창립)의 교감으로 선임되었다.[35] 기호학교는 교육 진흥을 위해 시

---

33) 『畿湖興學會月報』 1, 「本會趣旨書」, 1-2쪽

34) 『畿湖興學會月報』에는 편집인으로 명기되어 있다.

급한 교사를 양성하기 위해 설립된 것이었다.

기호학교의 교감이자 동시에 월보의 편집인이었던 점은 이해조가 당시 교육운동에서 중요한 지도자 가운데 한사람이었음을 보여주는 것이다. 그는 당시의 교육계, 즉 학교 설립자, 학생 모두 본래의 목적을 잊어버리는 '건망증'이 있음을 질타하였다.[36] 당시 신문에 보도된 것만으로도 그는 여러 곳의 학교 현장을 방문하여 이들을 격려하였다. 한남학교 졸업식, 양원여학교 등의 졸업식이나 기념식에 참석하여 권면하는 연설을 행하였고, 서울 소재 사립학교 연합운동회의 간부로도 활약하였다.[37]

5) 國民大演說會 서기

1909년 12월, 일진회(一進會)가 '한일 합방'을 청원하는 성명을 발표하였다. 일진회는 앞서 대한협회, 서북학회와 연합하여 이완용 내각을 공격하고 '합방' 여론을 일으키려 하였다. 그러다가 합방에 소극적인 두 단체와 결별하고 독자적으로 합방을 표명하고 나섰다.

당신 '친일'을 두고 일진회와 경쟁 관계에 있던 사람이 이완용(李完用)이었다. 이완용은 '합방'의 공로를 일진회에게 빼앗길 처지에 놓이자 일진회를 견제하기 시작하였다. 내각으로 온 '합

---

35) 『畿湖興學會月報』 9. 1909. 2. 20에 개선된 기호학교 임원은 校長 兪星濬, 兼任 校監 李海朝, 兼任 學監 柳一宣, 會計兼書記 李恆稙 등이었다.

36) 李海朝, 「學界의 健忘証」 『畿湖興學會月報』 9

37) 『皇城新聞』 1908. 4. 9 「漢校卒業式」 ; 1909. 7. 16 「養源紀念」 ; 1910. 5. 11 「私立高等學校大運動」 등.

방 청원'을 거부하고, 일진회 간부 가운데 부회장 홍긍섭, 원임 총무원 한석진, 윤길병 등을 매수하여 탈회시켰다.[38] 그리고는 일진회를 배척하는 사회 분위기를 이용하여 대규모의 연설회를 조직하였다. 이렇게 조직된 된 것이 '국민연설회(國民演說會)'였다.[39]

국민연설회는 처음 이완용 세력이 주도하였지만,[40] 일진회의 합방 청원에 반대하는 반일적, 민족적 입장의 사람들이 다수 동참하였다. 국민대연설회는 사무소를 원각사에 두고, 원각사에서 연설회를 개최하였다. 이때 이해조는 임시서기로 선임되었다.[41] 연설회를 방해하는 순검들에 의해서 회장과 서기가 사용하는 필묵상(筆墨床)을 탈취당하기도 하였다.[42]

국민대연설회에서는 내각과 통감부에 장서를 제출하여 일진회를 비판하였다. 그리고 일본 내각 및 귀족원, 중의원의 양원에도 장서를 보내기로 하였다. 통감부 경시청에서는 일본으로

---

38) 『大韓季年史』 하, 339 쪽

39) 趙東杰, 「舊韓末 國民演說會 小考」『韓國學論叢』 4 (국민대), 1981

40) 연설회를 주선하고 조직한 것은 이완용의 심복이었던 이인직이었다. 당시 『대한매일신보』에는 "원로 및 신사 제씨가 국민연설회를 발기 (…) 원래 현내각과 일진회는 빙탄과 같이 병립치 못한지라, 일진회에서 頻頻히 현내각을 顚覆코자 하매 總相 이완용씨는 자기의 지위를 공고코져 하다가 금번 기회를 乘하여 한국을 영구히 일본에 부속하기로 특별운동을 試하는데, 일진회에서 정합방 문제를 선차 착수하여 선언서를 기초하는지라._總相은 차를 沮戲키 위하여 이인직씨를 소개하여 각 원로와 신사를 격려하여 圓覺社의 演說을 釀出함이라더라"라고 하였다.(1909. 12. 5 「演說有因」)

41) 『大韓每日申報』 1909. 12. 8 「국민회개회」. 회장 민영소가 출석하여 임원을 선정하였는데, 이때 서기는 이순하가 선임되어, 이해조는 첫날의 연설회에 임시 서기였던 것으로 보인다.

42) 『大韓每日申報』 1909. 12. 7. 「국민회후보」 ; 「국민회결심」 ; 「奪人所有」

보내는 장서는 직접 발송하지 말고 통감부에 청원, 경유하여 발송하라고 요구하기도 하였다.[43] 그러나 국민연설회에서 송부한 장서는 한국의 내각에서도 묵살하고, 일본에서도 거부하였다. 이에 국민대연설회에서는 간사회를 열고, 장서를 다시 제출하기로 하고, 대한제국의 내각에 대해서도 사직 권고문을 보내기로 하였다.[44] 이때 장서제술위원(長書製述委員)으로 홍필주, 이해조 두 사람이 선정되었다.[45]

통감부와 내각의 방해와 무시 등으로 국민연설회의 활동은 점차 약화되었다. 국민연설회를 처음 조직한 이완용 세력은 이런 분위기 속에서 일진회를 억압하고, 독자적으로 합방을 추진해갔다.

6) 기타 활동 : 光武社, 國民禮服擬定會 발기인

(1) 광무사 발기인

1907년 1월에 국채보상운동이 일어났다.[46] 동래에서 발의되었으나 이를 구체적인 조직 운동으로 발전시킨 것은 서상돈을 중심으로 하는 대구의 상인층, 식자층이었다. 2월 들어 이 소식을 제일 먼저 보도한 것은 『제국신문』이었다(1907. 2. 16). 『대한매일신보』에서는 그 취지서가 게재하였다(2월 21일). 국채보상운동은 언론기관의 전폭적인 지원으로 전국적으로 확산되었다.

---

43) 『大韓每日申報』 1910.1. 22 「警廳招諭」

44) 『大韓每日申報』 1910. 2. 19 「長書又草」

45) 『皇城新聞』 1910. 2. 16 「長書起草」

46) 김도형, 「한말 대구지역 상인층의 동향과 國債報償運動」『啓明史學』 8, 1997 참조

국채보상운동은 나라의 빚을 갚아야 국권을 지킬 수 있다는 취지였다. 이 운동과 같은 맥락에서 그동안 제국주의가 침탈해 간 철도 이권을 회수하는 운동이 일어났다. 1907년 2월(음)에 조직된 광무사가 그것이었다. 이해조는 광무사의 발기인으로 참여하였다.

광무사의 조직을 전한 것은 『大韓自强會月報』 9 (1907. 3. 25 발간)와 신문 기사 몇 건뿐으로[47], 이후의 활동에 대해서는 알 수 없다. 아마도 조직한 후에 바로 활동이 정지한 듯하다. 그 취지서에서는 나라의 성쇄가 경제적 빈부에 달려 있는데, 당시 한국의 형편으로는 비록 재원이 풍부하지만 이를 지킬 힘도 없어, 철도, 광산의 이권을 지키지 못하고 있다는 점, 그리고 마침내 세계에서 가장 낮은 지위에서 다른 나라의 간섭을 받게 되었다고 하였다. 광무사는 이를 타파하기 위한 방안의 하나로

> 苟有時效之不可失者則善後方針을 不容少緩일ᄉᆡ 國權之許多虧損은 不遑多擧오 惟是鐵道一款은 實爲文明交通之一大機關也오 利權之有一無二者也라 滿十五個年估價償還이 載在約款ᄒᆞ니 彼不必渝盟이어니와 遙

---

47) 『大韓自强會月報』 9, 54-55쪽. 그 외 『皇城新聞』 1907. 1. 30 「光社組織」 "국내 각 철도를 償還事하기로 유지 신사가 발기하고 一會社를 조직하여 이름하기를 광무사라 하고 股金을 모집하여 10년 한정으로 殖利를 계획인데, 현금 모금액은 7백여원이라 하니, 聞者 莫不稱頌한다더라"고 보도되었다. 『대한자강회월보』에 소개된 發起人은 李鍾一 閔衡植 金相範 兪承兼 南宮濬 朴勝玉 全德基 柳一宣 金容俊 李弼柱 李鍾濬 張亨根 兪鎭泰 徐相八 安炳奎 朴華鎭 梁起鐸 宋宅洙 洪在箕 孫儀翔 金容達 李殷哲 鄭薰謨 孫完默 裴東顯 金興淵 愼台範 具然英 金完鎭 金敎聲 金容鎭 李海朝 薛泰熙 崔在學 周時經 韓世顯 趙得雲 慶 勳 李儁 金炳鉉 李澤基 韓昌燮 朴昌奎 盧益亨 등이었다.

> 度政府貧弱之狀態컨딕 屆期完璧을 有難可必이니 爲其國民者ㅣ 不踐義務ᄒᆞ고 恬然坐視可乎아 奮發思慮ᄒᆞ야 預備不虞可乎아 所以今我同志諸人이 證諸先進國之前轍ᄒᆞ야 發起此社ᄒᆞ고 名曰 光武者ᄂᆞᆫ 蓋取光武十一年創立紀念ᄒᆞ야 矢以到達目的者也라

라고 하여, 철도의 권리를 상환받자고 하였다. 철도 권리는 15년 후에 값을 치루고 상환하도록 되어 있으니, 지금부터 2천만 백성들이 조국 정신에 입각해서 이에 호응하여 "多至千萬으로 小至一錢"하여 점진적으로 10년 정도 추진하자는 것이었다.

이 철도는 아마도 경의선인 것인 같다. 경의선은 이미 대한제국 내장원 서북철도국에서 추진하던 것이었다. 철도의 자력 부설 차원이었다. 그런데 자금 부족으로 어려움을 겪고 있다는 점에 착안한 일본이 대규모의 자금을 차관으로 제공하여 이를 탈취하였다. 일본은 먼저 민간인이 세운 대한철도회사를 이용하여 부설권을 허가 받게 하고, 다시 이 회사에 차관을 제공하여 「경의철도차관계약」을 맺고는 부설권에 대한 실권을 장악하였던 것이다.[48] 차관에 의해 철도 부설이 이루어진다는 점에서 국채보상운동과 같은 차원에서 광무사가 조직된 것으로 보인다.

(2) 國民禮服擬定會 발기인

1908년 2월에 '국민예복의정회'라는 단체가 조직되었는데, 이해조는 그 발기인으로 참여하였다. 이 의정회는 국민들이 착용

---

48) 정재정, 『일제침략과 한국철도』, 1999, 83-97쪽

할 '국민복'을 만들어 국가에 건의하여 실용화할 목적으로 만들어졌다. 의복은 위생, 편리, 경제, 의용(儀容)을 구비하는 것이며, 또 의복의 체제로 문명과 야만을 구분하고 있으므로, 한국의 문명화를 위해서는 위생적이고 편리하며, 또한 경제적인 의복을 새로 제정해야 하자는 취지였다.[49]

의정회에서는 먼저 남자의 복제를 선정하여 중추원에 건의하였다. 이때 임시의장 오세창은

> 其 衣服體制의 良否로써 文野의 程度를 批評하ᄂᆞ니, 此를 由ᄒᆞ야 觀ᄒᆞᆯ진ᄃᆡ 國民 衣制가 實노 國家에 關係됨이 綦重ᄒᆞ도다. (…) 常服은 衛生에 便ᄒᆞ며 經濟에 利ᄒᆞ여 日常 燕居時에 着用을 謂함이오, 禮服은 儀容을 飾ᄒᆞ며 禮意를 表ᄒᆞ야 一般 禮式 時에 着用을 謂ᄒᆞᆷ이니 (…) 我國 固有 原則을 廣○博採ᄒᆞ며 現世의 進化主義를 精硏深究ᄒᆞ야 制式은 內外國 各樣官屬을 無碍通用케ᄒᆞᆯ 意로 國民男女의 通常禮服을 制定ᄒᆞ고 (…) 人民의 衣制를 完美케ᄒᆞ시고 國家의 文化를 增進케 ᄒᆞ심을 敬要라[50]

라고 하였다. 우리 고유의 형식과 현세의 진화주의, 곧 서양의 복제를 참작하여 만들고, 이를 통해 나라의 문화를 증진시킬 것을 주장하였다.[51]

---

49) 『皇城新聞』 1908. 2. 12 「國民禮服擬定會趣旨書」

50) 『皇城新聞』 1908. 8. 5 「國民禮服獻議」

4. 나머지 말

계몽운동기 이해조의 활동은 대부분 '신소설'을 통해서 이루어졌다. 그의 문학 활동은 계몽운동의 일환이었던 것이다. 그는 소설을 통해 당시 계몽운동에서 제기했던 '근대 의식'을 표출하였다. 구래의 신분제도와 관습을 비판하고, 여성을 중시하였다.

그리고 이해조는 일제의 침탈로 인해 야기된 국권, 민족 문제를 등한시 하지 않았다. 근대성에 매몰되어 민족 문제를 외면한 많은 계몽주의자들과는 다른 점이 있었다. 당시 많은 사학자들은 민족의 성쇠를 중심으로 역사를 연구하였다. 또한 민족과 나라를 위기 속에서 구한 영웅들의 전기, 역사를 서술하였다. 우리 역사 속에서는 을지문덕, 최영, 이순신 등에 주목하였고, 서양의 경우, 이태리・독일의 통일, 미국의 건국 등을 이끈 인물을 거론하였다. 그가 『화성돈전』을 역술한 것도 이런 차원이었다.52)

계몽운동은 일제 강점을 즈음한 시기에 운동론과 이념을 둘러싸고 분화가 일어났다. 종래의 실력양성론(선실력 후독립론)이 여전히 계속되는 가운데, 체제내적인 개량적 운동이 가지는 한계성을 지적하고 국외의 독립운동기지 건설과 무장항쟁으로

51) 이에 대해 정부에서는 "예복을 하등 법으로 제정한 예가 없으니, 인민의 자유에 맡김 별도로 정부의 처분을 요할 바 아니기에 반환"하였다(『皇城新聞』 1908. 10. 15 「禮服의 內閣覆函」). 이에 의정회에서는 자신들이 만든 복제를 따로 발표하였다.

52) 이 책의 역술에 대해서는 최원식, 「동아시아의 조지 워싱턴 수용」 『한국계몽주의문학사론』, 2002

전환하는 움직임도 나타났다. 그리고 개량적 입장을 고수하던 일각의 사람들은 아예 친일파로 전락하였다. 계몽운동 내부에 다양하게 공존하고 있던 현실인식의 차이가 표면화되었던 것이다. 이것은 참가층의 사상적, 혹은 사회경제적 배경의 차이에서 오는 것이었고, 직접적으로는 사회진화론의 굴레를 벗어나느냐의 문제이기도 하였다. 이해조도 이런 분화의 기로에 서게 되었다. 1910년대 그의 문학 활동도 이런 민족운동의 전환기에 제기될 수밖에 없었다.

경술국치 이후의 문학적 변모에 대하여

홍정선(인하대학교 한국어문학전공 교수)

1. 이해조의 문학에 대한 논란의 핵심

한일합방 이후의 이해조 소설을 어떻게 이해하고 규정할 것인가에 대해서는 연구자들의 견해가 다양하고 또 상이합니다. 그것은 한일합방 이후에 이해조가 쓴 소설, 다시 말해 『매일신보』기자생활을 하며 『매일신보』에 연재한 소설이 이전의 소설과 상당히 다르다는 생각 때문입니다. 그 결과 달라진 이유가 어디에 있느냐, 그 이유가 친일의 길과 통속성과의 야합을 위한 것이냐 아니면 불가피한 생존전략과 민족계몽의 효율적 방식을 위한 것이냐를 두고 의견이 갈라지게 된 것입니다.

변명이란 우리말에는 두 가지 뜻이 있습니다. 그 하나는 사람들이 잘 알고 있는 의미로 어떤 잘못이나 실수에 대하여 구실을 대며 그 까닭을 말한다는 뜻입니다. 다른 하나는 사람들에게 비교적 익숙하지 않은 의미로 옳고 그름을 가려 사리를 밝힌다는 뜻입니다. 저는 오늘 선각자 동농(東儂) 이해조(李海朝) 선생을 위해, 이 자리에 직접 나설 수 없는 처지에 있는 이해조 선생을 위해 변명이란 말이 지닌 두 번째 의미에서 몇가지 '변명'을 해 보려고 합니다.

2. 최근 우리나라의 친일논란에 대한 반성

먼저 이해조에 대해서도 친일문제에 대한 논란이 있다는 소문을 들었기 때문에 최근 우리나라에서 무차별적으로 벌어지고 있는 친일시비와 관련하여 한 두가지 말씀을 드리는 것으로 저의 변명을 시작해 보겠습니다. 친일문제에 대한 각종 논란은 어제 오늘의 일이 아닙니다만 유독 근래 여러 곳에서 많은 시비가 벌어진 것은 친일 반민족 행위자에 대한 정부차원의 본격적인 진상조사와 관련이 있습니다. 지난 노무현 정권 하에서 친일반민족 행위자 진상규명법이 통과된 후 민족문제연구소에서 친일반민족 행위자 인명사전 제작에 착수하면서 의심스러운 사람에 대해 광범하게 조사하기 시작한 것이 최근 시비의 결정적 계기가 된 것입니다.

친일행위에 대한 진상규명은 해방 후 60년의 세월이 지난 지금까지 한번도 제대로 이루어진 적이 없기 때문에 이를 위해 뒤늦게나마 정부차원에서 객관적 조사와 그 결과에 따른 처리를 하겠다는 명분에 대해 반대할 사람은 우리 대한민국에 많지 않을 것입니다. 그러나 일의 진행이 차분히 질서있게 이루어지지 못하고 이곳저곳에서 사전에 이해관계에 얽힌 사람들이 사실보다 풍문에 근거하여 먼저 판단하려드는 방식으로 이루어지는 경우가 적지 않은 것은 참으로 유감스럽습니다.

통영에서 몇 년 동안 진행된 청마 유치환에 대한 친일시비가 그런 경우의 대표적인 예에 속합니다. 일제시대에 나온 한 책이 청마에 대해 '만주 협화회 근무'라는 구절을 적어 놓고 있다는 것 때문에 가장 존경받던 시인의 하나였던 청마는 하루 아침에 공격과 비판의 대상으로 바뀌었습니다. 더구나 이 논란은 통영시가 청마를 모티프로 한 '깃발축제'를 계획하고 이를 예총이 지지하고 민예총이 반대하면서 걷잡을 수 없이 확대되었습니다. 그리고 결과는, 현재까지 뚜렷하게 청마의 친일행위를 입증할만한 구체적 물증은 발견되지 않았지만, 소문이 사람을 잡는 우리나라 풍토에서 격렬한 논란만으로도 청마와 그 유족들이 커다란 상처를 입는 것으로 나타났습니다.

다음으로 군산에서 나타난 채만식을 둘러싼 시비는 또 다른 논란의 한 대표적 에입니다. 채만식은 분명히 친일행위를 한 사람이고, 그 사실을 자신이 분명히 밝힌 경우입니다. 그의 친일행위는 마지못해 한 두 차례 강연회에 참석한 정도의 사소한 것이지만 어쨌건 친일행위를 했다는 사실은 분명합니다. 이 사실 때문에 채만식은 1930년대에 가장 뛰어난 소설을 쓴 작가임에도 군산시는 시민들의 눈치를 보며 기념사업을 시작하지 못하고 있습니다. 그런데 저는 이런 모습은 온당치 않다고 생각합니다. 군산시가 채만식을 기념하려는 이유는 그의 인격 때문이 아니라 그가 슨 소설작품이 뛰어나기 때문입니다. 도스또예프스키, 보들레르, 모짜르트를 우리가 기억하는 것은 그들의 인격 때문이 아닙니다. 마찬가지로 우리가 채만식을 기념하는 이유가 그의 인격에 있는 것이 아니라 그의 소설에 있기 때문에 온당치 않다고 생각합니다. 정치가에게 인품과 지조가 생명이지만 예술가에겐 작품의 뛰어남이 생명이기 때문에 그렇습니다. 미당 서정주 선생을 몇가지 인격적인 문제에도 불구하고 중요한 시인으로 기억하는 반면 인격적인 측면에서 뛰어난 수많은 시인들을 망각해버리는 이유가 바로 여기에 있습니다.

3. 1910년 이후 이해조 소설의 변모에 대하여

이해조의 생애에서 우리가 친일로 단정할 수 있는 구체적인 결정적 증거는 아직까지 나타나지 않았습니다. 그렇지만 보기에 따라 의심받을 수 있는 부분은 있습니다. 다음에서 그런 부분을 잠시 검토해 보도록 하겠습니다. 1910년대의 이해조 소설에서 논란이 되는 것은 앞에서 말했듯이 두 가지입니다. 친일적 성격과 통속적인 측면이 바로 그것들입니다. 그럼 먼저 친일에 대한 문제부터 이야기해 보겠습니다.

이해조는 강제로 한일합방이 이루어진 후 총독부 기관지 『매일신보』에서 약 3년 정도 일한 것으로 추정됩니다. 일본은 1905년 통감부를 설치한 후 언론과 출판에 대한 탄압을 개시했으며, 합방 후에는 이를 더욱 엄격하게 가속화시켰습니다. 1919년 3.1운동 후 대정 데모크라시를 바탕으로 문화정치를 시행할 때까지 일본에 비판적인 어떤 언론과 출판도 허용하지 않았을 정도로 이 탄압은 가혹했었습니다. 이런 시기를 맞아 당시 애국적 지식인들이 취하던 국외망명, 은둔, 자결 등의 행동을 이해조는 선택하지 않았습니다. 그것은 이해조가 문필활동을 통해 자신의 존재의미를 확인하던 사람이었기 때문일 것입니다. 그 대신 이해조는 현실과 타협하여 『매일신보』기자로 일하면서 열심히 작품을 썼습니다. 당시 함께 일한 선우일, 조중환, 민태원, 이상협, 윤백남, 백대진, 심우섭 등의 면면으로 보아 평소의 친분관계도 그의 선택에 상당한 몫으로 작용했으리라 추측됩니다.

그러나 이 사실을 두고 당당한 일, 올바른 선택이라고 말할 수는 없지만 그렇다고 우리가 친일파로 규정하는 것 또한 지나치다고 생각합니다. 이 시기에 그가 개인적인 영달을 위해 일본을 의도적으로 지지한 글이나 행위가 있다면 사정은 달라지겠지만 문학작품 속에 들어 있는 구절들에 대해서는 조심스럽게 해석하고 판단해야 한다고 생각합니다. 그러면 지금부터 그의 소설 속에 등장하는, 논란이 될만한 대목들을 살펴 보겠습니다.

> 지금 모양으로 경찰이 밝을 것 같으면(……)기어이 원범을 발각하얐으련마는 그 때만해도 암매하던 시대라[1)]

> 내외지를 분간없이 동포랄 (……)[2)]

> 그 일본 사람은 조도전대학교 졸업생으로 (……) 조선 사람의 정도를 시찰하고 스스로 개탄하기를 가이없은 일

---

1) 이해조, 『구의산(상)』, 신구서림, 1912, p.58
2) 이해조, 『춘외춘(상)』, 신구서림, 1912, p.28

이로다 조선인민들이 정치의 부패와 사회의 문란을 인하야 일찍이 상당한 지식을 배오지 못하고(……) 서로 짓밟고 죽이기로 능사를 삼으니 (……) 내 힘 미치는 대로 어디까지 구제하리라[3)]

니뽕 갓다 로시아 마께다

노래가 일시에 높으니 그 때를 당하여 동양세계에 사는 인민이 누가 아니 제국만세를 부르고 즐겨하리요마는[4)]

이해조의 소설에 등장하는 위와 같은 대목들이 친일적인 측면으로의 변모를 보여주는 증거라고 논자들은 말합니다. 그렇습니다. 친일적인 측면으로의 변모라고 말할 수 있습니다. 그렇지만 우리가 위의 대목을 두고 친일적인 측면이라고 말 할 때는 어떤 단서가 필요하다고 생각합니다. 문명개화를 외치며 서구적인 문물을 받아들이던 당시의 지식인들이 우리와 부강한 열강제국을 비교하며 가졌던 의식구조에 대한 이해가 필요한 것입니다. 해외유학을 통해 우리보다 더 앞선 문명한 세계를 배운다는 생각을 가졌던 지식인들의 머리 속에는 자신도 모르는 사이에 위의 대목에서 읽을 수 있는 사고방식이 자리잡았을 것입니다.

지금 현재도 우리는 종종 이렇게 말합니다. 한국정치가 서양

---

3) 이해조, 『소학령』, 신구서림, 1913, p.84-85

4) 이해조, 『우중행인』, 신구서림, 1913, p.19

선진국의 정치처럼 되자면 멀었다. 그리고 각종 신문의 사설에서 우리와 서양 선진국을 비교하며 우리도 선진국처럼 해보자는 글을 손쉽게 접할 수 있습니다. 그렇다면 그런 주장을 펴는 사람들을 모두 친일파, 친미파 등으로 규정해야 하는 것일까요?

이해조의 시대에 선진열강 국가와 우리자신을 비교하는 담론들은 수 없이 많았습니다. 그러한 담론들은 식민지를 경험한 국가들의 경우 더욱 무성했습니다. 이해조가 자신의 소설 속에서 무의식 중에 피력한 위의 대목들은 우리 역시 문명개화를 이룩해서 잘 살고 부강한 나라가 되어야겠다는, 당대의 선진 지식인들이 가졌던 일반적인 의식의 소산이지 의도적인 친일의 소산은 아니라고 생각합니다.

그리고 러일전쟁에서 일본이 승리한 것을 예찬하는 것처럼 보이는 대목에 대해서는 당시 아시아의 지식인들이 서구 열강 국가에 대해 가졌던 열등감과 그 열등감의 대리보상이라는 측면을 고려하며 읽어야 합니다. 예컨대 인도 출신의 타고르가 노벨 문학상을 받았을 때 아시아의 지식인들이 열광한 것은 아시아인이 서양사람을 제쳤다는 이유에서였습니다. 물론 타고르의 노벨상 수상이란 사건을 아시아인의 우월성을 보여준 사건으로 받아들인 일본의 지식인들과 민족해방을 꿈꾸며 식민지 지식인의 자존심을 살린 사건으로 받이들인 우리나라 지식인들 사이에 미묘한 차이가 있었지만 말입니다. 어쨌건 러일전쟁에서 일본이 승리한 사건은 한중일의 지식인들에게 제국주의 열강을 이길 수 있다는 생각을 심어준 역사적 사건이었던 것입니다. 이해조의 경우 하필이면 한일합방 이후에 쓴 소설 속에 이런 대목을 집어 넣어서 의혹을 받게 되었습니다만 소설이 설정한 시점에서 볼 때 대리보상의 심리에서 환호하는 측면이 분명히 있었다는 사실을 말씀드리고 싶습니다.

다음으로 1910년대의 이해조 소설에 강화되어 나타나는 통속성의 측면, 구태의연한 구소설적 측면에 대해 이야기해 보겠습니다. 예컨대 최원식 교수는 다음과 같은 대목에 대해 "그토록 여성해방을 부르짖었던 작가의식의 심각한 후퇴"[5] 라고 말했으며 분명히 그런 점이 있습니다.

> 이는 나를 일개 투기하는 계집으로 여기심이라 조선 습관에 일처일첩을 둠은 남자의 흔한 일이온데 이 사람 있기로 평양집과 인연을 맺지 못할 곡절이 무엇이오니까?[6]

이해조 소설이 보여주는 이같은 모습에 대해 그가 이전에 썼던 다른 작품들과 비교하면서 부정적으로 평가하는 것은 얼마든지 가능한 일입니다. 그렇지만 이러한 평가가 잘 못 확산되어 이 시기의 이해조 소설을 모든 측면에서 부정적으로 평가하는 것은 온당하지 않다고 생각합니다. 그 이유는 이렇습니다.

1910년대에도 문학의 계몽적 기능은 아직 끝나지 않았습니다. 자유연애를 부르짖은 이광수의『무정』에 독자들이 열광한

5) 최원식,『한국근대소설사론』(서울 : 창작과비평사, 1986) p.143
6) 이해조『탄금대』, 한국신소설전집, Vol.5, p.260

사실에서 알 수 있듯이 말입니다. 다만 식민지 치하로 전락함에 따라 애국계몽에서 '애국'이 불가능하게 되었을 따름입니다. 공적인 모든 언론과 출판이 삼엄한 감시 하에 놓여 있었던 이런 시기에 이해조는 나름으로 독자들에게 다가가서 문학의 계몽적 성격을 발휘할 수 있는 방식을 찾았던 것 같습니다. 마치 1920년대 말에 팔봉 김기진이 프로문학도 독자들에게 접근하기 위해서는 봉건적 장르를 이용할 필요가 있다고 주장하며 예술대중화론을 주장한 것처럼 말입니다. 현실을 고려한 전략적 타협의 태도는 이해조의 다음과 같은 말에서 읽을 수 있습니다. "본 기자가 십여년 광음을 소설에 종사할 새 구소설의 부패한 언론이 지금 이십세기에 맞지 아님을 깨닫고" 그래서 이삼십종의 신소설을 썼는데 이제는 독자들은 물론 자신도 "지리한 생각을 금치 못하니" 다시 "신구를 참작하야 구소설의 허탄맹랑함은 바리고 (……) 신소설의 천근각삭함은 바리고"[7] 이전과 다른 소설을 써보겠다고 그는 말했었습니다. 동시에 우리는 그의 이런 말과 함께 다음과 같은 이야기도 참고할 필요가 있습니다.

> 상쾌하고 악착하고 슬프고 즐겁고 위태하고 우슨 것이 모도다 좋은 재료가 되야 기자의 붓끝을 따라 자미가 진진한 소설이 되나 (……) 기자의 재조가 민첩지 못함으로 문장의 광채는 황홀치 못할지언정 사실은 적확하야 눈으로 그 사람을 보고 귀로 그 사정을 듯난듯하야 선악

7) 『매일신보』, 1911. 9. 29

간 족히 밝은 거울이 될만할가 하노라[8)]

이해조의 이러한 발언 속에는 독자를 사로잡을 수 있는, 재미있는 소설을 통해 문학의 계몽적 기능을 발휘하려는 의도가 숨어 있습니다. 더구나 이 시기는 1913년에 조중환의 번안소설 『장한몽』이 『매일신보』에 연재되어 독자들을 사로잡게 되는 사실에서 알 수 있듯이 그야말로 흥미위주의 타락한 오락성이 독자를 매료시키고, 또 식민지 체제가 그러한 방향을 유도하던 시기였습니다. 이같은 상황에 맞서서 이해조가 자신의 독자를 지키기 위해서는, 이전과는 다른 강도로나마 계몽성을 발휘하기 위해서는 소설의 변화를 도모하지 않을 수 없었을 것입니다. 그것이 비록 타협의 모습으로 나타났다고 해도, 실패가 예정된 길이었다고 해도 우리는 그 노력의 일단을 읽어주는 예의는 갖추어야 할 것입니다.

4. 글을 맺으면서

이해조는 "척화도 형편대로 하는 것이지 붓끝으로만 척화 척화하면 척화가 되오"라는 주장을 한 것에서 알 수 있듯, 말로만 척화(斥和)를 외치는, 시대의 흐름을 거슬러 수구를 고집하는 양반들의 행태에 동조하지 않았습니다. 또 신분제도 철폐를 비롯한 각종 현실변화를 이인직은 쌍수를 들어 환영했지만 이해조는 차분하게 득실을 따지며 지지하거나 반대했습니다. "우

---

8) 『매일신보』, 1911. 4. 6

리나라 경장 대신들이 양반의 폐만 생각하고 양반의 공효는 생각지 못하야 졸지에 반상 등급을 혁파하니 누가 상쾌치 아니하겠소마는 국가질서의 문란을 양반보다 더 심한 자 많으니 어찌 정치가의 수단이라 인정하겠소"라는 이해조의 말에는 신분제도의 철폐를 지지하면서도 그 후의 문제까지를 걱정하는 신중한 태도가 들어있는 것입니다.

그 결과 이인직은 봉건적인 사회를 변화시키는 개화가 누구에 의해 추진되던 아랑곳하지 않고 개화를 지지하며 '신념의 친일파'로 변모했지만, 이해조는 개화의 이면에 제국주의 국가들의 수탈과 지배가 들어 있는 것을 간파했기 때문에 그렇게 변모하지 못했습니다. 또 이해조가 양반 지식인을 기초로 한 점진적 변혁을 꿈꾸며, 기독교를 정신적 지주로 삼는 서구사회에 대응해서 유교를 개혁한 공자교를 우리의 정신적 지주로 구상한 것도 이인직과 구별되는, 경박하지 않은 면모라 볼 수 있습니다. 1910년대에 이해조가 일본을 전면적으로 거부하는 것도 일본에 적극적으로 협조하는 것도 아닌 길을 걸어간 데에는 그가 지닌 이런 현실적이고 신중한 측면 또한 보이지 않게 작용했을 것입니다. 그리고 그의 소설 또한 이런 모습을 일정하게 반영하고 있을 것입니다.

동농 이해조 소설의 창작공연 가능성

김석만(연출가, 한국예술종합학교 교수)

1. 들어가며

지난 2008년은 이인직의 <은세계> 공연을 기준으로 한국현대연극 100주년을 기념하는 해였다. 한국연극협회은 기념사업의 일환으로 「한국현대연극 100년」 총 4권을 출판하였다.[1] 책 서문에서 한국현대연극 100년을 다음과 같이 설명하고 있다.

> 2008년은 한국현대극이 시작된지 100년이 된 해입니다. 100년 전인 1908년은 한국문화사에서 매우 뜻 깊은 해였습니다. 외국의 근대적 문물과 지식 제도 등이 물밀 듯 들어오는 가운데 전통극이나 고전문학과는 다른 새로운 형태의 연극과 문학이 시작되었던 것입니다. 전통과 결별하고 새롭게 태동한 신문학이나 신연극은 예술의 시

---

1) <한국현대연극 100년 공연사 1 (1908~1945)>, <한국현대연극 100년 공연사 2 (1945~2008)>, <한국현대연극 100년 - 지역연극사>, <한국현대연극 100년 - 인물연극사>, 한국연극협회, 연극과인간, 2008, 2009

대적 대응과 시대정신의 소산이었습니다. 문학분야에서는 최남선의 신체시 <해에게서 소년에게>를 필두로 현대문학이 시작되었고 연극분야에서는 원각사에서 창극 <은세계>가 공연되면서 한국 현대극의 새로운 역사가 시작되었습니다.[2)]

같은 해 6월 28일에는 한국연극 100주년 기념대토론회가 열렸다. 토론회를 주관한 「한국연극 100년 서울포럼」은 토론회 목적을 다음과 같이 밝혔다.

2008년은 한국연극 100주년이 되는 해이다. 한국연극은 20세기 초엽 서구열강의 간섭과 일제의 침탈 속에서 변조와 왜곡의 태생적 한계를 안고 태어났다. 일제의 강점과 억압으로부터 부자연스럽게 시작된 '신연극'이라는 이름의 서양극 예술형식은 일제 식민지의 40여 년과, 한민족의 해방공간 및 동족상잔의 6.25 한국전쟁, 60년대 이후 군사독재 치하의 경제근대화, 그리고 자유와 인권, 민주주의를 위한 민주화 시대를 거치는 동안에, 한국의

---

2) 한국현대연극 100년 공연사 1, 한국연극협회, 연극과인간. 2008. 5쪽. "책머리에" 참조.
한편 최근에 주목받을 만한 연구서를 낸 조영규는 "원각사에서 상연된 <은세계>를 지금까지는 반봉건 사상과 개화의식이라는 주제와 함께 당시 친일의 길을 걷고 있던 문명개화론자들의사상을 대변해 주고 있는 정도로 이해해 왔다. 그러나 그 표면적인 모습 뒤에는 구한말 봉건사회의 부조리를 표출시킴으로써 일제침략을 정당화해 주는 정치적 이면이 작용되었을 것으로 추정된다"고 <은세계> 공연의 시대적 성격을 규명하고 있다.
<바로잡는 협률사와 원각사> 조영규. 민속원, 2008. 10쪽.

> 연극예술은 그 끈질긴 생명력과 빛나는 예술적 업적과 역사적인 소명을 다하여 오늘날에 이르렀다. 이에 우리 연극인은 지난 백년간의 연극적 성취와 잘못된 역사적 과오를 진단하여 총정리하고, 나아가 21세기의 새로운 1백 년을 위하여 한국연극의 세계화를 향한 바람직한 좌표와 방향설정을 모색하고자 한다.[3]

한국현대 연극 100주년을 기념하는 대표적인 출판사업의 서문과 토론회 안내문에 100년의 한국연극을 보는 시각의 차이가 드러난다. 오늘 동농 이해조 선생의 창작세계를 다루는 이 자리는, 한국연극사의 시대구분을 논하는 자리는 아니지만, 이인직이 차지하고 있는 한국근대문학이나 한국근대연극사의 비중에 비추어 이인직과 동시대를 살았던 다른 인물들이 벌였던 활동과 역할이 상대적으로 소홀하게 다루어진 부분만큼은 지적하지 않을 수 없다.

이해조 선생의 작품을 오늘날 다시 조명할 경우 효과적인 방법의 하나로 창작공연화를 들 수 있을 것이다. 마침, 내년에는 동농 이해조 기념사업회에서도 내년 (2010년)에 「자유종」 연극화 작업을 추진하고 있기에 오늘 동농 선생 작품의 창작공연 가능성에 대한 논의는 시의적절하다고 할 수 있을 것이다. 또한 한국연극연출가협회에서는 내년 <삼인삼색 三人三色>[4] 프로

---

3) 한국연극 100주년 기념사업 <한국연극 100주년 대토론회> 안내문 참조. 한국연극협회

4) 한 작품을 세 명의 연출가가 제각기 다른 스타일로 공연을 올리는 기획공연. 한국연극연출가협회가 주관함.

그램으로 동농의 「자유종」을 검토하고 있다니 오늘의 이러한 논의는 더욱 의미있는 논의라고 보겠다.

처음에 동농 선생 기념사업회 측으로부터 부탁을 받기로는 동농의 판소리계 소설, <옥중화>, <강상련>, <연의각>, <토의간>에 대한 검토였다. 작품 네 편이 모두 같은 해인 1912년 1월부터 6월까지 발표되었다. 「자유종」에서 그렇게 비판했던 판소리를 1912년에 열정적으로 발표한 동농의 속내는 무엇이었을까. 그에 대한 궁금증은 아직도 여전히 남아있지만, 당대의 시대상황을 고려하고 신문연재 소설의 기능을 살펴본다면 동농의 뜻을 어느 정도 짐작할 수 있을 것 같다. 바로 그의 뜻을 헤아려 보는 것, 그래서 그의 작품의 창작공연 가능성을 살펴보는 것이 오늘 이 세미나에 참가한 의미라고 여겨진다.

오늘 발표는 그동안 이해조의 작품을 읽으면서 가졌던 몇가지 질문에 대한 답을 찾아가는 과정을 소개하고 그 결과 한 작품 <화의 혈>의 창작공연 가능성을 제안하는 것으로 꾸몄다. 판소리계 소설과 <화의 혈>이 몇가지 점에서 주목할만한 가치가 있다고 여겨졌기 때문이다.

2. 왜 판소리계 소설을 썼을까?

이미 많은 학자들이 제기한 것과 마찬가지로 <옥중화> 등 판소리계 소설의 출발점이 무엇이었느냐가 첫 번째 질문이었다. 수많은 논의에도 불구하고 <옥중화> 등 판소리계 소설이 판소리 공연보다 먼저 존재할 수 없다는 점은 두 가지 관점에서 너무나 분명한 사실이다. 당대의 풍토인 인쇄 환경과 문맹률을 검토할 경우, 글(소설)이 먼저 나오고 이를 저본으로 하여 판소리 공연이 만들어졌다는 가설은 세우기 곤란한 가설이다. 글이 먼저이고 공연이 나중일 때에는 두 가지 조건이 전제가 되어야 한다. 공연 참가자들인 배우, 연출가, 조연출 스태프 등이 글을 읽을 수 있어야 하고 공연 참가자들 개개인이 손에 대본을 쥘 수 있을 만큼 종이와 인쇄술이 널리 보급이 되어야 한다.

종이와 인쇄술의 보급, 문맹률의 문제 보다 더 본질적인 공연성은 연극 창작이 갖는 현장성을 살펴보면 일정한 형식을 지닌 판소리계 소설이 판소리보다 먼저 있었다고 볼 수 없는 것이다. 우리나라 보다 연극이 양식적으로 정돈되어 있는 서구연극을 살펴보면 그리스 시대로부터 현대에 이르기까지 모든 새로운 공연의 탄생은 배우로부터 시작하였다. 배우의 기술을 기록하면서 작가가 나타나고 작가의 등장으로 인해 드라마는 더 복잡해지게 되어 독특한 구성과 인상적인 등장인물이 등장하게 되었다.

<옥중화> 등 판소리계 소설은 당연히 판소리 공연의 채록본과 같은 성격을 지닌 소설로 볼 수밖에 없다. 그렇다면 왜 이해조는 「자유종」에서 그렇게 비판했던 판소리를 불과 2년 만에 열정적으로 네 편을 연달아 발표하였을까. 두 가지 답을 가정해 보았다. 하나는 명창 박기홍(朴基洪)으로 받은 영감이었을 것이고 다른 하나는 경술국치 이후 <화의 혈> 소설 발표를, 대가 끊긴 <춘향가>의 공연의 연장선에서 파악하고 전통예술의

보급과 보존을 염두에 두었으리라고 보는 것이다.

우선 명창 박기홍(朴基洪)에게 얽힌 일화를 살펴보자. 박기홍의 생몰연대는 모른다. 다행스럽게도 「다시 보는 판소리」[5)] 와 「판소리 이백년사」[6)]에 박기홍은 신화적 인물로 묘사되어 있다. 몇몇 기록을 종합하면 이해조와 박기홍의 관계를 짐작할 수 있다.

> 조선 말기 고종 때 판소리 명창. 전남 나주 출신. 명창 이날치(李捺致)와 김창환(金昌煥)의 이종사촌간인 그는 어려서 박만순(朴萬順) 밑에서 판소리 지도를 받았다. 후에 정춘풍(鄭春風)에게 오래동안 사사하여 일가를 이루었다. 동편제(東便制)의 법통을 전승하였으며 고종 때로부터 동편제의 마지막 종장(宗匠)으로서 송만갑(宋萬甲), 이동백(李東伯), 유성준(劉成俊)의 선배이다. 판소리 외에 시조, 가사, 거문고, 가야금에도 능통했으며, 특유한 창법으로 담담히 시작했다가 중간에서 소리를 흥미있게 이끌어 청중을 절정으로 이끄는 재주를 가졌다. 적벽가와 춘향가를 잘 불렀으며, 특히 적벽가 중 삼고초려, 장판교대전, 화룡도 대목에 뛰어났다고 전해진다. 그의 더늠은 적벽가 중 조조군사가 사향가(思鄕歌)에 전한다. 신고주(申高柱)가 그의 전임고수 이었으며 원각사 시절에 김창룡(金昌龍), 김창환, 송만갑, 이동백, 정정렬

---

5) <다시 보는 판소리> 백대웅 지음. 도서출판 어울림, 1996
6) <판소리 이백년사> 박황 지음. 사사연, 1987

> (丁貞烈)과 함께 창극 발전에 공헌했고, 1916년 박녹주(朴綠珠)에게 판소리를 가르쳤다.[7]

이 기록에 1916년에 박녹주에게 판소리를 가르쳤다면, <옥중화>를 신문에 연재할 당시에 이해조는 박기홍의 소리를 들을 수 있는 기회가 있었을 것이다. 당시 박기홍의 나이는 다른 기록으로 추정할 수 있다.

> 박기홍의 종제로 그의 수행고수였던 박지홍(朴枝洪)의 전하는 바에 의하면 박기홍이 전주 통인청 대사습에 참여한 것은 그의 나이 25세 때의 일이라고 하였으니, 그렇다면 고정 7년(1870년)이 된다. 때가 단오절이라 전주 덕진공원의 관상터에 마련한 대회장은 수만 군중이 구름같이 모여 들었는데 몇사람의 창인이 먼저 나와 소리를 하였다.[8]

이를 토대로 추정하면 <옥중화>가 연재될 당시 1912년에 박기홍의 나이는 약 67세가 된다. 71세가 되던 해인 1916년에 박녹주에게 판소리를 가르칠 정도였다니 이해조가 <옥중화>를 연재하기 전에 박기홍의 <춘향가> 판소리를 들었을 개연성은 충분하다고 볼 수 있다.

이해조가 박기홍의 판소리를 듣고 이를 신문연재소설로 발표

---

7) <다시보는 판소리> 백대웅 지음. 도서출판 어울림, 1996. 부록 251쪽

8) <판소리 이백년사> 129쪽

할 때 박기홍이 대원군과 고종의 총애를 받은 인물이었다는 사실도 작용하지 않았을까.[9)]

> 대원군은 박기홍에게 검은 수정이 들어있는 오수경[검은 안경, 선그래스]을 내렸다. 당시는 백성이나 신분이 얕은 사람은 오수경을 쓰지 못하였으나, 대원군은 박기홍에게 어데서나 오수경을 쓰도록 하였으며, 고종임금 앞에서 소리를 할 때도 고종의 윤허로 안경쓰고 소리를 하였던 것이다. 이렇듯, 박기홍은 고종과 대원군의 총애를 받았고 무과선달의 직계를 제수 받았다.[10)]

대원군 측근인 이해조 가문이 역시 대원군과 고종의 총애를 입은 박기홍의 판소리를 나라가 망한 이후에 다시 주목할 수 있을 개연성은 충분하다고 본다. 나라가 망한 이후에 이해조가 할 수 있는 유일한 일은 신문에 연재소설을 쓰는 일이었는데, 1910년 「자유종」 발표 이후, 1911년의 <화의 혈>, 1912년의 <옥중화>가 모두 <춘향전>과 관련이 있고 경술국치 년간에 판소리를 바탕으로 한 대규모 창극공연이 세인의 관심을 끌고

---

9) 박기홍의 얼굴은 신재효가 언급한 판소리 광대의 조건 가운데 인물치레에 어울리지 않았다고 한다. 오른쪽 눈이 흡사 오징어 눈깔처럼 밖으로 툭 불거져서 핏발이선 눈에는 눈물과 눈꼽이 끼어 있어 보는 사람으로 하여금 불쾌감을 주었다는 것이다. 그러한 용모의 그가 판소리계에서 소리로 인정받자. 대원군에게 불려가는데 대원군은 그의 소리를 사랑하여 강제로 그의 눈을 수술하여 애꾸로 만들어 놓았다고 한다. <판소리 이백년사> 판소리 최고 융성기 박기홍 편 참조. 126~134.

10) 앞의 책. 131쪽.

있었으며 그 중요한 레퍼토리는 단연 <춘향가>였다는 사실에 주목해 보자.[11] 특히 우리나라 첫 창극 <춘향가>는 전국규모의 공연을 자랑하던 두 협률사[12]에 의해서도 큰 인기를 끌고 있었다. 이해조의 <화의 혈>창작과 신문연재, 판소리 <춘향가>의 소설작품 <옥중화>의 신문연재는 혹시 경술국치와 두 협률사의 공연활동 정지와 어떤 상관관계가 있는 것은 아닐까.

> 국창 김창환은 원각사가 폐쇄되자 국운이 다한 것을 통탄하고 고종을 뵈옵고 하직인사를 드린 후에 일단 고향으로 돌아갔다. (중략)... 이듬해인 1907년 강용환, 유성준, 김정길, 안영환, 저악진 등 50여명의 전라도 출신 명창대가를 규합하여 협률사를 조직하고 삼남지방의 향곡을 순회공연하면서 일제를 향해 <이것 보라>하는 듯이 방방곡곡의 국민들에게 민족혼을 고취시켰다.
>
> (중략) ...
>
> 한편 국창 송만갑은 원각사 폐쇄 이후 궁내부 별순검의 실직을 거행하다가 3개월 후에 해임되었다. 1907년 동대문 안의 광무대 협률사가 신축개관을 하였는데 이때부터 송만갑은 이동백, 유공열, 한성준, 김창룡, 허금파, 강소향 등과 여기에 출연하였다. 원각사 시절과는 모든 여건과 사정이 달랐으나, 규모는 작았어도 그런대로 판

---

11) <한국연극사> 근대편. 서연호. 연극과 인간. 2003. 제3장 창극의 변모와 전개. 123~156 참조

12) 서울 광무대에서 시작한 송만갑, 이동백의 협률사와 전라도에서 시작한 김창환의 협률사

소리와 창극을 연행하였다.

송만갑은 동대문 협률사에서 1년 동안 창극을 지지하다가 그의 문도 중에서 장판개, 김정문, 김광순 등의 명창 후보가 배출하자 1908년 가을 이동백, 김창룡, 유공열, 이선유, 장선오, 한성준, 강소향 등과 그의 문도들로 협률사를 조직하고 지방 순회에 나섰다. 송만갑 협률사 또한 김창환 협율사와 같이 어데를 가나 그 지방 사람들의 열광적인 환영을 받았다고 한다.

(중략) ....

이들의 이름은 삼척동자도 모르는 사람이 없을 만큼 유명하였다. 그러나 1910년 8월, 김창환 협률사는 경상도 남해에서, 송만갑 협률사는 지금의 충무시인 통영에서 공연을 하던 중 한일합방이라는 망국의 슬픔을 접하자 그날로 협률사를 해산하였으며 사원들은 천추유한을 품고 각기 고향으로 돌아갔던 것이다.[13]

3. 임성구의 협률사

두 협률사가 해산할 즈음 서울에서는 임성구(林聖九 1887~1921)의 혁신단(革新團)이 창단되어 세인의 주목을 받고 있었다. 그동안 혁신단의 첫 작품은 1911년 일본 작품 <사의 집념(蛇의執念)>을 각색한 <불효천벌(不孝天罰)>이며 공연도 단

13) <판소리 이백년사> 149~151 참조

하루에 그쳤고 흥행에 실패했다고 알려졌다. 그러나 최근 연구에서는 그러한 통설과 다른 사실을 제기하고 있다.[14]

또한 동아일보 1939년 3월 1일자에 실린 안종화와 이기세의 대담에 임성구 혁신단의 첫공연 작품에 관한 내용이 나온다. 이러한 연구결과를 보면 임성구의 혁신단 창립시기는 1909년이며 첫 작품으로 군사극을 공연했다고 하는데 임성구의 혁신단 창단 동기는 당대의 시대상과 밀접한 관련이 있다.

> 安鍾和氏 : 처음 각본이 <불효천벌>이었지요?
>
> 李基世氏 : 아닙니다. 일본 내지 각본 <화도대좌 樺島大佐>를 모방한 것이었는데 예제는 잊었지만 하여튼 <의병대장 전록두>를 주인공으로 하였었습니다. 전록두가 적군에 잡혀갔는데 항복하면 놓아준다하나 끝까지 항복 안하는 것입니다. 그 다음(2회)이 <불효천벌>이었지요.[15]

안종화(安鐘和)의 <新劇史 이야기>[16]에 의하면 임성구는 천주교 교인으로 명동성당 뒤에서 형과 과일가게를 하고 있었는데 1907년 8월 1일 일본이 강제로 자행한 대한제국 군대의 해산과 그로 인한 오전의 전투에서 부상당한 해산병을 만나게

---

14) <한국현대연극 100년> 공연사 1 (1908~1945) "신파극의 형성과 창작희곡" 이승희. 69~98 참조

15) <한국현대연극 100년> 공연사 1(1908~1945) 73쪽에서 재인용

16) <신극사 이야기> 안종화. 진문사, 1955 (단기 4288년)

되는 장면이 묘사되어 있다.[17] 안종화에 의하면 당시 천주교인이었던 임성구는 그날 군대해산이 일어난 날의 전투 상황에서 새로운 연극을 하겠다고 마음을 정하는 것으로 나타나 있다. 군대해산 당일의 상황을 한국천주교의 최고 위치에 있었던 뮈텔 주교 일기[18]를 통해서 살펴보자.

<1907년, 역사의 재구성>

7월 19일

오늘 아침 말할 수 없는 큰 슬픔이 온 장안을 뒤덮었다. 한국인 상점들이 문을 닫았다. 황제가 퇴위될 것이라는 것이다.

그간 일어난 일들이 조금씩 드러나기 시작했다. 정부 대신들이 이토오 후작과 협상을 한 후, 지난 수요일 17일 저녁에 황국으로 들어가 황제에게 다음과 같은 최후 통첩을 했다는 것이다.

1. 1905년 11월 7일자 보호조약에 날인할 것
2. 황제직을 양위할 것
3. 일본에 가서 일본 천황에게 그 이유를 제시할 것

---

17) <신극사 이야기> 30~38. "해산병 젊은이" 참조

18) 천주교 제8대 조선교구장인 G. C. M. 뮈텔[閔德孝] 주교가 자신이 교구장으로 임명된 소식에 접한 1890년 8월 4일부터 사망(1933년 1월 23일)하기 직전인 1932년 12월 31일까지 42년 동안 거의 매일 같이 작성한 일기. 한국교회사연구소에서 전 8권으로 출간하였음.

7월 12일

... 서울 프레스 Seoul Press에 의하면 상황이 대한제국 정부와 황제에게 불리하게 돌아가고 있다는 소식을 드 라 플다 씨가 전해 주었다. 황제가 헤이그에 밀사를 파견한 것이 일본인들의 감정을 몹시 상하게 했다. 권력을 잡고 있는 일진회원들은 한국인 대신들을 일본인들로 갈아치운다는 말을 하고 있다. 뿐더러 황제를 정치에서 손을 떼게 하고 섭정을 임명할 것이라는 이야기까지 있다…. 이 모든 것이 우리에게 또 새로운 혁명과 폭력을 예고하는 것이 아니겠는가?

7월 25일

... 3시에 국민신보의 호외가, 24일에 조인되었다고 하는 새 조약

(소위 정미 7조약)을 소개했다.

한일협약

일본국정부와 한국정부는 속히 한국의 부강을 위하고 한국민의 행복을 증진하고자 하는 목적으로 다음과 같은 조약을 체결함

제1조 : 대한제국 정부는 시정 개혁 및 개선에 관한 일들에 있어 통감의 지도를 받도록 한다.

제2조 : 대한 정부의 법령의 제정 및 중요한 행정상의 처분

은 사전에 통감의 승인을 받도록 한다.

제3조 : 대한제국의 사법 사무는 일반 행정 사무와 차이를 두어 구별한다.

제4조 : 대한제국의 관리의 임면은 통감의 동의를 얻어 하도록 한다.

제5조 : 대한제국 정부는 통감이 추진하는 일본인을 한국 관리에 임명하도록 한다.

제6조 : 대한제국 정부는 통감의 동의없이 외국인을 고용할 수 없다.

제7조 : 1904년 8월 22일. 일본과 대한제국 사이에 체결된 협약 제1항을 폐지한다. 이 폐지된 제1항의 내용은 다음과 같다. 즉, 대한 정부는 일본 정부가 추천하는 일본인 1명을 재정고문으로 고용하여 재정에 관한 일체의 일은 그의 의견에 따라 행하도록 한다.

위의 내용의 증거로서 각국 정부의 위임을 받은 아래 서명인들이 본 협약에 가명 조인한다.

1907년 7월 24일(광무 11년 7월 24일)
내각총리대신 이완용
통감 이토오 후작

8월 1일

간밤에 일본 병사(기병들)이 와서 왜종대 절에서 야영을 했다. 8시 반. 시내와 시내 서쪽에서 몇 발의 총성이 들렸다. 곧 연발 사격 소리로 변하더니 이어 이따금씩 총성이 났다. 이렇게 정오까지 계속되었다.

서소문 안에 주둔하고 있던 일명 평양군(鎭衛隊)의 무장을 해제하고 해산시키기로 결정된 것 같다. 그러나 군인들이 말을 듣지 않았다. 그리하여 충돌이 일어나 무익한 대학살로 번지게 되었다.

... 거리는 거의 비어 있었고, 상점들은 문이 닫혀 있었다. 일본인 순찰들이 거리를 순찰하고 있었고 네거리 마다 초소가 세워져 있었다. 죽음의 침묵을 지키고 있는 한국인들 위에 허탈감 같은 것이 군림하고 있는 것 같았다.

8월 2일

전혀 믿을 수 없었던, 약현성당에서 일어난 사건의 얘기가 오늘 아침에 확인되었다.

어제 아침 10시경, 군인들이 저항을 하지 못하게 되자 성벽을 타고 도망쳤는데, 좌우에 있는 일본군 초소를 피하고자 약현 언덕 쪽으로 갔다. 즉시 일본군들이 사방에 숨어서 그들에게 총을 쏘았다. 약현 언덕에 있던 한국군 병사들이 총격을 가한 것 같다. 이것이 일본군들의 야만성을 부추겼다. 성당 구역전체가 공포의 수라장이 되었다. ... 출입문에서 멀지 않은 언덕 위에서 군인 한 명이 살해되었다. 또 성당 땅 밑 밭에서 군인 두 명이 살해되었다. 처음엔 도망병들이 약현 언덕을 지나가기만 했는데, 나중에 온 약간의 도망병들은 성당 구내에 남아 숨었다. 저녁 무렵, 군인들과 경찰, 소시, 그리고 배신한 한국인들이 그들을 잡으러 왔다. 5, 6명은 피할 수 있었다. 수색자들은 거기서 콜브래 집으로 곧장 가서 그곳 지하실에 숨어 있던 7, 8명의 군인들을 잡아 끌어냈다. 그때 수세 신부의 집은 모두 열려 있었다. 그러나 그들은 신부의 방에까지 들어가지는 않았다. 피해상황을 집계하는 것은 어려운 일이다. 그러나 한 일간지는 그 수를 이렇게 보도했다.

한국인 살해자는 장교 12명, 병졸 75명, 부상자 50명, 옥에 갇힌 자 60명이다. 일본인들은 그들 측에서 3명의 장교가 사망했는데 사망자는 모두 4명 뿐이라고 말하고 있다. 그런데 살해된 일본군인들을 실은 짐수레를 진고개에서 4대나 보았다고 한다.

8월 3일

새 연호가 시작되었다. 융희(隆熙 원년 8월 3일)

선택한 한자들이야 말로 정말 아이러니컬한 표현이 아닌가(황제가 폐위당하는 등 나라가 망해가고 있는데, 연호로 성하고 빛난다는 표현을 택했다는 건!)

아마 당시 천주교인이라면, 일반 백성보다도 더한 정치적 입장을 지닌채 1907년에 벌어진 일을 바라 볼 수밖에 없었을 것이다. 1783년에 이승훈이 북경에서 세례를 받고 이듬해 첫 전례를 시작한 한국 천주교회는 네 번의. 혹독한 박해를 받아 수많은 인물이 순교하였다. 마지막 병인박해 이후 전교의 자유를 얻었으나, 1894년 동학혁명 과정에서 큰 피해를 입었다. 이제 일본이 대한제국을 멸망시키려 하는 때에 천주교인이라면 당연히 세상의 변화에 어느 누구보다도 더 민감할 수 밖에 없었을 것이다. 1907년 8월에 명동성당을 다니는 독실한 천주교 교인이었다면 1987년 6월에 명동성당을 다니는 천주교인이 지니고 있던 민주화의식보다 더한 당대의 정치적 의식을 지니고 있을 개연성이 높다.

안종화의 <신극사 이야기> 곳곳에 임성구의 신앙을 언급하고 있고 1907년 8월 2일, 즉 대한제국 군대 강제해산 조치가 취해진 이후 시가 전투에서 부상을 당한 해산병의 울분을 듣고 눈물을 흘리는 모습이 자세히 묘사되어 있다. 그날의 체험이 임성구로 하여금 연극을 시작하는 계기가 되었다는 것이다. 그날 임성구가 만났던 해산병은 치료를 마치고 나서 몇 년 후 임성구의 혁신단에서 군사극(軍事劇) 진중 장면에서 나팔수로 이름을 날렸다고 한다.[19)]

다소 장황한 인용이었지만 1910년 전후 이해조가 겪은 주요한 사건으로 비추어 볼 때, 비록 「자유종」에서 판소리를 비판하였으나 경술국치 이후 이해조는 다시 판소리에 관심을 기울일 수 있었을 몇가지 상황을 주목해 보았다. 대원군의 총애를 받았던 박기홍의 판소리 <춘향가>, 전국을 풍미하였던 김창환과 송만갑의 협률사(協律社) 공연과 경술국치로 인한 해산. 경술국치 년간에 탄생한 임성구의 혁신단 공연. 이해조가 <화의혈>과 <옥중화>등 판소리계 소설을 집필할 당시의 배경에서

---

19) <신극사 이야기> 34쪽

이해조의 창작정신과 시대정신을 이해할 수 있다면 <화의 혈>에서 춘향가와 동학을 접목시킨 의도를 짐작할 수 있는 단서를 제공한다고 볼 수 있다.

4. 이해조 작품의 창작공연의 전제

지금까지 1911년에 발표한 <화의 혈>에 담길 수 있는 작가 이해조의 시대적 배경을 판소리와 창극, 신파극의 태동의 환경 속에서 살펴 보았다. 당대의 상황을 보다 면밀하게 연구한다면 신문연재소설의 기능에 대해서도 이해조의 기대나 희망 등을 찾아볼 수 있을 것이다. 신문연재소설은 신문연재만으로 그 기능을 다한다고 볼 수 없고 단행본을 내기 위한 사전 홍보라든가 공연으로 만들어 내기 위한 콘텐츠 제공과 같은 역할과 기능을 갖고 있었을 것이다. 이해조의 신문연재 소설은 1913년 두 편이 공연된다. 1912년에 발표한 <봉선화>는 1913년 임성구의 혁신단에 의해 각색 공연되었고, 1913년에 발표한 <우중행인>은 이기세의 유일단에서 각색 공연되었다.[20] 아직 <봉선화>나 <우중행인>의 당대 공연기록을 통한 공연의 전모는 밝혀낼 수 없으나 당시 신파조극(新派調劇)의 전체적인 수준이나 형편으로 짐작할 때 창단 자체의 의미를 넘어서는 공연의 의미를 지속적으로 발전시켰다고 볼 수는 없을 듯하다. 서연호는 임성구 혁신단의 한계와 업적을 다음과 같이 지적하였다.[21]

---

20) 서연호. <한국연극전사> 근대편. 연극과 인간, 2003

〈임성구의 한계〉

첫째로, 양식적으로 혁신(革新)의 대상이 막연하였다는 점이다.

둘째로, 가와카미류(流)로 표상되는 신연극인들의 서양드라마에 대한 체험, 혹은 가부키류로 표상되는 일본전통극에 대한 체험 같은 것이 임성구에게는 전무했다는 점이다. 연극인으로서 그의 전문성은 너무 부족하였다.

셋째로, 당시 한일양국의 지식인들이 개화, 문명, 근대, 민권 같은 용어를 공공연히 사용하였지만 지배국 일본의 입장과 피지배국 조선의 처지는 너무도 현격하였다는 점이다. 역설적으로 '조선의 현실이 부재한 연극'으로서는 진정한 혁신에 이를 수 없었다.

넷째로, 임성구의 작품제작을 도와주는 그 어떤 극장이나 자본이나 기획이나 판촉의 관행이 존재하지 않았다는 점이다.

다섯째로, 원천적으로 번역극은 불가능하였고, 그의 능력에 기준한 번안극만이 가능하였다.

여섯째로, 동시대의 일본연극 수준에 비하여 후진적인 출발을 보인 점이다. 임성구의 연극은 20여 년이나 뒤늦게 그들의 과거 연극운동을 모방하는 퇴영성을 지닌 것이었다.

---

21) 서연호. 근대극 성립기 한일의 문화환경과 임성구의 역할. 2008. 8월 27일 학림포럼 발표 원고 (미출판 원고)

〈임성구의 업적〉

첫째로, 임성구의 선구성은 모국어인 한국어의 연극적 기능을 확장한 점에서 찾을 수 있다.

둘째로, 임성구의 선구성은 한국작품의 번안을 통해 동시대의 현실성을 구현하고자 한 점에서 찾을 수 있다.

셋째로, 임성구의 선구성은 최초의 근대 배우, 연출가이자 극단 경영자였다는 점에서 찾을 수 있다.

만일 우리가 이해조의 <화의 혈>을 당대의 입장에서 각색하여 창작공연으로 만든다면 위에서 지적한 한계와 업적의 범주를 벗어나지 못할 것이다. 오늘날 이해조의 유산을 현대에 다시 살려내기 위해서는 당대의 한계을 뛰어넘어 오늘날에도 살아 숨쉬는 이해조의 창작정신을 드러내고, 당대의 의미를 현재의 의미로 해석해 내어야 할 것이다. 이해조 작품의 창작공연의 가능성은 위에서 지적한 한계 속에 담겨 있는 창작의 발상을 검토하고 작품 속에 숨어있는 그의 창작의 동기와 목적을 발견하는 데서 찾아질 것이다.

5. 공연의 기초자료로서 〈화의 혈〉의 창작 배경

<화의 혈>이 매일신문에 연재된 해가 1911년이다. 위에서 언급한 몇가지 사건으로 <화의 혈> 창작 전후의 상황을 살펴보면 다음과 같은 표가 그려질 것이다. 1911년 <화의 혈>을

쓸 당시 동농 선생의 입장은 무엇이었을까. 창작의 발상을 시대적 배경에서 찾아봄으로써 창작공연의 가능성에 대한 논의를 시작하려한다. <화의 혈>은 이미 <춘향가>를 패러디 한 작품으로 자세하고 풍부한 설명이 나와 있다.[22] <옥중화> 등 판소리공연의 채록본으로 볼 수 있는 신문연재소설, 판소리계 소설의 창작공연화에 앞서서 <화의 혈>을 공연가능 작품으로 삼은 이유는 전통 판소리 <춘향가>를 빌려서 새로운 구성과 등장인물을 창조했기 때문이다. 우선 시대 배경을 살펴보자.

년도	사건	이해조
1907	고종퇴위, 정미7조약, 군대해산	빈상설(제국신문)
1908	의병 서울진공 원각사, 은세계 공연	와싱톤 전기 번역 구마검, 홍도화 등 발표
1909	이등박문 저격사망 임성구 혁신단 창단	모란병
1910	경술국치, 두 협률사 해산	자유종
1911	토지 수용령 공포 105인 사건/ 신해혁명	화의 혈
1912	청나라 멸망 (선통제 푸이 퇴위)	옥중화, 강상련, 연의각, 토의간 등 발표
1913	일본육해군형법(陸海軍刑法) 조선시행법 공포	우중행인, 봉선화 각색공연

22) <홍도화>(외). 최원식 책임편집, 해설, 범우비평판한국문학 3. 범우, 2004. 590-598쪽

<화의 혈>이 1910년의 「자유종」과 1912년의 <옥중화> 사이에 놓여 있다는 점과 <화의 혈>이 <춘향가>의 패로디이며 새로운 등장인물의 소개와 이들의 대립을 그렸다는 점에서 <화의 혈>의 특징이 드러난다. 그러나 <화의 혈>은 평단에서 결점을 지닌 소설로 평가되기도 한다.

> 그리하여 이 작품은 양반 관료의 횡포와 여인의 정절 상실-자살-복수 등의 갈등 구조가 내재되어 있어 보다 첨예한 갈등 구조를 만들지 못했을 뿐아니라, 고소설 <춘향전>의 모티브가 개재됨으로써 주제의식의 산만함을 가져오는 결정적 결함을 지니게 된다.[23]

> 그러나 역시 모란의 복수담은 설득력이 좀 부족하다. 실제로 이도사 같은 인물들이 그 후 어떻게 되었는가? 동학당을 압살한 후 정부는 1895년에는 대사령을 내려 안핵사 이용태는 물론이고 고부군수 조병갑까지 석방하였다. 이용태는 그 후 내부대신에까지 올랐으니, 모란의 복수담은 구소설의 권선징악의 잔재로 된다. 이것은 체제의 모순을 깊이 통찰하고 있으면서도 결국 농민군속에서 이 땅에 출현한 새로운 힘을 보아내지 못한 계몽주의자 이해조의기본 한계와 연관될 것이다.[24]

---

23) <빈상설> 한국문학대표작선집 28. 문학사상사. 2007. 10쪽

24) 최원식, 앞의 책. 598쪽

비록 소설로써 한계를 지녔다고 해도 소설이 연극과 같은 공연물의 공연텍스트가 된다면 그 한계는 오히려 극복하고 넘어가야 할 과제가 되고 문제로 지적된 부분이 보강될 때 소설이 지닌 결점은 공연에서 극복할 수 있는 대상이 될 수 있다.

6. 〈화의 혈〉 등장인물의 극적 행동 분석

<화의 혈>은 모두 7회의 장회체 소설로 발표하였다. 한 연구자의 글에서 각 회별 내용을 정리한 것을 인용하면 다음과 같다.

> 제1회에서는 정절을 소중히 여기는 선초와 속악한 인물형인 이도사(시찰)이 소개된다.
>
> 제2회에서는 선초와 관계를 맺어 보려는 야심으로 벼슬을 딴 이시찰이 애매한 양민을 학살하고 재물과 여색을 탐하는 행태가 묘사된다.
>
> 제3회에서는 이시찰의 계략에 걸려든 선초가 몸을 허락하기로 작정하고 순진하게 자기를 합리화하는 모순이 보여준다.
>
> 제4회에서는 선초의 어리석은 믿음과 이시찰의 당연한 배신으로 요약된다.
>
> 제5회에서는 선초의 억울한 죽음이 제시된다.
>
> 제6회에서는 이시찰의 실권(실권)과 공적 징계를,

제7회에서는 선초의 동생 모란의 사적인 복수를 각각 덧붙인다.[25)]

위의 설명은 작품의 내용, 즉 스토리의 전개를 중심으로 설명한 것이다. 공연을 위해서 작품의 줄거리는 등장인물의 행동을 중심으로 설명하게 되는데 이럴 경우, 작품 내용의 설명은 등장인물이 이루어야 하는 행동의 동기와 목적으로 설명된다. 등장인물의 행동이라고 할 때, 행동은 신체적인 행위와 구분되는 표현이다. 등장인물의 행동은 눈으로 볼 수 있는 몸짓이나 제스추어가 아니라 어떤 목적을 지닌 행위의 총합을 의미한다. 등장인물의 행동은 신체적 행위를 통해 드러내는 마음의 작용, 또는 사고의 작용이다.[26)] 예를 들어 두 사람이 길에서 말없이 서로 노려보며 서 있다고 할 때, 이들의 행위는, 즉 신체적 움직임은 서로 두 눈에 힘을 주어 노려보는 것이지만, 그 행위에 담겨 있는 이들의 행동은 "두 사람은 반목하고 있다"가 될 것이다. 작품 각색의 첫 단계는 줄거리를 행동의 단위로 다시 정리하는 것이다. 무대 공연인 연극의 생명은 등장인물의 행동이 지닌 설득력 여부에 달려 있다. 행동이 설득력이 있어야 등장인물이 생생하게 살아있는 인물로 다가올 것이다. 드라마란 아리스토텔레스의 <시학>에도 나와 있듯이 등장인물의 행동이 원인 결과를 이루며 구성을 이룰 때 성립되는 것이다. 소설의 창

---

25) 논문, "이해조의 <화의 혈>과 채만식의 <탁류>에 나타나는 재매 모티브의 세대론적 의미" 최성윤. <한국현대소설연구> 18. 147-171.

26) <연기의 세계> 김석만. 연극과인간, 2007. 제6장, 표현의 동기와 목적 103-122 참조.

작공연화의 성패여부는 등장인물의 행동을 올바로 파악하고 그 행동이 설득력있게 그려지도록 각색하고 배우들이 등장인물의 행동을 수행할 수 있도록 제대로 연출하는 데 달려 있다.

<화의 혈>에 등장하는 인물은 자신의 행동에 대한 동기와 목적을 지니고 있다. 여기서 등장인물의 행동을 파악하고 그 행동의 동기와 목적을 구별해 보자. 여기서 동기는 과거에서 비롯된 마음의 작용이고 목적은 미래에 결과로 나타날 것에 대한 마음의 작용이라고 구분해 두자.[27]

<화의 혈>에서 가장 두드러진 인물은 선초, 모란 자매와 이시찰이다.

비록 작품의 큰 줄기는 이시찰의 이야기로 꾸며져 있으나 선초가 없다면 이시찰도 없는 것이니 선초의 존재가 그만큼 중요하다. 선초와 모란 자래, 이시찰의 행도을 중심으로 소설의 드라마화, 소설의 연극공연화를 살펴보자.

선초는 기생이지만 자기와 비슷한 나이에 재주도 비슷한 남자를 만나 꽃다운 인연을 맺어 검은 머리 파뿌리 되도록 살고 싶어한다. 선처의 삶의 목표는 춘향가에 나오는 이도령과 같은 인물을 만나서 일부종사하는 게 소원인 것이다. 선초의 삶의 목적은 기녀로써 천한 몸이 되었으나 절개를 지켜서 춘향가의 이도령과 같은 인물을 만나는 것이다. 그러나 선초의 행동은 적극적이지 않다. 그는 적극적으로 자신이 바라는 인물을 구하지 않고 대신 기생의 입장에서 절행을 하여 때를 기다리며 살고 있다. 선초는 아름다워서 모든 남자가 추근대지만, 오직 절행, 즉

27) 앞의 책, 117쪽

절개를 지킬 뿐, 자신의 목적을 이루기 위해서 남자의 청을 거절하는 것과 누군가 이도령 같은 이가 나타나기를 기다리는 것 외에는 다른 행동을 하지 않는다. 선초의 비극은 자신이 처한 상황과 그에 대처하지 못하는 수동적 행동의 상관관계에 담겨 있다. 선초의 행동은 절개를 지키는 일이다. 절개를 지킨다는 것은 어떠한 상황이 닥치더라도 자신을 지키는 일인데 선초가 하는 일은 남자의 청을 거절하는 일이다. 함께 놀아 보자는 청, 함께 살자는 청을 거절하는 일이 선초의 행동의 전부이다. 이러한 등장인물은 그 자체로써는 매력적이지 못하다. 적극적인 행동, 즉 목적을 이루기 위한 행동의 선택이 없기 때문이다. 위험부담이 있는 행동의 선택이 없다. 자신의 처지를 바꿔보기 위해서 기생의 처지를 벗어나기 위한 노력이거나 마음에 드는 남자를 찾기 위한 행동이 결여되어 있다. 선초가 매력적인 것은 오직 상대역할과 상관관계에서 비롯된다. 선초를 탐하는 인물들은 선초의 거절에 속수무책으로 물러서고 만다. 그러나 이시찰은 다르다.

이시찰은 비록 악역이지만, 등장인물로 볼 때는 몹시 매력적인 인물이다. 매력적이란 의미는 그의 극적 행동이 적극적이기 때문에 인물형상화 과정 자체에 매력이 있다는 의미이다. 배우가 등장인물을 맡은 행위는 등장인물이 처한 상황에서 가장 알맞은 행동은 선택하고 수행하는 걸 의미한다. 이시찰의 행동은 비록 그가 악역이라도 등장인물이 해야 할 행동에 적극성을 띄고 있기 때문에 역할을 맡아볼만한 등장인물이란 의미이다. 그의 행동은 적극적이고 목적의식이 분명히 있고 자신의 뜻, 비열

하고 타락한 뜻이지만 자신의 뜻을 이루기 위해서 적극적인 방법을 찾고 물불을 가리지 않고 원하는 목적을 이루는 행동을 실행하는 인물이다. 그는 지위를 얻어내고, 자신의 과거를 부정하고, 약한 사람을 희생시켜 재물을 축적하고, 자신의 청을 거절하는 선초를 취하기 위해서 선초의 아버지 최호방을 협박 위협하고, 선초에게 거짓 약속을 하여 선초를 취하고, 목적을 이룬 다음에는 선초와 맺은 약속을 파기하고 도망치고 만다. 어느 행동하나 적극적이지 않은 행동이 없다. 목적을 위해 수단과 방법을 가리지 않고 그렇게 절개를 지키려하는 선초마저 무너지고 만다.

이러한 이시찰에게 선초는 당할 수 밖에 없다. 이시찰이 목적을 이루기 위한 다양한 전술전략을 구사하는데 선초는 아버지를 구해야하는 상황에서 오직 자신과 백년해로하겠다는 서약서 한 장을 믿고 이시찰을 받아들인다. 선초의 운명은 죽음으로 끝을 맺는다. 선초의 죽음은 비장미가 없다. 우스꽝스럽고 어리석게 보이기도 한다. 선초의 죽음은 선초의 비극보다 선초의 어리석음과 순진함을 악용한 이시찰의 적극적 행동을 크게 부각시켜준다. 바로 이런 점에서 모란의 복수는 선초의 불쌍함, 선초의 행동이 가져다주는 연민과 공포에서 비롯된다. <시학>에서 연민은 우리와 같은 인물이 부당하게 불행에 빠질 때 발생하고 공포는 불행에 빠지는 인물이 우리와 별반 다르지 않는 인물이 불행에 빠질 때 발생한다고 되어 있다. 선초의 죽음이 연민과 공포를 불러오게 하기 위해서는 선초의 죽음을 강조하기보다, 선초를 농락하는 이시찰의 부당한 행동을 강조할 필요가 있다. 한편 선초의 행동의 소극성은 어쩌면 선초의 동생의 적극성과 대비시켜 볼 때 상대성을 지닌다.

선초의 동생 모란은 언니보다 적극적인 인물이다. 모란의 행동은 적극성을 지니면서 언니의 소원도 들어주고 자신의 꿈도 이루고 결정적으로 이시찰을 무력화시킨다. 모란은 선초가 죽은 후부터 등장하지만 등장인물의 행동을 볼 때, 연극에서는 주인공으로 부각시켜도 무방하다. 모란은 선초와 대비되어 선초의 억울함을 풀어준다. 그러기 위해서 모란은 스스로 선택하여 기생이 된다. 아버지가 매를 들어 막으려하도 일갓집을 다니며 글을 배우고 음률을 익혀 선초가 다시 살아났다는 말을 들을 정도로 유명한 기생이 되어 서울로 스카웃되기까지 한다.

중요한 세 인물의 행동을 중심으로 살펴본다면 두 자매가 힘을 합쳐서 이시찰을 몰락시키는 줄거리로 작품을 재구성할 필요가 있다. 소설의 구조를 그대로 따라가거나 구성을 그대로 바꾸기 보다 소설의 한계를 넘어서서 작가의 창작의 발상과 창작의 동기와 목적을 살려서 드라마의 구조, 공연의 구조에 소설을 담아내야 한다.

7. 드라마의 보편적 구조와 〈화의 혈〉

서양에서 고대 그리스 연극이 제도로 자리를 잡은 이래, 약 3,000년 동안 우리에게 친숙하게 받아들여지는 드라마에는 보편적인 구조적 특징이 담아 있다. 흔히 구성을 말할 때, 문학교과서에서는 구성을 발단, 전개, 위기, 절정, 결말의 구조로 파악하고 있다. 이를 벗어 던지고 연출가의 입장에서 보다 생동감 있는 구성의 구조를 파악해 보자.

시작과 이미 일어난 사건

소설은 흔히 모든 사건의 처음부터 시작한다. 그러나 제한된 시간 안에 막을 올리고 내려야 하는 연극에서는 막이 오르기 전에 이미 상당한 사건이 일어나 있어야 한다. 공연이 시작되고 나서 얼마 후에 관객은 과거의 사건이 어떻게 일어났는지 알게 된다. 현재의 인물들은 모두 과거의 어떤 일에 관련되어 있다는 걸 알게 된다. 이미 일어난 사건 가운데 어느 특정한 날의 사건이 특별히 문제가 되어 현재의 사건과 긴밀하게 연결되어 있다. 흔히 작품의 배경이라고 부르기도 한다.

<화의 혈>에서는 선초가 이시찰에게 첫날밤을 지내기 직전 계약서를 써달라고 조르는 장면부터 첫 장면을 시작할 수 있다. 소설 절반 이상이 작품의 배경이 되는 셈이다. 이럴 경우 선초의 행동은 보다 적극성을 띠게 된다. 선초는 무엇인가 결정을 내려야 하고 그 결정은 선초의 꿈을 수정해야 하는 가능한 것이다. 선초가 어떠한 선택을 할 수 밖에 없는 상황에서 작품이 시작한다면 긴장을 갖고 시작할 수 있다. 소설 제5회부터 모란이 등장하게 되는데 이렇게 계약서를 쓰는 장면부터 시작하게 되면 모란으로 하여금 처음부터 언니의 행동을 목격하게 만들어 선초가 죽은 후 모란의 행동에 더욱 절실한 동기부여를 얻게 된다.

불이 붙는 장면과 작품의 중심질문

막이 오르고 첫 장면이 펼쳐진다. 첫 장면으로부터 한동안 작품의 배경과 등장인물이 소개된다. 여러 등장인물의 관계도 설명된다. 일정한 시간이 흐른 후 소위 <불이 붙는 장면>이 나타난다.[28] <불이 붙는 장면>은 야영장에서 불을 지피거나 아궁이에 불을 땔 때, 불을 지피는 과정을 지나야 발생하는 순간을 빌려와서 만든 말이다. 불이 붙기만 하면, 불쏘기개를 집어넣거나 바람을 불어넣어 주지 않아도 된다. 한번 불이 제대로 붙기만 하면 돌봐 주지 않아도 장작더미는 활활 타게 되어 있다. 텍스트에서도 막이 오른 후 어느 일정한 시간이 지나야, 즉 작품의 배경을 이해하고 주인공이 누구이며 무엇을 하는 사람인지를 알게 된 후에야 작품이 무엇에 관한 작품인지를 알게 되는 대목이 있는데 이를 <불이 붙은 장면>이라고 이름 지은 것이다.

<화의 혈>에서는 선초가 이시찰에게 편지를 받은 후 죽는 장면이로 설정할 수 있다. 죽은 이는 주인공이 될 수 없으니 결국 여주인공은 모란으로 설정하여 모란이 언니의 죽음을 발견하고 언니의 죽음에 복수를 다짐하게 만들 수 있다. 이렇 때이 작품의 중심질문은 "과연 모란은 언니의 복수를 하게 될 것인가"로 만들 수 있다. 중심질문이란 드라마가 무엇에 관한 것이냐에 대한 가장 궁금한 질문이다. 즉, 선초는 아버지를 구하기 위하여 이시찰에게 자신을 허락하지만, 하룻밤의 노리개로

28) 헐리우드 영화에선 이 대목을 여와가 시작된 후 12분 안에 설정하라고 권한다. 헐리우드 영화는 영화의 구조를 짜임새 있는 구성으로 만들 것을 강조하는 경향이 있다.

배신을 당하자 죽고 마는데 이를 목격한 가족 가운데 모란만이 복수를 하게 된다. 소설에서는 모란에게 선초 빙의가 내리고 모란의 꿈에 선초가 나타나 억울함을 풀어달라고 호소하게 되어 있으나 공연에서는 모란이 언니의 억울한 죽음을 목격하고 스스로 언니의 죽음을 복수하겠다고 맹세를 하게 만들어도 좋다. 빙의 소재를 살려 본다면, 오히려 모란이 굿을 통해 접신하여 죽은 선초와 만나게 해도 될 것이다.

<불이 붙는 장면>은 종종 이미 벌어진 사건의 어느 특정한 순간이나 배경, 계기와 직접적으로 연결되어 있다. 이미 벌어진 사건은 등장인물의 현재의 삶에 영향을 주고 있기 때문에 연극이 진행됨에 따라 알려지는데 과거의 어느 한 순간이 <불이 붙는 장면>과 깊게 연관되어 있다. 따라서 작품을 파악할 때는 <막이 오르기 전>에 무엇이 벌어졌는지 작품의 전사 前史 와 등장인물의 전사 前史를 하나도 빠짐없이 파악하는 게 중요하다. 이미 벌어진 사건 속에서 선초와 이시찰, 선초와 모란의 관계 등을 전사로써 설정해 둘 필요가 있다.

돌이킬 수 없는 대목

주인공은 작품의 핵심이라고 할 수 있는 문제를 풀기 위해 행동을 시작한다. 주인공의 행동은 일정한 방향을 행해 나아간다. 주인공은 계획을 세우고 어려움을 극복하면서 계획을 실천한다. 결정적인 단서를 잡기도 하고 어렴풋이 문제의 윤곽이 드러나기도 한다. 그러나 어떤 순간에 적의 힘이 작용하여 주인공이 계획한 대로 일이 진행되지 않는다. 주인공은 행동의 방향을 바꾸어야만 한다. 주인공은 지금까지 진행하던 방향을 바꾸어야만 하는 순간을 만난다. 바로 <돌이킬 수 없는 대목>이다

<화의 혈>에서 이 대목을 설정하기가 참 어렵다. 소설에서 선초는 모든 꿈이 어그러지지만, 모란은 순풍에 돛을 단 배가 항해를 하듯이 순조롭게 자신의 꿈을 이루기 때문이다. 소설과 달리 연극에서는 모란에게 순조롭지 않은 삶의 여정을 만들어 두어야 하기 때문이다. 소설에서 모란은 아버지 반대를 무릅쓰고 글을 배우고 음률을 익혀 기생이 되고 박별감에게 스카웃되어 서울로 약방기생이 되어 우연한 기회에 잔치에서 이시찰을 만난다. 소설에서는 모란이 언니의 복수를 하게하기 위해서 우연히 잔치에서 이시찰을 만나고 또 구걸하는 이시찰이 모란의 집을 찾아오게 만든다. 그러나 연극에서는 모란의 적극적 행동으로 모란이 이시찰을 만나게 해야 한다. 우연한 기회 보다도 개연성있는 필연적인 만남을 준비해야 한다. 그렇다면 모란은 언니의 죽음 이후에 언니의 망령으로부터 고통을 당하는 신병을 앓게 만들 수 있다. 모란은 원하지 않아도 이를 극복하기 위해서 무속 수업을 받게 되고 그로부터 신병으로 해방이 되지만, 평범한 결혼을 할 수 없는 처지에 놓이게 된다. 이러한 처지를 극복하기 위해 기예를 익혀 이름을 날리는 기생이 되는 것으로 설정할 수 있다. 이러한 설정이 있을 때

어느날 잔치에서 이시찰을 만난다면, 빙의를 가장하여 이시찰의 과거를 폭로하는 게 더욱 설득력을 지닐 것이다.

한편 이시찰은 동학을 빌미로 채호방을 구속하고 선초를 취한 다음에 선초의 마음을 임시로 얻기 위해 계약서를 써주고

제 욕심을 채운 후에는 선초를 배반하고 장성을 떠나게 된다. 이사찰이 장성을 떠난 후, 모란이 아버지를 설득하여 마을 사람들과 함께 이시찰의 부정을 관에 고발하게 만들 수 있다. 이시찰의 부정이 드러나자 이시찰은 구속되어 재판을 받는다. 그러나 재판 과정에서 이시찰이 재주를 부려서 무죄로 풀려나올 수 있도록 만들어야 한다. 연극이 소설의 제4회 후반부, 즉 선초가 선초가 이시찰에게 계약서를 써달라고 조르는 장면부터 시작한다고 하면 이시찰이 수작을 부려서 위기를 모면하는 장면, 즉 이시찰의 수완을 보여주는 장면이 필수적이다.

이시찰은 위기를 모면하자 이제 모란의 가족에게 위기가 닥친다. 재주를 부려 풀려난 이시찰은 채호방에게 보복을 하려하자 채호방은 마을을 떠나게 된다. 모란은 이시찰의 보복의 두려움을 피하기 위해 박별감이 모집하는 약방 기생에 응모하여 스카웃된다. 모란의 가족은 뿔뿔이 흩어지게 되고 모란은 마음에도 없는 기생이 되고 만다.

이시찰은 채호방 가족이 야반도주하고 모란은 기생이 되어 서울로 간 사실을 알고 보복을 다짐한다. 이제 다른 곳에서 이시찰과 모란의 운명적인 만남이 기다리고 있다.

클라이맥스

모란은 <돌이켜야만 하는 대목>을 지나면서 주인공은 어려움에 처한다. 그래도 모란은 뛰어난 기예로 손님의 마음을 사로잡아 다시금 선초의 복수를 하기 위해 이시찰의 행적을 추적한다. 이시찰이 중앙부서에서 벼슬을 얻으려고 공작을 한다는 사실을 알아낸다. 이시찰을 위한 잔치가 벌어지는 날 모란은 잔치에 초대를 받기 위해 뇌물을 써서 잔치에 초대받는다. 잔치가 무르익을 무렵 모란은 빙의가 내린 걸 위장하여 이시찰의 죄상을 모조리 고발한다. 이시찰이 발뺌을 하자 모란은 이시찰이 선초에게 준 편지를 꺼내 물증으로 제시한다. 결정적인 물증에 이시찰은 무너지고 만다.

그날 좌석에 있던 의기 있는 남자 하나가 모란 형제의 내력을 듣고는 모란의 절조를 알아내고 백년 가약을 맺는다. 모란을 통해 선초의 꿈도 이루어진다. 두 사람의 결혼으로 작품은 끝을 맺는다.

걸림돌과 디딤돌

한 작품이 한 시간 반에서 두 시간 가량의 길이를 가지고 있을 경우에 위와 같은 구조만 있다면 그 구성은 '밋밋하다'라고 부른다. 작품은 뭔가 복잡하고 골치 아픈 일이 생기거나 우연히 수지맞는 행운도 뒤 따라야 한다. 일상생활에도 느닷없는 고통과 느닷없는 행운이 삶의 긴장감과 의미를 더해 주듯이 드라마에도 <걸림돌>과 <디딤돌>이 있게 마련이다.

<걸림돌>은 주인공이 목적을 행해서 행동을 수행할 때 주인공을 걸려 넘어뜨리게 만드는 어려운 일이나 사람을 의미한다. 예를 들면, 아주 위험한 처지에 빠진 주인공이 친한 친구에게 속사정을 털어 놓을 수 없는 상황에서 도움을 청했는데 친구는 주인공을 도와주기 위해서 약속장소에 오다가 우연히 다른 사람과 시비가 붙어 지체하다가 주인공에게 도움을 주지 못해서

주인공은 더 어려운 처지에 빠지게 되는 경우를 말한다.

<디딤돌>은 곤경에 처한 주인공을 돕는 일이 전혀 예기치 않게 일어나서 주인공이 문제를 해결하는 데 도움을 주는 경우를 말한다. <걸림돌>과 <디딤돌>은 자주 남발해서는 안되지만 없어서는 안될 구성의 요소인 것이다.

이 작품에서 의기 있는 남자의 등장은 디딤돌의 역할을 한다. 이시찰의 주변인물 가운데 걸림돌이 되는 인물들을 설정할 수 있다. 소설에 나오는 김선달이나 갓난어미가 그런 인물의 후보다.

8. 나가며

지금까지 <옥중화>등의 판소리계 소설의 창작배경과 춘향가를 패로디한 <화의 혈>의 각색 가능성을 살펴 봤다. 소설이 무대 공연물로 각색될 때 작가의 창작의 발상과 창작의 배경, 창작의 동기와 목적을 살펴보는 걸 강조하였다. 「자유종」에서 그렇게 비판한 판소리를 불과 2년만에 중요한 창작 대상으로 삼은 데에는 경술국치 이후, 명창 박기홍의 판소리와 두 협률사의 해산 등이 이해조로 하여금 판소리에 주목하게 만들었을 개연성이 있다. <화의 혈>은 이미 대중에게 널리 알려진 <춘향가>를 저변으로 하여 춘향이를 선초와 모란 자매로 분화시켰다. 이시찰에게는 변학도 이미지와 온갖 술수를 지닌 악덕 암행어사 이미지를 부여하여 춘향가에서 기대하는 해피엔딩과는 다른 결말을 이끌어 냈다. 소설이 지니는 당대의 한계를 뛰어 넘어 이해조 문학이 지니는 가치를 현재화 하기 위한 방안의 하나로 이해조 소설의 연극화는 마땅히 기획해 볼한한 시도이다. 그러한 시도에 부응하기 위해 <옥중화> 등 판소리계 소설이 등장하기 바로 직전에 발표한 <화의 혈>을 연극으로 만들 가능서을 살펴보았다.

등장인물의 행동을 분석하여 선초와 모란을 대비되는 자매로 두어 이시찰과 대립하게 만들어 연극의 드라마를 두 자매와 이시찰이 대립구도로 구성해 보았다. 등장인물의 행동이 설득력있게 수행되기 위해서 소설의 구조나 이야기 흐름은 연극적인 구조와 흐름으로 각색되어야 하는데, 그러기 위해서 몇가지 보편적인 연극의 드라마 구성구조에 맞추어 각색의 가능성을 검토하였다. 한편의 연극이 무대에 올려지기 위해서는 각색 트리트먼트, 등장인물의 목적과 동기가 분명한 행동을 재설정하여야 하고 등장인물의 삶의 목표에 따라 구성을 드라마의 구조로 재편해 보았다.

드라마의 보편적 구조를 위해서 <이미 벌어진 사건>에 해당하는 인물의 전사(前史)를 설정하기 위해서 소설의 제4회 마지막 부분을 첫장면으로 삼고 마지막에 모란이 선초의 복수를 완성하고 의기있는 남자와

백년 가약을 맺는 것으로 마지막 장면을 설정해 보았다. 영원히 변할 수 없은 춘향가의 매력이 사랑의 완성에 있다면 모란으로 하여금 언니의 복수도 하고 사랑도 얻는 결말을 제시할 수 있을 것이다.

판소리계 소설의 창작공연 가능성은 창극의 무대형상화 작업과 연결되어 있는 부분이어서 일반적인 과제를 안고 갈 수 밖에 없다, 창작 음악을 작곡해서 새노래(창)를 만들지 않고서는 진정한 판소리 창작공연은 먼 길을 가야하는 단계이므로 이해조의 판소리계 소설의 창극공연은 작곡의 문제와 맞물려 있어 다음 기회에 판소리의 창작공연의 문제제기와 함께 다뤄야 할 주제라고 판단한다.

특집 2

연극 자유종 창작포럼

1. 이해조의 현재적 의미

   최원식(인하대학교 한국어문학전공 교수)

2. 이해조와 이인직 – 「자유종」과 「은세계」의 비교

   홍을표(동농 이해조선생 기념사업회 회장)

3. 이해조의 「자유종」과 「2010자유종」

   이인수(한국예술종합학교 극작과 교수)

4. 「자유종」 연극 공연의 의미

   박정희(극단풍경 대표, 연출가)

이해조의 현재적 의미

최원식(인하대학교 한국어문학과 교수)

반갑습니다.

이 자리에 와보니 한 분이 생각납니다. 제가 1986년 여름에 서울대학교에 이해조 연구로 박사학위 논문을 제출했는데 그 논문을 쓰는데 정말 큰 도움을 주신 분입니다. 이해조 선생의 손녀이신 이우정 선생님, 김대중 내란음모사건으로 유명한 소설가, 제 친구 송기원의 소개로 이우정 선생님이 동농 선생의 손녀라는 사실을 알고 그래서 이우정 선생님 뵙는 것 그 자체도 굉장히 좋았어요. 이우정 선생님은 바깥에는 투사의 이미지가 강하시지만 아마 오늘 이 모임이 있는 걸 아셨다면 가장 기뻐할 정말 어린애처럼 기뻐해 주실 분이 참석하지 못한 것에 대해서 이 자리를 빌어서 명복을 빕니다.

그때 증손자이신 이혁기 선생님 댁에 가서 동농 선생의 여러 유품들도 보고, 여러 이야기 특히 사실은 논문 쓸 적에 이야기를 듣는 게 굉장히 중요하고 그 자료들 갈피갈피에 숨어있는 자료들을 살아 숨쉬게 만드는 이야기들이 있거든요. 그런 것들을 확인하면서 제가 동농 선생에 대해서 그냥 자료로만 접근하는 것이 아니라 동농 선생을 이렇게 느낄 수 있도록 만들어 주신 이우정 선생님께 다시 한 번 감사를 드립니다.

1986년에 동농 선생에 대한 논문을 제출했는데 그 핵심은 국초 이인직이 아니라 동농 이해조를 한국 근대소설 또는 한국 근대문학사의 중심으로 세워야 우리 문학사의 맥락이 달라진다는 것입니다. 말하자면 근대문학의 아버지를 바꾸는 작업입니다. 그것이 제 논문의 핵심인데 제 주장은 그때 학계에서 크게 호응을 받았다고 할 수는 없습니다. 그러던 차에 2005년 홍을표 회장으로부터 아주 기쁜 소식을 받았습니다. 그것은 선생이 태어나신 포천에서 동농 이해조 선생님 기념사업회가 발족한다, 그러니까 와서 좀 도와라. 하여튼 너무나 너무나 기쁜 일이지요. 기쁘게 달려가서 동농 선생이 어떤 분이신지를 포천에서 말씀드리고, 이해조 기념사업회가 발전할 수 있도록 기원을 드렸습니다.

이해조 기념사업회는, 사실 의인은 고향에서 제대로 평가받기는커녕 버림받는 수가 많잖아요, 동농 선생도 고향에서 그렇게 제대로 대접을 받은 것 같지는 않았어요. 하여튼 이해조 기념사업회가 포천에서 잘 발전하면서 2009년 올해는 발족 4년만에 드디어 경기문화재단이 동농 기념사업에 전폭적인 지원을 결정하였습니다. 동농 선생이 포천 분이지만 문학과 운동 양쪽에서 서울을 가장 중요한 활동무대로 삼았던 분인데, 드디어 오늘 서울역사박물관, 동농 선생이 활동했던 서울에서 그의 문학과 운동에 대해서 또는 그의 계몽사상 전체에 대해서 발표할 수 있는 심포지엄을 처음으로 열게 된 데 대해서 정말 감회가 무량

합니다.

그리고 이 심포지엄을 도와주신 분들 특히 오늘 발표를 맡아주시고 토론을 맡아주실 분들은 제가 가장 존경하는 선배이고 후배이고 그런 분들 입니다. 연세대 김도형 교수는 동농 선생의 계몽운동에 대해서 최고의 전문가인데 맡아주셨고, 김석만 교수는 왕년에 아주 뛰어난 극단인 연우무대의 대표적인 연출가셨고 지금은 한예종 연극원에 계십니다. 서울시립극단의 감독으로 아주 훌륭한 연극들을 기대하고 있습니다. 사실은 동농 선생은 1910년 이후에는 판소리를 정리하고 그 다음에 시조 가곡을 다시 정리하는 이런 중요한 고전사업을 했거든요. 이것은 일찍이 판소리 여섯마당을 정리했던 19세기의 신재효 판소리 작업을 근대로 넘기는데 결정적인 초석이 됐던 작업입니다. 이 점은 김석만 교수가 그동안의 정리를 잘 보고할 것이라고 생각합니다만 김석만 교수도 만사를 제치고 이 심포지엄에 참여해 주신데 대해서 얼마나 고마운지 모릅니다. 홍정선 교수는 인하대학교 문과대학장이어서 여러 가지 일이 있는데도 불구하고 굉장히 어려운 부분을 맡아 주셨습니다. 이해조 선생이 1910년을 계기로 해서 애국계몽기와 일정한 변화를 보이는데 그 시기에 동농의 활동을 어떻게 평가할 것인가에 대한 아주 중요한 핵심적인 논의들을 해 주시리라고 생각합니다. 그리고 임형택 선배님은 오늘 좌장을 맡아주셨는데 성균관대학교에서 막 은퇴하셨지만 우리 한문학계의 태두라고 해도 조금도 모자람이 없는 최고의 학자십니다. 우리 인연들은 모두 창비와 관련이 있는 학자들로, 오늘 이 모임에 적극적으로, 그래서 이해동 목사님도 오셨고, 전 민변회장이신 박연철 변호사님도 오셨고 정말 이런 의미에서도 오늘이 아주 의의 있는 모임이 되리라고 생각합니다.

그러면 각설하고 잠깐 발표를 하겠습니다.

저는 이인직 대신에 이해조를 한국문학사의 중심으로 삼아야 된다고, 한국문학사 초창기 근대문학사에 중심으로 삼아야 한다고 주장을 하는데 그 핵심은 이와 같습니다.

한때에 한국문학사에서 갑오경장에서 삼일운동까지를 개화기라고 부른 적이 있었습니다. 요새는 이 말을 잘 안 씁니다. 사실 이 개화기라는 말은 조연현이라는 문학평론가가 1966년에 처음으로 쓴 말입니다. 그러니까 한국문학사에서도 전에는 개화기라는 말을 쓰지 않았습니다.

1966년은 다 아시겠지만 1965년에 한일협정이 맺어진 다음 해인데, 일본문학사에서는 이 개화기라는 말을 씁니다. 그래서 아무래도 난 혐의가 일본과 국교 정상화가 된 다음에 다시 슬그머니 일본바람이 불면서 일본용어가 우리 학계에 들어온 것이 아닌가 그렇게 생각합니다.

하여튼 처음으로 우리 신문학사를 정리했던 이들은 이 시기를 과도기라고 불렀고, 과도기라는 말을 처음으로 대체한 것이 조연현의 개화기라는 말이지요. 물론 개화기라는 말이 이 시기의 문학사를 잘 해명할 수 있으면 굳이 일본에서 왔다고 안 쓸 건 없지만 저는 이 개화기라는 말이 이 시기의 문학사를 잘 해명할 수 있다고 생각을 안합니다.

우선 이 개화라는 말에 대해서 운양 김윤식, 바로 동농 이해조 아버님하고 사돈이지요. 사실 동농 선생은 운양 김윤식하고도 깊은 관련이 있습니다. 그냥 단순히 사돈이라고 그래서가 아니라 운양사상과의 깊은 관련이 있습니다. 그런데 제가 운양을 보면서 아주 인상적이었던 하나가 운양은 개화라는 용어 사용 자체를 거부했습니다. "개화라는 말을 사용하면 안 된다." 개화라는 것은 열린 상태를 뜻하는데 그 당시에 열린 상태라는 게 서구를 수용하는 것하고 관련이 있기 때문에, 물론 이게 굉장히 복잡한 문제입니다만 운양은 서구를 수용하는가 아닌가가 개화의 결정적인 기준, 요새 말로 하면 문명인데, 서구를 수용하면 문명이 되고, 개화가 되고, 서구를 수용하지 않으면 야만이 되는 거거든요. 즉 개화의 상대 말인 미개는 열리지 않는 것 그러니까 미개라는 말이 야만이거든요. 운양은 말하자면 동도론자예요. 서양기술, 서양을 물론 받아들이되 동도 우리의 주체, 우리의 줏대를 세우기 위해서 해야 된다는 동도론적 입장에 있었기 때문에 이 분은 개화라는 용어 자체에 대해서 반대를 했습니다. 저는 이게 일리가 있다고 생각을 합니다. 이래서 운양이 개화라는 말을 반대해서만이 아니라 개화기라는 용어는 적절하지 않다고 생각을 합니다.

저는 오히려 어느 나라나 문학사의 초기를 계몽주의라고 그러는데 이 계몽주의란 말을 쓰는 게 더 옳다고 생각을 합니다. 계몽주의라는 것은 계몽주의란 말을 처음으로 쓴 사람이 칸트인데 칸트가 아훜클레룽(Aufklärung) 영어로는 인라이턴먼트(Enlightenment)라 그랬는데 그게 열리는 거거든요. 개화라는 말이 아주 틀리는 것은 아닙니다만 계몽주의는 한마디로 중세적 백성, 중세적 시민을 근대적 국민 또는 근대적 민족, 영어로 얘기하면 네이션(Nation), 즉 봉건적 백성, 중세적 백성을 근대적 네이션, 민족으로 바꾸는 것이 계몽주의의 목표입니다.

우리가 아는 프랑스의 볼테르니 이런 사람들이 다 프랑스 계몽사상을 통해서 프랑스혁명의 대업을 위해서 프랑스가 삼색깃발 아래 근대 네이션으로 전환된 것을 서양사에서 가장 전형적인 근대 유형으로 보지 않았나요.

한국에서도 이와 같이 계몽주의 운동이 일어났습니다. 그런데 우리나라 계몽주의는 두 가지 부류가 있습니다. 하나는 친일개화론이고 하나는 애국계몽론 그러니까 친일개화론은 조선을 빨리 근대화해야 하겠다는, 그렇지만 근대화를 할 수 있는 동력, 사실은 계몽주의는 네이션을 만들었지요. 민족 국민 자유로운 자기의 책임 아래 자기의 삶을 꾸리고 거기서 공동체의 책임을 지는 그런 개인의 탄생에 의해서 이루어지는데, 이 친일개화론은 물론 이해는 안 되는 것은 아니에요. 당시 우리 백성이 말하자면 언제 근대적 국민으로 전환될지에 대해서 아득할 때도 없지 않았겠지요. 그렇지만 친일개화론자들은 나라의 근대를 빨리 이루기 위해서는 무지한 국민의 각성을 기다리기보다는 일본의 힘을 빌어서 하는 것이 좋겠다, 이런 생각을 한 사람들이에요. 이 친일개화론자들이 그런 사람들입니다.

반대로 계몽주의자들은 애국이라는 말을 쓸 필요가 없을 정도로 기본적으로 애국자입니다. 영어로 시민혁명을 주도했던 사람들을 애국자라고 불렀다고 합니다. 패트리어트(Patriot)라는 게 그냥 살아가는 사람들이 아니라 책임을 지고 새로운 나라를 만들고 혁명을 해서 새로운 나라를 건설하는 그야말로 민주주의 국가를 건설하는 그런 사람들을 애국자라고 불렀다는 겁니다.

사실은 애국, 매국으로는 계몽주의라고 이름을 부칠 수가 없는 거지요. 그럼에도 불구하고 사학계에서 애국계몽운동 또는 애국계몽사상이란 말을 특별하게 붙히는 이유는 이 친일개화론자 때문에 그렇습니다. 이 친일개화론하고 구분하기 위해서 계몽주의의 본령을 끝까지 지켰던 그런 분들을 애국계몽운동이라고 할 수 있는데, 친일파는 일제 말에만 있었던 것이 아니라 사실은 일제로 가기 전부터 있었거든요. 이 계몽주의 시대에도 이 두 가지 조류가 서로 대립하고 있었습니다.

그런데 1905년~1910년 애국계몽기라고 부르는 시기에 거의 대부분의 인물들은 애국계몽 노선에 있었습니다. 우리가 잘 아는 단재 신채호 선생, 백암 박은식 선생을 비롯한 거의 모든 계몽주의자들이 애국계몽주의 노선에 있던 분들이지요. 이것에 비하면 친일개화론자는 소수인데 이 소수가 당시 통감부나 일제의 강력한 지원을 받아서 활동했기 때문에 만만치 않은 세들도 갖고 있기도 한 것입니다.

이 시기에 바로 국초 이인직은 친일개화론을 발표합니다. 동농 이해조가 애국계몽운동 특히 문학가로서 친일개화론을 대표하는 것이 국초 이인직이라면, 문학가로써 애국계몽운동을 대표하는 분은 바로 동농 이해조 선생님이십니다.

그럼에도 불구하고 우리나라 계몽주의의 두 가지 유형에 대한 보다 섬세한 구분이 잘 안 됐기 때문에 그동안 이인직과 이해조가 그냥 구분 없이 하나의 연장 위에서 파악돼 왔습니다. 우리 신문학 쪽을 연구한 거의 최초의 학자라고 할 수 있는 임화가 사실은 반어적이게도 이런 선입관을, 이런 평가를 고정했던 최초의 사람입니다.

임화는 이인직에 의해 개척되고 최찬식에 의해 대중화된 신소설의 기초를 확립한 작가로 이해조의 평가를 고정시켰습니다. 이 평가에 의해서 물론 기초를 확립했다는 것은 대단한 일이지만 이것을 보면 이인직의 작업을 그대로 이어받은듯이 이렇게 오해를 하게 한 측면이 있었던 겁니다.

임화의 신소설 연구는 굉장히 뛰어납니다. 그럼에도 불구하고 임화의 이 두 작가 사이의 변별점을 보지 못한 것에 대해서는 비판적이기 때문에 이런 논문을 제출하게 된 것이지요.

두 분을 비교해 보면 이렇습니다. 동농은 대원군 집정기에 득세한 왕족 출신이지요. 사실 동농은 조선왕조에 대한 충성으로부터 이탈할 수가 없는 그런 집안출신이고 이인직은 조선왕조에 대한 충성심이 거의 없다고 할 수 있습니다. 한산이씨인데 그는 그동안 아무리 한산이씨 족보를 찾아도 안 나왔거든요. 그런데 최근에 찾은 것에 의하면 서얼계라고 합니다. 이런 점에서 이 친일파들을 그냥 욕한다고 해결될 일은 아닙니다. 이 친일파들이 사실은 굉장히 뛰어난 사람들이거든요. 이 친일파들을 친일파로 만든 우리 사회의 내재적 책임에 대해서 우리가 눈을 감아서는 안 된다고 생각합니다.

이인직 같은 뛰어난 사람을 조선왕조사에 당시 우리 사회가 호령할 수 있었다면 그 사람이 그쪽으로 달려가지 않았을 거예요. 사실은 일제 때 수많은 친일파 중에 이런 사람들이 많아요. 친일파도 사실은 한국사회에서 만들어낸 것이기 때문에 그들을 그냥 비판하고 매도해서 바깥으로 쳐내서 문제가 해결되는 것이 아니라는 것이지요.

하여튼 다 아시지만 나중에 민권파는 국권파로 바뀌는데 국권파, 다른 말로 바꾸면 일본 제국주의의 첨병으로 자유민권운동이 바뀌어 나가는데 그 국권론으로 변질된 자유민권운동의 세례를 받았던 사람이 이인직입니다.

여기에 대해서 동농 선생은 전통적 교양, 직접적으로는 운양의 계몽사상, 운양의 사상하고 동도론적 사상하고 통하지요. 또 국내에서는 「자유종」을 보시면 알지만 성호 이익을 비롯한 실학사상으로부터 실학사상을 재평가하고 실학사상을 자연스럽게 이어받고 있습니다. 거기다가 바깥으로는 이인직이 일본에 물줄기를 대고 있다면 동농은 중국에 물줄기를 대고 있습니다. 그래서 강유위, 양계초와 같은 중국 변법학, 안으로는 실학파, 변법학과 같은 중국사, 뒤에 교양의 배경이라는 게 전통적인 사대부적 교양 위에 바탕한 학식, 그렇다고 서양을 절대로 배격한 분이 아닙니다. 여기 이렇게 놓고 보면 국초와 동농은 너무나 다릅니다.

소설 제목을 보면 두 사람이 얼마나 다른지 압니다. 이인직의 소설 제목은 「혈(血)의 누(淚)」, 이게 사실은 한국식 표기법은 아닙니다. 낯설기 짝이 없는 명, 이게 일본식입니다. 일본은 다 아시겠지만 명사와 명사 사이에 무조건 노(の)를 넣습니다. 우리가 일본사람들 흉내 낼 적에 뭐뭐 노, 뭐뭐 노 그러잖아요.

일본어는 명사와 명사 사이에 노를 넣습니다. 그러니까 「혈의 누」는 이름부터 일본식 입니다. 우리 식으로 하려면 피눈물로 하든가 혈누라고 해야 됩니다.

그런데 초기의 「혈의 누」를 보면 일본식 문체예요. 비가 내렸다, 한자로는 우가 강하다, 이렇게 써놓고 위에는 비, 일본사람들은 한자로 써놓고 아매다 수로 읽었거든요. 이인직은 우리 신소설에 철저히 일본 모형을 이식하는 형태이고 동농 선생의 소설 제목은 보시면 알지만 전부 육자배기 한자어입니다. 고목화, 홍도화, 자유종, 빈상설, 구마검, 화의혈, 1911년으로 가면 거꾸로 이인직의 명명법을 축출했어요. 이게 동농의 변화를 보여줍니다.

그런데 이해조의 소설 명명법, 소설 제목 명명법 자체가 말하자면 이인직과 구분됩니다. 그리고 소설은 더 말할 것도 없습니다. 이인직의 소설이 한국사람들이 고아가 되어서 일본사람의 도움을 받거나 미국사람의 도움을 받아서 신사숙녀가 되어서 돌아오는 이런 얘기라면, 이해조 소설은 이와 같은 외국인 구원자가 안 나와요. 근대소설이니까 구원자가 있느냐 없느냐가 굉장히 중요한데 구원자 없이, 깨지든지 승리하든지 자기 힘으로 밀고나가고, 이해조 소설은 그렇습니다. 그런 것도 그렇고, 소설을 보시면 알지만 이인직 소설이 자기식의 친일개화론의 구도를 소설적 배치를 통해서 저절로 가게 만드는, 어떻게 보면 소설로서의 입체성이 부족하다면 이해조의 소설은 소설의 입체성이 풍부합니다.

이해조 소설 중에 「구마검」은 서울 청계천 여기가 중바닥이라고 그래서 서울 중인층의 말과 그들의 생활을 그야말로 기가 막히게 재연하고 있는 작품인데 기본적으로 '구마검'은 다 아시겠지만 마귀를 쫓아내는 칼이거든요. 이게 말하자면 미신에 사로잡힌 한 전통 소재와 가문을 일으키는, 이성의 빛에 인도되어서 그로부터 깨어나는 전형적인 계몽주의 소설이에요. 그런데도 불구하고 이 소설은 그야말로 우리나라 중바닥과 요새 말로 하면 서울 중산층의 삶의 내재돼 있는 허위와 이런 것들을 기가 막히게 그려서 그들을 진정한 시민으로, 내이션을 탄생시킬 수 있는 진정한 시민으로 계몽하는 구도로 이루어져 있는데, 그 소설을 보면서 이런 걸 그린 대표적인 작가가 횡보(橫步) 염상섭(廉想涉). 그리고 그 이후로 올해 탄생 100주년을 맞는 구보(仇甫) 박태원(朴泰遠)이 그 후계자인데 저는 그 소설을 보면서 이 분들은 경아리말의 보고라 그래요. 서울말 지금 우리 표준말이라는게 서울 경아리말을 바탕으로 만들어진 것인데, 그 경아리말의 보고가 염상섭과 박태원으로 이어지기 그 이전에 사실은 이해조 선생이 계셨습니다. 우리 근대소설 계보로 이해조, 염상섭, 박태원으로 이어지는 계보가 있다고 생각하고 있는데, 이것을 이인직, 이광수로 이어지는 계보보다 중심에 놔야 된다고 생각하는 사람입니다.

이런 점에서 이해조는 애국적이고 이인직은 매국적이기 때문에 이인직보다 이해조를 높여야 된다는 그런 단순한 논리는 아니고, 그것도 물론 중시해야 되지만 그의 소설 업적이 이인직보다는 훨씬 높다고 저는 생각을 합니다.

그래서 오늘 이 기회를 계기로 해서 이것을 읽자, 이해조 소설을 읽고 토론함으로써 우리 문학사의 뼈대를 다시 세우는 중요한 계기가 되기를, 그냥 단순히 학계에서만 논의가 아니라 지식사회 그리고 대중 전체 속에 퍼져나가서 지금 우리나라의 중요한 시기에 이해조를, 다시 근원을 가져옴으로써 우리 한국사를 다시 제대로 세우는 이런 기회로, 그런 운동으로까지 발전해 나가면 더욱 좋겠다고 생각합니다.

감사합니다.

이해조와 이인직
-「자유종」과 「은세계」의 비교

홍을표(동농 이해조선생 기념사업회 회장)

1. 들어가며

이해조는 애국계몽기의 최초이자[1], 최대의[2] 그리고 최고의 신소설 작가[3]이다. 「자유종」 하나만으로도 그는 신소설의 최고 작가이다. 지금까지 신소설의 제1인자 자리를 지켜온 이인직은 근래에 들어와, 친일의 방편으로 소설을 창작한 친일문학가로 재평가되고 있다. '은세계'는 그의 이러한 친일의도가 극대화된

1) 송민호, 한국개화기소설의 사적연구, 일지사. 1975, 92-95참조. 그는 이 글에서 "이해조는 이름을 밝히지 않은 최초의 신소설 작가로서, 사실은 국초 이인직보다 앞서 신소설을 지었다는 추측도 있어, 신소설 작가로서 역사적 위치가 재검되어야 할 처지에 있는 만큼..."이라고 하며서 이해조의 신소설의 선구자적 역할의 가능성을 타진하고 있다.

2) 이용남, 이해조연구, 서울대 현대문학연구, 제39집, 1982, 45-45면 참조. 이해조는 탄금대 후기에서 이미 저술한 소설이 삼십 여 종에 이른다고 밝히고 있다. 지금까지 밝혀진 바에 의하면 창작소설 20여편과 번안소설 및 춘향전을 개작한 옥중화를 비롯한 7,8편의 작품과 무서명의 작품까지 합치면 근 40여편에 이를 것이라고 추정해 볼 수 있다.

3) 최원식, 누가 신소설 최고의 작가인가?, 동농 이해조 선생 기념심포지엄 자료집, 2009, 10-14면 참조

작품이다.[4][5]

이러한 평가는 이해조로 대표되는 애국계몽기문학 설정과 이인직에 의한 친일문학으로 변별한 최원식 교수의 입론[6]에 근거한다. 이해조의 애국계몽의 문학은 「자유종」으로 최정점에 달했고, 이인직의 친일문학은 '은세계'로 그 면모가 확연하게 드러났다. 이해조는 토론체 또는 단막극의 희곡[7]과 같은 대중소통적 흡인력으로 대중의 계몽에 직접 뛰어들었다면 이인직은 창극이라는 전통의 형식에 신파극을 결합하여 새롭게 일어나는 대중적 경향성에 자신의 친일문학의 성패의 승부를 걸었다.

확실히 당시 대중소통의 효과면에서는 이인직의 '은세계'가 「자유종」을 압도하는 듯했다. 새로운 소통형식에 대한 민감성은 일본과 직접 교류의 경험이 있는 이인직이 앞서나갔다. 반면 전통과의 절충적 관계에 서 있는 이해조는 극화의 차용에서는 선두를 빼앗겼지만 국치 이후의 판소리계 소설의 재창작과 조선가곡의 집성 등에서 보는 바와 같이 새로운 극화의 가능성을 꾸준히 시도했다.

근대에 대한 수용이라는 점에서는 동일한 지향점을 지닌 두 사람이지만 그 방략과 구체적인 방법론에서는 두렷한 차이점을 드러내고 있다. 그것은 두 사람의 출신 성분과 정치적 성향, 개화사상의 뿌리, 그리고 인맥상의 차이 등이 작용한다고 하겠으나, 본 논고에서는 두 사람의 정치관이 가장 또렷하게 나타나

4) 김영민, 한국근대소설사, 솔, 1997, 246-249면 참조

5) 김영민, 신소설 은세계연구, 매지총론 제7집, 연세대학교, 1990, 117면

6) 최원식, 한국계몽주의문학사론, 제3장 애국계몽기의 이해조 소설, 156-157면

7) 전광용, 신소설연구, 새문사, 1986, 194-210면

있는 두 작품인 「자유종」과 '은세계'를 분석하고 비교하여 그것이 이 두 소설에서 어떻게 실현되고 있는가를 살펴보고 아울러 계몽의 명분으로 자신의 정치적 입장을 어떻게 상이하게 관철하려 한 것인지를 살펴 볼 것이다.

2. 「자유종」의 배경

1) 「자유종」의 발표 시기

1910년 7월 30일 광학서포에서 간행된 「자유종」은 다음의 몇 가지 점을 고려한다면 그 발표 시기가 1908년으로 앞당겨진다.

우선 「자유종」의 등장인물 강금운의 말에서 나온 것처럼("昨日은 隆熙 이년 제일 上元이니") 융희 2년은 1908년이다. 현실 문제에 대한 자유로운 토론을 하는데 시의성을 고려하지 않을 수 없다. 오늘날 시사토크쇼를 연상하면 바로 이해할 수 있다. 토크쇼의 핵심은 타이밍과 시의성이다.

이해조가 그의 계몽사상을 압축하여 토로할 수밖에 없는 당시의 급박한 사정은 무엇인가? 융희 2년은 헤이그밀사사건으로 고종이 폐위되고 난 후 일본이 강제로 정미7조약[8]을 통해 우리나라를 속국의 지위로 떨어뜨린 해의 이듬해다. 이 해에 이해조의 민족적 애국계몽의식이 가장 고양되었던 것은 그의 작품

---

8) 1907년 7월 24일에 이완용과 이토오 통감 사이에 조약된 협약으로, 1905년의 을사보호조약에서 한 걸음 더 나아가 대한제국의 일체의 내정에 대해서도 통감부의 지도와 승인을 받도록 한 조약.

으로 확인이 된다. 1907년과 1908년 간 이해조 문학의 가장 정채 있는 성과들이 양산되었다.[9] 그리고 언론, 교육 등 애국계몽적 사회활동[10]도 가장 왕성하게 벌인 때이다.

이해조 문학을 통틀어 그의 정치의식이 가장 예리하게 나타나 있고 그의 정치적 비전이 가장 통합적으로 논술되어 있는 작품이 바로 「자유종」이다. 그가 불혹에 막 접어들었고 정치의식이 최대로 고양되었던 이러한 때에 「자유종」이 발표될 수 있었다.

또한 양식사의 관점에서도 정치소설은 신소설이 본격화되기 이전에 소설의 외양을 채 갖추지 못한 직접적 토설의 형태로 나타난다고 한다. 임화도 그 점을 의식하여[11] 이해조 문학을 거론하면서 시기적으로는 뒤에 출간되었지만 '빈상설', '구마검' 등의 1908년도 출간 소설보다 「자유종」을 먼저 거론했다.

다른 한편으로는 당시의 출판 관행을 들 수 있다. 제국신문의 기자로서 쓴 그의 소설은 당시 거의 신문에 연재된 후 얼마 후에 단행본으로 출간되었다. 신문연재가 끝나고 단행본으로 출간되는 시간적 공백은 작품마다 약간씩 다르다. 이것은 당시의 독서시장에서 출판사의 상업적 판단에 따른 것으로 볼 수 있다.

---

9) 1907년 6월에 제국신문에 입사하여 바로 6월 5일부터 고목화 연재, 동년 10월 5일 빈상설 연재, 1908년 2월 13일 원앙도 연재, 동년 4월 25일 구마검 연재, 동년 7월 24일 홍도화 상편 연재, 동년 9월 18일 만월대 연재, 동년 12월 4일 쌍옥적 연재 등 이해조의 가장 뛰어난 수작들이 이 기간에 양산되었다.

10) 1907년 2월 철도권 회수단체인 광무사 발기인으로 참여, 동년 11월 대한협회 교육부 사무장, 이듬해 1908년 5월 기호흥학회 기관지 편입인, 동년 7월 대한협회 평의원, 동년 12월 기호흥학회 평의원 등으로 가장 정열적으로 애국계몽운동을 한 시기이다.

11) 임화, 신문학사, 임규찬 한진일 편, 한길사, 1993, 248면

독자들의 지갑을 열 수 없는 재미없는 작품은 출판사에서 서둘러 출간할 이유가 없을 것이다. 1908년 신문연재로 발표된 「자유종」은 그 형식의 생경함이나 그 구성의 지루함, 주제의 비흥미성 등으로 일반 독자들의 눈을 유혹하기에는 어려웠을 것이다. 그래서 신문 연재 후 바로 출간되지 못하다가 세상을 뒤흔든 일대 정치적 사건(헤이그밀사 사건, 고종양위 등)을 맞이하여 이인직이 '은세계'에서 기도한 대로 친일망국의 암운이 드리우고 이해조 방식의 계몽이 위기를 맞게 되자 그가 긴급하게 그의 정치적 테제라고 할 수 있는 「자유종」 출간을 감행한 것이다. 물론 일제에 의해 바로 판매금지를 당했다.

자유종의 발표 시기는 이해조 문학에서 「자유종」의 위치를 바로 잡는 데 매우 중요한 요소이다. 「자유종」의 발표 시기를 1908년으로 상정해야만 같은 해에 발표한 이인직의 '은세계'와의 대결이 같는 의미가 뚜렷해 지고 「자유종」의 형식상의 문제가 해결된다. 또한 「자유종」이 이해조 문학에서의 위치가 정립된다.

2) 이해조와 이인직의 정치 관계

참여정부의 친일반민족행위진상규명위원회에서는 이미 알려진 바대로 이해조의 친일 행위는 나타나지 않아 결과적으로 친일행위를 하지 않았음을 입증했고 이인직의 화려했던 친일행위[12]는 낱낱이 드러났다. 위 위원회의 규모와 성격에 비추어

12) 친일반민족행위진상규명위원회. <이인직>, ≪2006년도 조사보고서 II - 친일반민족행위결정이유서≫, 2006. 12, 852-863면

일제 당시 일정 이상의 지도급 인사 대부분을 전수 조사하여 장기간에 걸쳐 조사하여 밝힌 내용이므로 지도층의 친일반민족 행위의 전모가 거의 다 밝혀졌다고 볼 수 있다. 이에 따라 애국계몽기에 민족운동에 동참했던 많은 민족인사들도 경술국치 이후의 친일행위에 대한 엄중한 판정을 받게 된다.

계몽기 민족인사들의 자강운동은 네 계열로 나뉘는데, 선실력양성론에 서 있던 대한협회 계열, 유교개혁을 통해 점진적인 문명개화를 주장하던 황성신문 계열, 독립전쟁을 주장하던 대한매일신보 계열, 실력양성을 통한 국권회복운동과 인격수양을 주장한 청년학우회 계열이 그것이다[13]. 1907년 7월 정미조약을 비롯한 일단의 망국 사태에 직면하여 자강운동 내부에 노선상의 갈등이 일어나 강경론과 온건론의 좌우분화가 생겨 신민회와 대한협회가 분화했다.[14]

국치 직전의 풍전등화의 위기에서 이인직은 이완용의 심복으로서 소위 '한일합방' 공작에서 발군의 기량을 발휘한다. 천도교에서 이탈한 이용구 일파가 만든 일진회의 합방청원(1909.12)에 선수를 빼앗긴 이완용 일파는 자신의 심복인 이인직을 아바타로 내세워 합방 공작의 경쟁단체인 일진회를 견제하고 제거하기 위한 작전[15]에 돌입한다. 그 결과물이 바로 국민연설회[16]

---

13) 박찬승, 한말 자강운동론의 각계열과 그 성격, 한국사연구 68, 1990 참조

14) 조동걸, 한말계몽주의의 구조와 독립운동상의 위치, 한국학논총 11, 국민대, 1989, 57-58면

15) 김도형, 한말계몽운동과 동농 이해조, 동농 이해조선생 기념심포지엄 자료집, 2009, 25면 각주 40참조

16) 조동걸, 구한말국민연설회소고, 한국학논총 4(국민대), 1981

다. 이 단체는 일진회에 대한 대중들의 반감을 이용하기 위해 민족적인 성격의 계몽단체인 대한협회, 서북학회 등과 협력하려 했지만 이들 단체들의 소극적인 태도로 연합하지 못하고[17] 일부 일진회 인사들을 빼내온다.

국민연설회는 합방공작의 총지휘자인 이완용의 정치 전략에 따라 그의 심복인 이인직이 은밀하게 수행하는데, 일진회의 합방주도권을 견제하고 대한협회 등의 온건파 인사를 포섭하여 자강운동 각 계열의 연대를 와해시키고 이간하여 민족운동을 약화시켜서 자신들이 합방의 주도권을 쥐는 데 유리한 여건을 조성코자 한 원대한 정치적 노림수다.

이인직이 주도로 그가 경영하던 원각사를 무대로 연설회가 개최되었는데 1909년 12월 8일 첫 연설회에서 이해조는 임시 서기로 선출된다[18]. 이해조는 온건론에 속하는 대한협회 계열의 핵심요인이므로 이인직은 그를 중요한 포섭대상으로 삼았다. 나중에 결국 알게 되고 말았지만 이인직은 자신의 보스인 이완용의 밀명에 따라 일진회 제거 공작에 일진회의 합방청원에 반감을 가지고 있던 이해조 등의 다수 민족 인사를 자신들의 합방공작의 제물로 이용했을 뿐이다.

어쩌면 원각사에서 공연된 '은세계'의 성공은 개화 식자층의 여론을 일정하게 조성했고 그만큼의 정치적 공간을 확보했을 수도 있다. 이인직의 입장에서 '은세계'의 성공은 앞으로 닥아올

---

17) 김도형, 윗논문, 25면

18) 대한매일신보, 1909. 12. 8 국민회개회. 회장 민영소가 출석하여 임원을 선정하는데, 이때 서기는 이순하가 선임되어, 이해조는 첫날의 연설회에 임시 서기였던 것으로 보인다.

1910년의 8월 27일 거사(한일합방)의 성공을 예감하는 사전 홍보물이고 이해조의 입장에서는 자신의 애국계몽운동의 위기적 징후다.

이인직의 국민연설회에 이용당한 이해조는 국망의 불길한 징조를 감지하고 이미 2년 여 전에 제국신문에 연재했던 「자유종」을 다시 급히 단행본으로 출판한 것이다. 이해조의 가장 빛나던 시대인 1907년-1908년의 애국계몽운동의 기상이 조금도 흐려지지 않고 있었음을 「자유종」의 단행본 출간으로 확인할 수 있다. 오히려 「자유종」의 자유와 독립의 정치적 명제가 가장 긴요하게 요구되는 사태를 맞이하게 된 것이다. 또한 「자유종」에서 예리하게 비판한 당대 현실과 몽유록류의 염원이 보다 절실하게 요구되는 때이기도 하다. 그의 우려는 현실이 되었다. 7월 30일 「자유종」이 광학서포에서 출간되고 한 달이 채 되지 않아 8월 27일 합방조약이 이완용에 의해 조인되었다. 「자유종」과 「은세계」로 대표되는 두 신소설 작가의 개화를 둘러싼 당대의 대결은 이로써 일단락되었다.

3. 「자유종」의 정치학

「자유종」은 1910년 7월 30일 출간된 애국계몽기 최대의 정치소설이다. 이매경의 생일잔치에 모인 네 부인이 시국을 토론하는 특이한 토론체 소설이다. 이것은 애국계몽기가 무엇보다 민족적 위기에 압박된 일대 국민적 토론기라는 역사적 단계에 잘 부합하는 장르규정이다.[19] 소설에 등장하는 토론 참가자가 모두 여성인데, 이는 바로 개명한 여성에 의해 주도된 토론체 형식으로 소설을 전개하고 국민 교육을 중심 주제로 하는 정치적 명제를 토론 내용을 설정함으로써 작가 이해조의 애국계몽사상의 대중적인 폭을 드러낸 것이다.

김주현은 당대에 광범위하게 전개된 토론회의 양상과 언론에 전개된 토론체의 작품들을 '사회적 언술체'라 부르고 이것들이 애국계몽운동의 테두리에서 전개되었음을 밝히고 있다. 「자유종」은 문학과 비문학의 경계짓기가 매우 곤란하고 다종다양했던 당시의 사회적 언술체가 다다른 절정이라고 할 수 있다.[20]

먼저 등장인물의 신분을 보자.

이매경 : '친정이나 시집이 삼한갑족'인 양반 신분
신설헌 : 한때 정삼품 당상관의 아내인 '숙부인'이었음.
강금운 : 남편이 평양 서윤(종사품)이었음.
홍국란 : 언급 없음. 다른 인물들과 비슷한 듯.

이처럼 네 부인은 고귀한 가문 출신이다. 이 작품에 나타난 계몽사상이 개명한 양반층에 바탕하고 있음은 이 때문이다. 이해조는 '토론소설'이라 하였지만 토론자 간의 뚜렷한 논쟁점은 없다. 그러나 네 명의 부인은 약간씩의 태도의 차이는 드러난다.

신설헌은 이들 중에서 가장 개혁에 가장 큰 관심을 보이며

19) 최원식, 이해조문학연구, 한국근대소설사론, 창작사, 1986, 46면
20) 김주현, 개화기 토론체 양식연구, 서울대 석사논문, 1989, 6-12면 참조

현실적 대안까지 제시하는 적극적인 여성이고, 반면 초청자인 이매경은 현실에 대하여 다소 냉소적으로 말하며 개혁에 대해 소극적인 태도를, 홍국란은 개화의 대의에는 찬성하나 단번에 바꾸는 것을 경계하는 점진주의적인 태도를 보인다. 특히 강금운은 전면적인 한글사용을 주장하는 데 반해 홍국란은 일시적인 한문폐지에는 유보적인 반응을 보인다. 그렇더라도 크게 보면 문명개화의 대의에는 네 부인 모두 전반적으로 동의하고 있는데서 당시 유행한 사회적 언술행위의 면모를 확인할 수 있다.

이 작품은 크게 두 부분으로 나누어진다. 앞부분은 현실을 비판하는 부분이고, 뒷부분은 꿈을 이야기하는 부분이다. 작품 속의 시대는 융희 2년(1908년), 대한제국이 반식민지로 전락한 당시를 매우 부끄럽고 통곡할 시대라고 비탄하고 차라리 제 나라 민족의 노예가 될지언정 남의 나라 정부의 보호는 안 받는다고 절규하면서 '어떻게 나라의 독립을 회복할 것인가'하는 문제를 집중 토론하고 있다. 국권 회복 방법은 "외국 의뢰도 쓸데없고 한두 개 영웅이 혹 국권을 만회하여도 쓸데없고 오직 전국 남녀 청년이 보통 지식이 있어서 자주권을 회복하여야 확실히 완전하다."고 하였다.

소수의 급진적 엘리트가 외세와 일정하게 제휴하는 위로부터의 개혁이라는 '개화파'의 방법이 아니라, 근대적 국민을 창출하는 일종의 국민주의를 내세움으로써 이해조는 '계몽주의자'의 면모를 보인다. 요컨대 '백성으로부터 국민으로'에 이해조 계몽주의의 근본 뜻이 있는 것이다. 봉건적인 백성이 근대적인 국민으로 전환하려면 '자유'가 있어야 한다고 하였다. 이 '자유'는 이 작품의 제목 「자유종」에 명확하게 드러나 있듯이 사람이 사람다움을 실현하는 가장 근본 전제라고 하였다. 이 자유로운 개인의 자발적 결합으로 이루어지는 근대적 국민의 출현이라는 과제가 온전하게 실현될 때 국권을 회복할 수 있다는 것이 이 작품의 중심 주제이다. 그래서 이 국민의식의 창출을 가로막는 모든 질곡을 비판하고 있는데, 바깥으로는 중세적 보편주의(특히 화이론적 세계관)이며 안으로는 여러 봉건적 질곡(여성 차별, 신분 차별, 적서 차별, 지역 차별 등)이 주된 비판 대상이다.

> 그 서자이니 얼자이니 하는 총중(叢中)에 영웅이 몇몇이며, 문장이 몇몇이며, 도덕 군자가 몇몇인지 누가 알겠소, 그 삶도 원통하거니와 나랏일이야 더구나 말할 것도 있소. 남의 나라 사람도 고문(顧問)이니, 보좌(補佐)니 쓰는 법도 있거든, 우리 나라 사람에 무엇을 그리 많이 고르는지, 이성호(李星湖)[21]는 적서 등분을 혁파하자, 서북 사람을 통용하자 하여 열심히 의논하였고, 조은당의 부인 김씨는 자제를 경계하되, 너희가 서모를 경대(敬待)하지 아니하니 어찌 인사(人士)리오

그러면 근대적 국민을 창출하는 방법으로 무엇을 제시하고 있는가. 이해조는 기독교를 봉건적인 계급대립을 극복할 수 있는 일종의 국민통합 원리로 보고 기독교를 모델로 하여 유교를

21) 이러한 이해조의 계몽사상의 밑바탕에는 실학사상 특히 성호 이익(1681-1763)의 사상이 흐르고 있는데, 작품 속에서 직접 성호 이익을 언급하고 있다(반상타파, 적서차별, 서북인 등용 등).

공자교로 개혁함으로써 다시 말하면 일종의 종교개혁[22]을 통하여 국권회복을 바라고 있다.

> 제사만 위한다 할진대 태묘도 한 곳뿐이어늘 아무리 성인을 존봉할지라도 어찌 삼백육십여 군의 골골마다 향화를 받드리까. 저 무식한 자들이 교육과 종교는 버리고 제사만 위중한다한들 성현의 마음이 어찌 편안하시리까. 종교에야 어찌 귀천과 남녀가 다르겠소. 지금이라도 종교를 위하려면 성현경전을 알아보기 쉽도록 국문으로 번역하여 거리거리 연설하고, 성묘와 서원에 무애희 농용(農用)하며, 가령 제사로 말할지라도 귀인은 귀인 예복으로 참사(參祀)하고, 천인은 천인 의관으로 참사하고, 여자는 여자 의복으로 참사하고 너도 공자님 제자, 나도 공자님 제자 되기 일반이라 하면 종교 범위도 넓고, 사회 단체도 굳으리다.

당시 민족운동은 종교 운동적 전환이 일반적으로 나타나고 있었는데, 손병희는 진보회 운동이 좌절한 후 1906년 천도교를 창립하였고, 을사오적 암살단을 조직하여 활약했던 나철은 1909년 대종교를 창시하였고, 박은식, 장지연은 (중국의 강유위의 공교회의 영향을 받아서) 1909년 대동교를 창립하였다. 작품 뒷부분이 전통 몽유록과 흥미있는 관련을 보여주면서 유토피아

---

22) 청나라 변법사상의 영향을 받은 이해조는 중체서용의 관점에 서서 유교를 개혁하고 종교화하고자 했다. 이는 특히 강유위의 공자교 구상과 연결된다.

적 지향이 강하게 드러나고 있음은 이런 사실이 반영된 것이라 생각한다. 결국, 이해조의 계몽사상이 국권회복의 주체를 국민에 두면서도 민주적인 국민혁명론으로 나아가지 못하고 있는 사정을 반영하고 있다고 볼 수 있다.

하지만 대한제국이 일본의 반식민지 상태로 떨어진 애국계몽기 시기에 근대적 국민의 창출을 통해서 '어떻게 나라의 독립을 회복할 것인가'하는 문제를 집중 모색하면서, 대중 속에 광범한 전파력과 감화력을 지니고 있다고 생각한 신소설을 통해 그러한 사상을 전파하려 했다. 이러한 이해조의 애국계몽문학은 당시 애국으로 위장된 매국 책동을 벌인 이인직과 비교할 때 그 의의가 드러난다. 이 시기에는 두 개의 문학 곧 애국계몽문학과 친일문학이 대립하고 있었으니, 이해조는 「자유종」과 이인직의 '은세계'는 각각 그것을 대표하고 있다. 「자유종」은 그 둘의 차별성과 대립성을 확연히 보여주고 있어, 이해조는 「자유종」 하나로도 '신소설 최고의 작가'[23]라 할 것이다.

「자유종」을 통해 적나라하게 드러난 당대의 봉건적 적폐는 이해조의 예리한 기자적 감각으로 통렬하게 비판되고 있는데, 이것은 이인직의 소설에서 보이는 바와 같은 단순히 이념형으로서의 근대를 필로써만 그린 것이 아니라 교육 사업의 최전선에서 직접 부딪힌 당시의 생생한 체험을 그대로 반영하고 있다.

> 교궁(校宮)은 이렇게 위하여야 종교를 밝히지, 아무

---

23) 최원식, 누가 신소설 최고의 작가인가, 동농 이해조 선생 기념 심포지엄 자료집, 2009, 14면

> 골 향교에는 학교를 설시하였다 하고, 아무 골 향교 전답을 학교에 붙였다 하니, 그 골에는 사람의 새끼 같은 것이 하나 없어 그러한 변이 어디 또 있나. 아무 골 향족이 명륜당에 앉았다니 그 마룻장은 대패질을 하여라, 아무집 일명(逸名)이 색장(色掌)을 붙였다니 그 재판을 쑤세미질을 하여라 하여, 종교라는 종자는 무슨 종자며, 교자는 무슨 교자인지 착착 접어 먼지 속에 파묻고 싸우나니 양반이요, 다투나니 재물이라. 이것이 우리 신성하신 대종교라 하오. 한심하고 통곡할 만도 하오. 종교가 이렇듯 부패하니 국세가 어찌 강성하겠소.[24)]

「자유종」은 자녀 교육을 다루면서, "자식의 효도를 받는 것이 어찌 내 몸만 잘 봉양하면 효도라 하리오. 증자 말씀에 인군을 잘못 섬겨도 효가 아니요, 전장에 용맹이 없어도 효가 아니라 하셨으니, 이 말씀을 생각하면 자식이라는 것이 내 몸만 위하여 난 것이 아니요, 실로 나라를 위하여 생긴 것이니 자식을 공물(公物)이라 하여도 할당하오."라는 홍국란의 말에 서 공물이라는 말이 나온다. 이해조는 그 스스로도 교육 사업에 종사했고[25)] 「자유종」의 핵심 주제도 보편적 교육을 통한 국민국가

---

24) 자유종의 이 대목은 그의 고향 포천에서의 교육 사업을 전개할 때, 향교 토지를 신야의숙에 부속시키는 것을 반대하는 당시의 교류배(校儒輩)들의 행패가 그대로 반영되어 있다(황성신문. 1908. 5. 20 奪租還).

25) 이해조의 부친 이철용은 1905년 포천에 신야의숙을 세웠는데 1908년 포천에 설립되어 있던 옥성의숙과 합쳐 포천의 옛 이름을 따서 청성학교로 개명하고, 신야의숙을 청성제1학교, 옥성의숙을 청성제2학교로 하였다. 이해조는 청성제1학교 운영을 맏게 된다. 당시 신문에는 "사립청성제1학교는 동대문 밖

의 건설이라고 할 때 그 국민이 될 자녀의 교육은 매우 중요하다. 국민은 개인과는 다른 개념이다. 근대 사회를 이끄는 개명된 시민들에 의해서 근대 국민국가가 형성되기를 바란 것이다. 그런 의미에서 공물은 부모의 소유물이 아니라 공민(公民) 즉 근대적 시민을 뜻한다고 할 수 있다.

「자유종」은 당대 최고의 근대 계몽의 교과서다[26]. 소설적 외양마저 무시하면서까지 날카로운 현실 비판과 동서를 넘나드는 폭넓은 안목으로써 절박한 시국 상황에 대한 통합적이고 거시적인 대안을 제시하고 있으니, 애국계몽기의 문학적 반영으로서 최고의 수준임에 틀림없다고 하겠다. 요컨대 애국계몽운동의 대중화 노력의 한 비약이자 절정이며 한계가 착종되어 나타난 것이 이해조의 「자유종」이다.[27]

4. 「은세계」의 세계

1) 「은세계」의 성립 배경

이인직의 「은세계」는 소설과 연극 양면에서 그야말로 우리 문학사의 일대 사건이었다. 의병전쟁의 절정기에 한일합방의 숨은 주역에 의해 집필된 이 소설은 초기 연구자들에 의해서는 개화기 최대의 정치소설로 평가받았고 최근의 연구자들에 의해

에서 자못 우수한 학교이었으나 경영난과 군청에서 1개 공립학교만 설치한다는 방침에 따라 폐교"되었다고 보도하였다(매일신보, 1911. 9. 17).

26) 이희완, 자유종의 문학성과 근대성, 157면

27) 이희완, 앞의 글, 157면

서는 '매국적 책동을 합리화'하는 매판문학으로 비판받았다.[28] 이러한 상이한 판단의 내적 이유는 주로 소설 「은세계」의 이중 구조에서 비롯된다고 할 수 있다. 즉 전후반부의 내용상의 이질성과 양식상의 이질성이 그것이다. 또한 공연 가능성에 대한 상이한 견해들이 나오는 것도 이것에서 비롯된다고 하겠다. 최원식은 소설 「은세계」의 전반부만 공연되었을 것이며, 연극 '은세계'는 창극이었다는 주장을 폈다. 그리하여 최병두 이야기→창극 최병두타령→소설 「은세계」의 흐름을 도식화하면서, 창극 최병두타령은 이인직이 아니라 판소리광대 강용환의 창작이었을 가능성을 조심스레 제기했다.[29] 「은세계」를 다룬 이후의 연구들은 최원식의 견해를 수정 및 비판하면서 활발하게 전개되었다. 김종철은 판소리 최병두타령을 모태로 원각사 설립 전에 이미 소설 「은세계」를 창작했으며, 이인직이 직접 창극대본에 참여했을 가능성이 높다고 보았다.[30] 이상경은 공연 준비 과정에서 판소리 광대들의 역할은 형식적인 기여에 한정됐고 '최초의 창작 창극'의 주체는 이인직이라고 단정했다.[31] 김재식은 소설 「은세계」에 등장하는 삽입가요가 창극의 직접적 증거가 될 수 없다고 보고 연극 '은세계'는 오히려 창극조의 신파극 공연이라고 보았고 나아가 창극 최병두타령의 존재조차 부정했다.[32]

28) 최원식, 은세계 연구, 민족문학의 논리, 창작과비평사, 1982, 274면

29) 앞의 책, 45면

30) 김종철, 은세계의 성립과정 연구, 한국학보 51호, 1988, 132면

31) 이상경, 은세계 재론-이인직연구1, 민족문학사연구 제5호, 민족문학사연구소, 1994

32) 김재석, 개화기 연극 은세계의 성격과 의미, 한국극예술연구, 한국극예술학회, 2005

이상의 「은세계」를 둘러싼 여러 가지 쟁점들은 우선 공연을 목적으로 한 최초의 소설이라는 역사적 이름에 값한다고 하겠다. 연극 '은세계'의 실체에 대하여 앞으로도 더 많은 연구가 이어질 것이며, 그를 통해 우리 문학사와 연극사의 토대를 튼튼히 만들 것이고 수많은 추정과 판단들의 진위를 판별하는 근거들이 나타날 것이다. 그렇지만 현재까지의 연구로 보면 최병두 타령의 존재 유무와 관계없이 소설 「은세계」의 작가 이인직이 연극 '은세계'의 공연에 온전한 연관관계가 있음이 밝혀졌다고 하겠다.[33] 그러므로 소설 「은세계」와 연극 '은세계'의 모든 성과 및 한계에 이인직의 역할과 책임을 면제할 수 없다고 판단한다.[34]

「자유종」과의 대비와 관련하여 우선 거론되는 것은 이인직 스스로도 광고했듯이 「은세계」도 정치소설[35]이라는 점이다. 「자유종」의 정치성은 이미 검토한 바 대로 당대 최대의 계몽운동가의 민족위기에 대한 대중적 계몽교과서로 표현될 수 있다. 또한 이해조가 이인직의 개화론의 친일적 허구성을 의식하고 이에 긴박하게 대응하여 자주독립의 희원하는 국민들의 마음을 동원하기 위함이었다. 둘 다 정치적 목적을 지녔지만 내용은 상호 경쟁적이고 대립적이다.

우선 「자유종」에서 검토한 바와 같이 「은세계」의 발표 시기도 예사롭지 않다. 「자유종」의 발표 시기를 융희2년(1908년)

---

33) 이상경, 앞의책, 주석 18
34) 김기란, 신연극 은세계 연구, 198면 참조
35) 대한매일신보, 1908, 6. 12

초반으로 잡고, 「은세계」도 1908년 11월 단행본으로 출간되기 전에 신문에 연재되었을 가능성을 고려해 대략 1908년도 초반 자신이 사장으로 있는 대한신문에 연재되었을 것[36]이므로 「자유종」의 발표 시기와 거의 같다고 할 수 있다. 애국계몽기의 양대 신소설작가의 정치소설은 이렇게 시국을 자신에게 유리하게 전개시키기 위해 융희2년의 초두부터 격돌하게 된다.

헤이그밀사사건으로 야기된 고종의 퇴위, 군대해산 그리고 정미7조약이라는 망국적 사태를 당하여 민족적 위기는 고조되는데, 근대 개화는 같으나 실상 소설 창작의 정치적 의도와 목적은 전혀 다른 두 사람은 융희 2년 1908년 초부터 상이한 의도의 차이가 확연히 드러나는 대중노선으로 나아간다. 토론체 소설의 발표와 연극 공연을 위한 소설의 발표가 그것이다. 「자유종」은 실제 신문에 연재된 지 2년 후인 1910년에 단행본으로 출간되었는데 당시 신문 종료 시점과 단행본 출판 사이의 간격이 보통 5~7월임을[37] 감안하면 출판사와 대중의 관심을 끄는데 성공하지 못한 것으로 볼 수 있다. 그러나 「은세계」는 1908년 초에 신문에 연재되어 적어도 6월 이전에 완성되고[38] 그 해 11월 15일에 공연되고 5일 후인 11월 20일에 단행본으로 출간된 것을 볼 때, 출판사와 독자의 호응을 얻는 데는 성공한 것으로 볼 수 있다. 나아가 책의 광고와 연극 공연의 성공은 상호 상승 효과를 유발하여 상업적으로도 성공했을 것이다. 이인

---

36) 이상경, 앞의 책 주석 14

37) 이상경, 앞의 책 주석 12

38) 김기란, 신연극 은세계 연구, 225면

직이 사장으로 있는 대한신문과 경쟁관계에 있는 당시 최대의 민족지인 대한매일신보의 비판논조[39]도 1908년 11월 15일부터 시작된 '은세계' 공연으로 수그러든 것에서 '은세계' 공연의 성공을 확인할 수 있다. 이것은 언론인이 주축이 된 개화기의 연극 개량론자들이 대안을 구체화하지 못하고 있을 때 '은세계' 공연은 당대 관객들에게 새로운 연극의 모습을 구체적으로 보여주는 데 성공했기 때문이다.[40]

2) 「은세계」의 정치학

이인직이 심혈을 기울려 쓰고 만든 「은세계」는 어떤 세상인가? 소설은 첫 장면에서 다음과 같이 묘사한다.

> 해끗해한 눈발이 공중으로 회회 돌아 내려오는데, 떨어지는 배꽃 같고 날아오는 버들가지같이 힘없이 떨어지며 간 곳 없이 스러진다. 잘던 눈발이 굵어지고, 드물던 눈발이 아주 떨어지기 시작하며 공중에 가득차게 내리는데, 굵은 체 구멍으로 하얀 흰무리 떡덩어리같이 되었더라. 사람이 발 디디고 사는 땅덩어리가 참 떡덩어리가 되었을 지경이면 사람들이 먹을 것 다툼없이 평생에 떡만 먹고 조용히 살았을는지도 모를 일이나, 눈구멍 얼음덩어리 속에서 꿈적거리는 사람은 다 구복(口腹)에 계관

39) 대한매일신보, 1908. 11. 13(비슷한 내용이 황성신문, 1908. 11. 6에도 실렸는데 주로 연극개량한다고 선전하더니 영웅 또는 위인을 극화하지 않고 과거와 같이 춘향가, 심청가, 적벽가만 공연하는 데 대한 비판이다.)

40) 김재석, 개화기 연극 은세계의 성격과 의미, 87면 참조

(係關)한 일이라.

아름답고 새로운 세상을 기대했는데 오로지 떡이다. 유산자에 대한 그의 편견은 '은세계' 곳곳에서 나타난다. 김정수 같이 소설 전개에서 아주 중요한 역할을 하는 인물을 재물이 없음으로 행동상의 제약을 걸어두고 있다. 최병도의 고난도 재물 때문이다. 그는 관료들의 부당한 재물 요구에 정면으로 대항한다. 반봉건의 투쟁으로도 보이지만 실상은 재물을 빼앗길지언정 그냥 내줄 수는 없다는 부르조아지 의지의 표현이기도 하다. 재물이 목숨보다 더 중요한 것으로 보이기도 한다. 최병도는 자기 자식만이라도 이런 무뢰한 세상에 살기 않게 하기 위해 또는 이러한 세상을 바꾸기 위해 자식들의 교육을 부탁하며 자신의 재산을 김정수에게 맡긴다. 김정수는 최병도의 유언에 따라 옥남과 옥순을 미국에 유학보낸다. 유학비가 모자라 일시 귀국한 김정수는 자신이 아들이 최병도가 맡긴 재산을 탕진한 것을 알고 실의에 빠진다. '은세계'에서 재물은 소설 전개의 핵심적인 역할을 한다. 소설에서 김옥균 망명 이후 최병도는 고향인 강릉에 내려와 치산(治産)에 힘을 쓴 결과 천 석지기 부자가 되었다는데 봉건적 정치 체제가 그 재산을 다 빼앗았고 결국 최병도의 죽음을 가져왔다고 본다. 이인직은 국난을 안겨주는 국부의 쇠락은 부민의 몰락에서 비롯된다고 생각한 것 같다. 결국 부민의 몰락을 가져오는 부패하고 무능한 정치 체제가 제국주의적 경제 침략보다 더 무서운 국망의 원인이라고 보았던 것이다.[41]

---

41) 서은선·윤일, 이인직 신소설 은세계의 서사 구성과 정치적 담론, 동북아문화연구 제18집, 23-61면

지금 세상은 이전과 다른 때요. 황제 폐하께서 정치를 개혁하셨는데 지금은 권리있는 재상도 벼슬 팔아먹지 못하오. 관찰사, 군수들도 잔학생민하던 옛버릇을 다 버리고 관항돈 외에는 낯선 돈 한푼 먹지 못하도록 나랏법을 세워 놓은 때올시다. 어버지께서 이런 때에 계셨더면 재물을 아무리 많이 가졌더라도 그런 화를 당할 리가 없으니 아버지께서도 지하에서 이런 줄불 알으실 지경이면 천추의 한이 풀리실 터이니, 어머니께서도 한되던 마음을 잊어버리시고 여년을 지내시오.

미국 유학에서 돌아온 옥남이 자신의 어머니인 본평부인에게 하는 말이다. 1907년의 일제에 의한 고종 폐위의 정당성을 드러내 보이며 친일적인 정미7조약을 찬양하는 발언이다. 사실 이 대목이 이인직이 '은세계'를 통해 얻으려고 하는 정치적 의도가 내포되어 있다.

융희 원년 이후로 황제 폐하께서 백성에게 학정하신 일이 무엇이오? 여보 동포들, 들어보시오. 우리 나라 국권을 회복할 생각이 있거든 황제 폐하 통치하에서 부지런히 벌어 먹고 자식이나 잘 가르쳐서 국민의 지식이 진보될 도리만 하시오. 지금 우리 나라에 국리민복될 일은 그만한 일이 다시 없소. 나는 오늘 개혁하신 황제 폐하의 만세나 부르고 국민 동포의 만세나 부르고 죽겠소.

옥남을 만나 좋은 세상이 왔다는 소식을 듣고 병이 나은 본평부인은 아들 옥남과 함께 절에 가서 불공을 드리는 중 느닷없이 의병들에게 납치되는데 이때 옥남이 의병들에게 일장 연설하는 장면이다. 「은세계」를 통해 얻고자 하는 이인직의 정치적 의도가 뚜렷하게 드러나는 대목이다. 이 말의 전달력과 효과를 위해 최병도의 죽음과 김정수의 타락 및 죽음이 있었고 본평부인의 실성이 있었던 것이다. 미국은 당시 개화의 이상국이었다. 지금에 와서 의병들에게 일장 연설하는 미국유학파 옥남의 모습은 희화적으로 보이지만, 당시의 암울한 민족 정세에서 나라를 찾겠다는 의병들의 모습이 이인직에게는 더 희화적으로 보일 수도 있었겠다. 국권회복의 활동의 최전선에 있는 의병들의 모습을 희화화함으로써 국망(國亡)의 필연성을 암시하고 있다.

옥남의 아버지인 최병도의 반봉건적 항거의 역사적 의미도, 그의 전 재산으로 양육한 아들인 옥남의 이 발언으로써 소거되고 의미를 상실하게 된다. 결국 이 소설의 전반부에서 드러난 반봉건 투쟁의 정당성을 그와 연장선에 서 있는 의병활동을 왜곡하여 그 역사적 의미를 무화시키고 있다. 극적 효과와 공감을 불러일으키기 위한 판소리의 연행적 요소, 삽입가요 등의 장치는 모두 다 이러한 주제의 극적 효과를 높이기 위한 소도구에 지나지 않고, 최병두 이야기의 반봉건 의식과 대중성도 친일의도를 은폐시키기 위한 이인직의 의도된 설정이라고 할 수 있다.[42]

42) 장석원, 이인직과 친일, 191면

원래 최병두 이야기에는 없었던 김옥균을 끌어들여 그의 급진적인 개혁사상이 곧 친일정권으로 귀결된다는 정치적 함의를 의도했는지도 모른다. 만약 그렇다면 민족과 민중적 기반이 없는 위로부터의 개혁은 실패한다는 것을 역설적으로 증명했다는 점에서는 이인직의 의도는 성공했다. 그러나 반봉건 투쟁에 대해서는 소설의 전반부와 후반부가 모순을 보이는 데 반해 김옥균에 대해서는 아버지 최병도와 아들 옥남 모두 일관하여 존경의 마음을 보이고 있다.

> 김옥균은 동양의 영웅이라 하는 사람이 우리나라 정치를 개혁하려다가 역적 감태기만 뒤집어쓰고 죽었는데, 나 같은 위인이야 무슨 국량이 있어서 나라를 붙들어 볼 수 있고? 미국에 와서 먹을 것 없어서 고생되는 김에 진작 죽는 것이 편하지.

애국하기 위해 살아야 하지만, 김옥균이 죽을 수밖에 없었던 상황이므로, 애국의 당위성에도 불구하고 그냥 죽고 말겠다는 옥남의 발언은 논리적으로는 모순이다. 그러나 옥남의 이 말에는 친일 작가 이인직의 현실 인식과 정치 의식이 숨김없이 드러난다. 나라를 위해 무슨 일이든 하고 싶으나 그러면 죽게 되니 나라를 위해 어떤 일을 하기보다는 그냥 죽고 말겠다는 말에는 일본의 침략을 인정한다는, 조선이 일본 식민지가 되어도 좋다는 의식이 숨어 있다. 조선의 필연적 망국론이 드러나는 대목이다.[43] 이인직은 김옥균을 등장시킴으로써 친일이 곧 최대의 개혁이라는 정치적 의미를 암시하고 있다. 자신의 친일행위의 국내적 고리이자 명분은 김옥균이다. 그래서 원래 최병두 이야기에 없는 김옥균을 등장시키고 최병도에게 자신의 개화파로서의 체험을 이입했을 수 있다.[44)]

소설 속에서 최병도는 갑신정변(1884년) 때 22세라고 했으므로 1862년생이다. 그런데 흥미롭게도 이인직도 1862년생이다.[45)] 최병도는 이인직의 분신인 것이다. 소설 속의 두 주인공인 최병도와 그의 유복자 옥남은 1884년 갑신정변 무렵부터 작품이 발표되기 직전인 1907년 융희 황제의 등극까지의 약 23년 동안 친일이라는 하나의 목적을 위해 세대를 뛰어 연결되어 있는 두 구성물이다. 부자관계와 고아의식이라는 점에서 이들 둘은 이미 이인직의 기획 속에서는 하나로 통합되어 있었다. 그러한 통합을 위해 이인직은 최병두타령이라는 판소리계 소설과 옥남 남매 이야기라는 영웅소설을 결합하고 그 결합의 고리를 향반인 최병도의 중간자적 성격과 급진적 친일개혁론자인 김옥균에서 찾았다.[46)]

이미 불혹이 훨씬 넘은 이인직은 자신의 아들과 같은 젊은 세대들을 위해 친일을 설득한다. 「은세계」는 신연극이라는 아주 새롭고 매력적인 장치를 통해 '춘향가'류의 구파극과 신연극(신파극)을 구분하는 젊은 관객들의 취향과 예술적 감수성에 매우 효과적으로 돌진해 들어간 것이다. 거기에 더해 일본의 연극 검

---

43) 앞의 글, 193-195면 참조
44) 김종철, 은세계의 성립과정연구, 133-134면, 주32)
45) 김윤식, 한국근대소설사연구, 을유문화사, 1986
46) 김종철, 앞의 글, 137면 참조

열정책이 시행되면서 개화기의 연극 방향은 일본의 신파극으로 급속도로 기울어진 상황이었다.[47)]

소설에서는 최병도의 이념적 과제가 고종양위와 정미7조약으로 해결된 것처럼 말하고 있으며 최병도와 옥남의 2대에 결친 시대적 과제에 영웅소설적 해결책을 제시한 것처럼 보인다. 즉 천상계와 연결된 도사의 대체물로서 미국 유학파 옥남이 등장하여 본평부인의 한을 풀어주고 융희 체제가 그간의 봉건적 적폐를 모두 해결했다고 생각하고 국권회복을 하겠다는 의병을 체제 내로 회유하는 것으로 성공했다고 판단했을 것이다.

소설사적으로 볼 때 영웅소설의 이원성을 극복한 것이 판소리의 일원적 세계관이다.[48)] 그런데 「은세계」는 영웅소설의 이원성으로 판소리의 일원성을 극복하려 했다. 판소리 최병두타령이 제기했던 반봉건의 과제를 옥남 남매의 영웅 이야기로 해결하고자 했다. 이러한 역방향의 해결이 「은세계」의 소설사적인 사건이다.[49)] 소설양식사의 새 국면인지 시대착오인지를 분명히 할 필요가 있다.

「은세계」가 쓰여지기 직전 1907년 헤이그밀사사건이 일어나고 이로 인해 고종이 퇴위하고, 8월 1일 군대해산이 되자 의병전쟁은 급격히 그 양상을 달리한다. 해산된 군인들이 의병에 합류하였던 것이다. 1907년 9월에는 국왕의 조칙을 지닌 선유사가 각 도에 파견되었지만 의병전쟁은 1907년 후반기에는 질적

---

47) 김재석, 개화기 연극 신세계의 성격과 의미, 88면 참조

48) 조동일, 소설사의 전개와 신소설, 증보 국문학 연구의 방향과 과제, 새문사, 1985, 302-304면 참조

49) 김종철, 앞의 글, 139면 참조

양적으로 발전하여 서울을 중심으로 하는 일제의 침략 거점이 농촌지역에서의 의병전쟁의 확대로 고립되어 가는 양상을 보였다.[50] 「은세계」가 쓰여지던 당시에 의병전쟁은 최고조에 달해 있었다. '은세계'에서 강원도 의병들이 옥남을 선유사로 인식하고, 옥남은 실제 선유사의 입장에서 의병과 대결한다. 「은세계」는 이인직이 소설의 형식을 빌어 의병을 선유하기 위한 것이라고 해도 과언이 아니다.[51]

옥남의 이러한 행동은 평민상층이 개화를 지행했다가 국권관념만 상실하고 친일로 풍화되어 가는 모습을 극명하게 보여주고 있다. 갑오 이전의 최병두타령 단계에서는 최병도로 대표되는 평민상층과 평민하층의 유대가 가능해서 농민들은 민란으로 지원했는데, 갑오 이후 최병도의 아들 옥남이 민란을 승계한 의병과 대립하는 양상이 되었다. 판소리에 영웅소설을 이은 것이 결국 시대착오였음이 분명해졌다.

이인직은 의병을 두고 '봉두돌빈의 무뢰지배'라 했지만 도도한 연설은 한 옥남만 우습게 되고 의병만 당당하게 묘사되고 있다. 영웅의 일대기를 걸어온 옥남이 최병두타령에서 민란을 주도한 농민으로 구성된 의병에게 잡혀가는 장면이라말로 판소리에 영웅소설을 접목시킨 「은세계」가 소설양식상으로나 그 이념적 지향으로나 시대착오임을 그대로 드러내는 아이러니다.[52]

이인직의 이러한 실패에는 더 중요한 원인이 있다. 그의 창

---

50) 강재언, 반일의병운동의 역사적 전개, 근대조선의 민중운동, 풀빛, 1982, 217면
51) 김종철, 앞의 글, 143면 참조
52) 김종철, 앞의 글, 144면 참조

작에 중요한 영향을 미친 것은 한국의 고전극이 아니라 일본의 초창기 신파극이었다. 이인직은 최소 1896년에서 1904년 러일 전쟁 기간까지 일본 유학을 했는데, 이 기간 중 두 가지 경력이 모두 일본의 연극개량론을 경험하는 일과 관련되어 있다. 그가 공부했던 동경정치학교와, 재학 중이던 1901년 11월 견습사원으로 입사하게 된 미야코신문(都新聞)사는 모두 일본 연극개량론의 자장 안에 존재하였다.[53)]

이인직이 일본 유학을 통해 얻을 수 있었던 소득 중의 하나는 연극개량의 정치적 의미를 간취한 것이다. 귀국 후 이인직이 1906년 6월 자신의 명의로 만세보를 창간하고 이 신문에 신소설로 명명한 「혈의누」와 「귀의성」을 연재하여 일본에서 경험한 바를 실천으로 옮기게 되고 1908년에 마침내 신연극으로 명명한 '은세계'를 공연할 수 있었던 것은 일본의 초창기 신파극의 사상과 정서를 자기의 지향점으로 삼아 버렸기 때문이다. 친일만이 개화기의 현실적 문제를 해결하는 최선의 길이라는 그의 소신이 그를 정치 문화운동의 장으로 이끌었으나, 일본의 한국병탄이 성공하면서 친일적 정치 문화운동의 필요성이 상실되었을 때 연극인으로서의 자기정체성을 이미 상실한 그가 더 이상 연극계에 머물 공간이 사라졌다.[54)]

---

53) 김기란, 신연극 은세계 연구 200면 참조

54) 김재석, 개화기 연극 은세계의 성격과 의미, 85면 참조

5. 「자유종」 이후

이인직의「은세계」가 자본이 주도하는 자본주의라면 지금이 '은세계'인지도 모른다. 그러나 그는 민족 없는 '은세계'를 바랐지만 지금 우리는 엄연한 민족국가에 살고 있다. 이인직은 민족 없는 근대를 위해 친일을 했다. 세계화 시대에도 이인직의 교훈은 유효하다. 또다시 민족 없는 세계화를 할 것인가? 아니면 「자유종」에서 제시한 중체서용의 안목에 서서 세계화에 대응할 것인가?

이해조가 「자유종」에서 그토록 절규하던 근대적 보편교육은 이제 거의 실현되었다. 「자유종」에서 홍국란의 입으로 했던 말 중에 한문을 폐하고 "그제야 국문을 가위 글이라 할 것이니, 이 일을 예산한즉 오십 년 가량이라야 성공하겠소."라고 순우리말을 사용할 수 있다던 그 예언도 거의 정확하게 실현되었다. 「자유종」에서 유교를 개혁하여 서구 사회에 대응하는 문화적 정체성을 유지하려 한 것은, 그로부터 100년이 지난 지금 세계화의 물결 앞에 선 우리들에게 참으로 심오하고 원대한 대안인 것이다. 공자를 비판하고 유교를 억압했던 중국도 이제 와서 서구화에 대응하는 정신적 원천을 유교에서 찾고자 하는 것을 볼 때 이해조의 「자유종」의 울림은 아직도 쩡쩡하다.

동학의 평등사상을 내재화하여 여성의 권익을 신장하고 여성교육을 권장하려는 이해조의 구상은 오늘날 페미니즘에 맞닿아 있다. 국치 이후에도 그는 판소리계 소설을 연이어 발간했다. 그리고 조선의 소리를 집성한 「정선조선가곡」(1914)을 집필했다. 우리의 전통의 바탕에서 새로운 것을 접목하고자 한 그의 절충주의적 태도는 겉으로는 점진적이고 온건한 것처럼 보이지만 그러한 태도에서 생산된 문학적 성과물은 실로 우리의 문학사 속에 면면히 이어 나와 우리 문학과 문화 전반의 큰 바탕이 되었다.

민중적 기초가 없는 상층 엘리트의 급진적 개혁은 친일로 귀결된다는 점이 「은세계」의 정치적 함의라면, 이해조의 「자유종」은 수십 년 수백 년을 바라보는 거시적이고 근본적인 비전을 담고 있다. 「자유종」이 당대에는 비록 실패했지만 100년이 지난 지금까지도 우리에게 울리고 있다. 이해조는 참으로 역사를 길게 보고 거시적인 비전과 높은 안목으로 시대의 문제를 바라보았다.

당대적 정치현실 앞에 서로 맞대결을 펼친 두 거물의 1908년 승부는 그로부터 100년이 지난 이제 막을 내린다. 「자유종」과 '은세계'의 치열한 대결에서 당대에는 「은세계」가 이겨 친일정권이 들어섰으나 결국 민족해방과 국제정세의 거대한 흐름에 따라 일제는 패망하고 「자유종」이 다시 울렸다. 최후의 승자는 「자유종」이다. '은세계'의 주인공 옥남의 고압적인 연설이 희화화되고 「자유종」의 토론자 신설헌의 페미니스트적인 정론이 우리 시대의 「자유종」으로 다시 울린다.

이해조의 문학과 정치의 성패는 고스란히 우리 문학과 정치의 성패와 괘를 같이 한다. 그러므로 그의 문학의 역사와 위상이 곧 우리 문학의 역사와 위상이다. 이해조의 작품에 녹아있는 인물과 생각은 그대로 우리의 100년 전의 우리의 조상의 모습이고 생각이다. 그가 사랑한 민족과 민족의 예술은 그대로 지금 우리가 사랑하는 문학과 예술의 토대가 되고 있다.

이해조의 실패와 성취가 곧 우리 문학의 근거이고 뿌리이다. 「자유종」의 가치가 일제의 동토를 견디고 이겨 나와 우리 문학의 기반이 되었음을 상징적으로 드러내는 사건이 이번 「자유종」 공연이다. 100년의 역사를 관통하여 이해조의 「자유종」이 새롭게 울린다. 이로써 우리 문화와 예술의 새로운 기점이 세워졌다.

이해조의 「자유종」과 「2010자유종」

이인수(한국예술종합학교 극작과 교수)

사실 나는 연출가협회의 동농 이해조 프로젝트에 참여하게 되기 이전에는 이해조의 <자유종>을 잘 알지 못했다. 고등학교 시절 열심히 외웠던 신소설 제목들 중 하나였다는 희미한 기억만이 내가 가진 <자유종>의 경험 전부였다. 그러나 이 프로젝트에 참가 초대를 받고, 이해조의 <자유종>을 발판으로 2010년을 위한 자유종을 쓰기 위해서는 우선 <자유종>의 내용과 형식을 먼저 이해해야 했다. 그래야 그것을 바탕으로 현대적인 내용과 주제를 비추어 볼 수 있을 터였다.

일단 첫 인상은 인물들의 생각과 주장이 나름 시대를 비추어 볼 때 진보적이고 사회비판적이지만 그 또한 시대적인 한계성을 벗어나지 못하는 모순이 2010년을 살고 있는 나에게는 보인다는 것이었다. 이러한 첫 인상을 만들어낸 요소들을 분석하고 이해해서 내 것으로 소화해야 나만의 이야기를 엮어갈수 있기에 분석을 시작했다.

일단 <자유종>은 이매경의 생일날 그녀의 초대를 받은 신설헌, 홍국란, 강금운이 함께 모여 토론을 하는 형식과 내용으로 이루어져 있다. 인물이 있고, 그들이 주고 받는 '대사'를 위주로 이들이 한데 모여 이루어내는 사건이 진행되고 있다는 점에서는 희곡과 비슷한 형식을 지니고 있지만, 누가 무슨 말을 하는지 종종 분명하지가 않고, 인물들이 하는 말이 어떤 목적을 가진 다양한 행동이라기보다는 직접적인 주장과 그에 따른 반론이나 동의 혹은 보충이기에 희곡이라기보다는 가상 토론의 충실한 기록에 가깝게 보였다. 따라서 <자유종>에서 인물을 추출해내기는 힘들었다. 그렇다면 <자유종>이 상상하고 있는 이 여인들의 열띤 토론의 주제들을 파악하여 그 중에 지금 내가 살고 있는 한국 사회와 연결될 수 있는 고리들을 찾아야 했다. 사실, <자유종>에서 다루고 있는 주제는 광범위하다. '국가의식'이라는 화두를 중심으로 여성의 교육, 신분 차별, 종교의 타락 등을 고루 언급하고 있다. 이 모든 것을 다 다룰 수는 없으니, 결국은 나에게 가장 흥미롭게 다가오는 주요 주제들을 중심으로 <자유종>을 읽고 정리하게 되었다.

대략적으로 나에게 강하게 다가오는 주제들은 1) 여성의 자유와 교육의 중요성, 2) 자국정신 함양, 3) 문무관리와 종교의 부패와 타락 (대부분의 문무 관리와 종교 지도자들은 남자이다), 4) 여성 최고의 의무이자 권리로서의 자식 교육의 중요성과 그 국가적 의미 등이었다. 이 주제들은 서로 연관성을 가지면서 전개되는데, 나는 이 주제들이 왜 나의 흥미를 끄는 지 생각해 보았다. 그것은 이 주제들이 2010년을 살고 있는 내가 바라보는 대한민국 사회와 그 안에서 살고 있는 여성들의 삶 - 나의 삶과 묘하게 겹쳐지기 때문이었다. 그 오래 전 이해조가 여성 인물들의 목소리를 빌려 말했던 대한민국의 영광스런 독립을 가로막고 있는 사회의 폐단들이 세월이 흐른 오늘날까지도 여전히 해결되지 않고 반복되고 있다는 것이었다. 나는 다음과 같이 내 생각을 정리해 보았다.

세월이 변해서 대한민국은 명실 공히 독립국가로서 '눈부신' 경제발전을 이루었고, 나름 세계에서 어느 정도 명함을 내놓을 수 있을 만큼의 나라로 성장했다. 또한 여성의 교육에 대한 인식은 옛날과 비교하여 큰 변화를 겪었고, 남자와 차별 없이 교육을 받을 수 있게 되었으며, 사회에서도 중요한 이곳저곳에서 여성들이 활동을 하고 있다. 그러나 사회 역사적 맥락이 다른 이 네 여성의 '학리적인' 토론을 오늘날 나의 삶 속에 연결시키고 있는 것은 우리가 여전히 선진 강대국에 대한 열등감에 시달리고 있다는 것, 그래서 우리의 것에 대한 자만심과 수치심 사이에서 오락가락하고 있다는 것이다. 그러나 더 중요한 것은 여전히 많은 여자들이 교육수준의 변화에도 불구하고 "유의유식으로 남자만 의뢰하여 먹고 입으려"하고 있다는 것, 삶의 이유와 가치를 자식 교육에서 찾으려 한다는 것이다. 많은 사회적인 변화와 시간의 흐름 속에서도 이러한 점들이 아직 남아있는 것은 왜일까? 우리 사회의 어떠한 구조적인 문제가 여성들의 삶과 주체성에 가장 큰 변화를 가져 올 수 있는 바로 이 점을 더욱 교묘히 고착화 시키고 있는 것일까? 답은 찾지 못하더라도 질문은 한 번 던져보고 싶다.

이러한 주제의식과 더불어 나의 흥미를 끈 요소 한 가지는 토론의 마지막이 서로의 꿈에 대해 이야기하는 것으로 끝난다는 점이었다. 물론 그 꿈의 내용 역시 절절한 조국에 대한 사랑에서 기인한 것들이긴 하지만, 딱딱한 토론의 마무리치고 약간의 반전이라는 생각이 들었다. 그리고 생각하게 되었다. 그렇다면 2010년을 살고 있는 대한민국 여성들의 꿈은 무엇일까? 또한, 꿈 이야기를 나누는 것조차 조국의 번영이 주제가 되는 이해조의 여인들을 보고 있자니, 이 긴 토론 가운데, 한 번도 이 여인들의 개인적인 목소리는 들을 수가 없었다는 생각이 들었다. 자식은 있는지, 사랑은 해 보았는지, 조국의 자주독립 말고 개인적으로 내밀하게 꾸고 있는 꿈은 무엇인지... 어쩌면 그녀들이 나누고 있는 대화는 지극히 표면적인 이야기일 뿐일지도 모르는 것이다. 그렇다면 내가 2010년의 인물로 창조할 여인들로 하여금 표면적인 대화의 표피를 걷어내고 그 속내를 보이게 할 수 있는 방법은 무엇일까?

이러한 질문들을 가지고, 이해조의 <자유종>에서와 같이 네 명의 여성이 등장하고, 그들을 한 자리에 모을만한 사건과 인물 관계를 생각하고, 앞에서 발견한 주제의식을 드러낼 수 있는 공간을 생각하다 보니, 한 남자를 가운데 두고 각기 다른 관계로 얽힌 네 명의 여인들이 애국주의와 사대주의 그리고 개인의 이기심이 교묘하게 뒤엉켜있는 전시장과 같은 미술관에서 만나게 되는 그림이 나의 상상 속에 떠오른 것이다. 그리고 제 정신으로는 절대 속내를 이야기하지 않을 이 여인들의 입을 열게 하기 위해 다소 엉뚱하지만 게임을 하게 해 보았다. 그리고, 마지막으로는 마음 속에 품고 있는 꿈들을 이야기하도록 극을 끌어가 보고자 했다.

<2010 자유종>을 쓰는 과정은 처음에는 다소 버거운 도전처럼 느껴졌지만 무척 흥미롭고 재미있기도 했다. <2010 자유종>의 네 명의 여인들은 이해조의 여인들과는 어쩌면 아무 상관없는 인물들이다. 그럼에도 불구하고, 긴 시간과 변화를 뛰어넘어 그들이 연관성을 가질 수밖에 없는 것은, 이 여인들이 살고 있는 공간이 바로 대한민국 이 땅이고, 끊어지지 않는 같은 역사의 흐름 속에 존재하고 있기 때문일 것이다. 어쩌면 <2010 자유종>은 이해조의 <자유종>에 대한 다소 우울한 대답인 것도 같다. 100년이나 지난 지금, 여자들의 삶은 그 양상은 달라졌을지 모르지만, 비슷한 권력구조가 지속되고 있으며 그 안에서 핵심은 크게 달라지지 않았다는 그림을 보여주고 있으니 말이다. 그러나 희망을 갖자. 그래도 이만큼 왔으니, 앞으로도 계속 노력할 수 있지 않은가.

「자유종」 연극 공연의 의미
-<연출노트>를 중심으로

박정희(극단풍경 대표, 연출가)

1. 대본을 받았다.

어느 작가에게 각색을 맡긴다. 시놉과 각색 내용을 검토한다. 각색의 배경은 1920년대이며 내용은 사실주의를 바탕으로 고부간의 갈등으로 축소되었고 대사 역시 일상어이다. 1910년과 1920년대의 차이. 을사늑약이 일어나고 외세가 들어오면서 우리나라의 정치적 상황은 아주 복잡한 상황에 놓여 그때의 정치가들은 모든 일을 살얼음 딛듯 결정하고 추진했으리라. 현대에 와서도 그건 별반 다르지 않을 거라는 생각을 해본다. 하여튼 각색을 보니 작품의 스케일이 축소된 느낌을 지울 수 없다. 해서 원본 그대로 공연할 것을 결정한다.

첫인상 : 앉은뱅이들의 토론. 혹은 양반집 여자들의 백분 토론.

2. 사전을 찾아가며 내용을 파악한다.

'양반집 아낙들이 기득권에 대한 비판과 가치 전복에 대한 꿈.' 이 정도의 문장으로 전체 얘기를 추출한다. 흥미로운 점은 현대극에선 사회의 전반적인 비판이 소외 계층의 희생되는 삶을 그려냄으로써 구현, 메시지를 던지고 있는데 이해조의 작품에선 기득권 계층이 발언한다는 것이다. 흥미롭기도 하지만 고정 관념을 벗어나 낯설기도 한 지점이다. 그런데 왜 하필이면 양반집 아낙들일까?

3. 대본은 국한문으로 표기되어 있다.

고어(古語)와 한자어를 알아듣기 쉽도록 고친다. 주의 할 건 너무 현대적이지 말아야 하며 어느 정도 시(詩)적이고 고풍이 배어 나와야 한다는 것, 또 운율을 신경 써야 할 점이다. 배우들은 이 대사들을 어떻게 발화해야 할까? 일상어도 아니고 그렇다고 사설조도 아닌 이 대사들을? 잠시 소리내어 읽어본다. 문장의 방점, 단락의 방점을 전달하기가 어렵다. 배우들과 분석을 세세히 해야겠다.

4. 첫 연습. 배우들과 작품의 의미에 대해서 이야기 한다.

등장인물들은 모두 성토하듯 토로하지만 결국은 아이러니 하게도 꿈 이야기로 마감한다. 꿈의 의미는 무엇일까? 패배주의? 아니면, 꼭 이루어져야 하는 소망?

배우들은 '꿈'의 의미를 통해 인물들의 행동축을 구축하고자 한다. 작품에 나오는 아낙들처럼 토론하다. '꿈'은 어느 정도 패배주의(행동하지 않으니까) 색채를 갖고 있으나 인물들에게 있어선 진실로 이루어지길 바라는 소망으로 해석하기로 했다.

배우들에게 작품이 가지고 있는 시의성에 대하여 얘기한다.

작품에 나타난 사회문제들은 사대주의, 신분계급의 차별, 남녀 차별의 문제, 적서 차별, 지역 차별의 문제들이다. 이러한 문제들은 지금도 척결되어지지 않았다. 도리어 모든 문제가 지능적으로 심화되고 묘한 수법으로 감추어져 있을 뿐이다. 현대에선 가난과 부, 상류층과 하층계급은 이미 세습되고 있고 지역 차별은 그 나눠지는 기준이 세분시 되어 서울 안에서조차 지역들이 차별되어 있다.

현대의 사회상을 그리기 위해 동시대 청년들, pc방을 작품에 끌어들이며 영상을 사용하기로 한다고 전달한다. 영상은 작품에 나와 있는 문제들과 연결된 사회의 모습을 자료로 사용하기로 결정했다. 그 이유는 컨셉을 '역사의 데자뷰'라고 결정했기 때문이라고 배우들에게 전달한다.

5. 윤진현 선생이 오셔서 여러 좋은 설명 해주셨다.

1920년대와 다른 1910년의 차별성이 설명되었고 무엇보다 작가 이 해조 선생이 설명을 통해 구체적으로 그려졌다. 이해조 선생은 작품을 통해 전달하려는 메시지는 '나라를 잃은 상실감보다는 나라를 다시 찾을 수 있다는 희망'이었으며 1900년대에 일어난 정치적/외교적 사건과 함께 그것에 대응하는 양반(지식인)의 상태는 이해조 선생과 같았다고 얘기한다. 박지원의 호질, 홍길동전, 춘향전등 위선과 기만으로 점철된 계급을 양반으로만 알던 고정관념이 깨지는 순간이었다.

윤진현 선생은 양반집 여자들은 마이너리티로서, 망국민으로서 여성만을 의미하는 것이 아니라 지식인이며 망국민을 극복하고 역사와 사회의 주체로서 거듭나려는 인식 투쟁을 하고 있는 사람들이라고 설명했다. 그리고 이것이 이해조 문학의 핵심이라고 설명했다. 이 핵심이 백 년이 지난 2010년에 이해조 문학을 재조명하는 의미라 할 수 있겠다. 그렇다면 나는 이 시대 어디에 희망이 있다고 보는 걸까? 희망으로? 혹은 절망으로?

6. 배우들과 머리에 떠오르는 인물들을 이야기 한다.

배우들이 너무 '양반'이라는 틀에 갇히지 않았으면 한다. 그렇게 되면 공연은 모노톤이 되어 버리기 때문이다. 양반 역시 심장도 뛰고 화장실도 가는, 살아있는 사람이 아닌가. 양반집 여자, 그러니까 지식인 여자들의 희로애락, 더 나아가선 인테리겐차의 허점까지 구현되면 「자유종」은 영상과 함께 더불어 이 시대에 의미 생산을 할 수 있을 것이다.

동농포럼 발표 논문

1. 〈화의혈〉 : 국권침탈의 고뇌

   홍을표(동농 이해조선생 기념사업회 회장)

2. 꽃과 불의 해석(解釋)적 별기 : 〈화세계〉에 빗대어

   안익수(시인)

3. 이해조와 판소리문학 : 〈옥중화〉를 중심으로

   이병찬(대진대학교 국문학과 교수)

4. 이해조와 여성해방론

   김자현(소설가)

5. 동농 이해조 관련 연구의 서지학적 고찰

   이만수(대진대학교 문헌정보학과 교수)

〈화의혈〉 : 국권침탈의 고뇌*

홍을표(동농 이해조선생 기념사업회 회장)

1. 〈화의혈〉의 발간 의의

1. 이해조의 소설 <화의혈>은 애국계몽기의 작품(빈상설, 구마검, 자유종 등)과는 달리 합방 후인 1911년 매일신보에 66회에 걸쳐 연재된 작품으로 전반적으로 수준이 낮아진 1910년대 초의 신소설 속에서 단연 돋보이는 작품이다.

2. 소설 서문에 빙공착영(憑空捉影)의 소설관을 나타내고 있다.

3. 국권 상실이 가져온 이해조의 문학적 변모를 가늠하는 중요한 작품이다.

4. 특히 동학농민운동 이후의 사회 정치적 상황이 사실적으로 나타나 있어 역사적으로도 매우 중요한 작품이다.

5. 이 작품은 탐관오리(이시찰)에 대항하는 상이한 운명의 두 자매(선초, 모란)의 비극과 복수를 그린 소설로, 근대 여명기의 전통과 개화의 풍속화가 잘 나타나 있다.

---

* 제1회 동농포럼 발표 논문(2009. 2. 25)

2. 등장인물

이도사(이시찰) : 도사(都事)는 의금부의 한 벼슬로 6품이다. 겉으로는 도학자인체 하지만 속으로는 음흉하면서도 희극적인 위선자로 탁월하게 형상되어 있다. 그는 충청도 목천의 아주 빈한한 몰락 양반의 아들로 태어나 어려서 어버이를 잃고 자라나 일찍이 출세주의에 눈뜬다. 동학농민군의 봉기를 출세의 호기로 포착하여 삼남시찰사라는 막강한 직책을 손에 넣은 후 삼남지방을 휩쓸며 치부하였다.

선초 : 최호방이 장성 고을 퇴기 춘홍을 첩으로 얻어 나은 딸. 철모를 때에는 기생놀이에 재미를 붙이다가 신분의 질곡에 눈을 뜨고 신분해방을 염원하는 춘향을 동경한다. 동학당으로 몰린 아버지를 구하기 위해 "노류장화로 여기지 않고 백년해로 하겠다"는 약조서를 받고 이시찰에게 몸을 허락하지만 이시찰이 하룻밤 동침하고 도망가서 편지와 함께 종이돈 10원을 보내자 편지는 찢어버리고 돈을 돌려준 뒤 결국 자살하고 만다.

모란 : 선초의 동생으로 죽은 선초의 뒤를 이어 장성 명기로 이름을 날리다가 기생을 구하러 내려온 박별감을 따라 상경하여 약방 기생으로 행세하다가 고관들의 연회에서 이시찰을 만나 선초의 혼이 자신에게 빙의한 듯 꾸며 이시찰의 죄상을 폭로하여 그를 결정적으로 몰락시킨다.

3. 작품의 줄거리

1. 이시찰(이도사)이라는 인물이 전라도 장성 명기 선초의 명성을 듣고 그녀를 탐하기 위해 갖은 지략을 짜서 조정 중신들을 설득하여 삼남 시찰이라는 벼슬을 얻는다.

2. 이시찰이라는 인물은 동학당을 잡는다는 핑계로 백성들을 괴롭히는데, 과거 자신을 도와준 은인의 자식도 동학당에 연루되었다는 죄목으로 처단하는 몰인정하고 냉혹한 인물이다.

3. 이시찰이 선초를 만나 합방하려 하자 그녀는 핑계를 대고 나타나지 않는다. 그러자 이시찰은 선초의 아버지 최호방을 동학당에 연루되었다는 혐의를 씌워 잡아들인다.

4. 선초가 아버지 최호방을 석방하는 조건으로 이시찰의 합방 요구에 응하지만 이후 그가 정실부인의 약조를 지키지 않자 자결한다.

5. 이후 이시찰은 탐학죄로 옥살이 3년 후 출옥하여 회개하는 듯 위장하나 본심을 속이지 못한다. 전형적인 출세주의자인 그는 일본의 세력이 승하게 되고 개화의 바람이 대세이니 개화에 대한 무비판적이고 무의식적인 수용 자세를 취한다.

6. 정부 관리나 외국 영사 등의 집회에 나가 출세의 기회를 엿보고 있던 중 우연히 선초의 동생 모란을 만난다.

7. 모란은 언니 선초의 복수를 위해 의도적으로 그에게 접근하여 빙의를 가장하여 청중에게 이시찰의 과거 악행을 폭로한다. 이후 이시찰은 귀신에 시달리어 파멸한다.

4. 〈화의혈〉의 사실성 : 〈춘향전〉과의 대비

1. 이재인은 <한국의 소설 사상사>에서 <춘향전>과 <화의혈>을 대비하고 있다. <화의혈>은 <춘향전>을 패러디하고 있는 듯하다. <춘향전>에서 양반으로 나오는 변학도와 이몽룡은 <화의혈>에서는 이시찰이라는 한층 타락한 인물로 통합되어 나타난다.

2. <춘향전> 신드롬인지 선초가 합방의 조건으로 제시한 정실부인의 약속이행도 <춘향전>의 해피앤딩과는 달리 파기되고 선초의 자결이라는 비극을 맞는다. 서문의 빙공착영이라는 소설관에 의하면 <춘향전>의 해피앤딩은 당시 현실 속에서는 도저히 이루어질 수 없는 환상이지 현실은 아니다. 당시 현실은 관청 기생들의 생활상은 훨씬 비인간적이고 관리들의 타락도 훨씬 심각한 것이다. 이해조의 말대로 현실에 '방불한' 사건들을 현실과 '방불하게' 소설로 그려내고 있다.

3. 이해조는 「자유종」에서 등장인물의 입을 빌어 <춘향전>을 음탕교과서로 매도한 바 있는데, <화의혈>에서는 <춘향전>의 모티브와 구조를 차용했으나 주제의식은 <춘향전>의 해체를 통한 재구성 그리고 완전한 전복을 추구했다.

이 점은 작중인물 이시찰의 암행어사적 면모에서 잘 드러난다. 암행어사는 우리 소설과 설화 속에서 민중의 구원자였다. 그러나 실제 암행어사는 오히려 민폐를 일으키는 경우가 적지 않았다. 말하자면 소설과 설화 속의 암행어사는 민중의 꿈이었다. 이해조는 이시찰을 통해 암행어사를 휩싸고 있는 이상적인 분위기를 깨고 암행어사를 희화화함으로써 사실주의의 발전에 한 발작 이바지하였다.

그러나, 모란의 복수담은 설득력이 부족하다. 이는 실제로 이시찰과 같은 인물이 그 후 어찌 되었는가에서 알 수 있다. 동학당을 압살한 후 정부는 1895년 대사령을 내려 안핵사 이용태는 물론이고 고부군수 조병갑까지 석방하였다. 이용태는 그 후 내부대신에까지 올랐으니 모란의 복수담은 구소설의 권선징악의 잔재로서 퇴행적이다. 이것은 봉건체제의 모순을 통찰하고 있으면서도 결국 농민군 속에서 이 땅에 출현한 새로운 힘을 보아내지 못한 계몽주의자 이해조의 기본적인 한계일 것이다.

5. 〈화의혈〉에 나타난 이해조의 소설관

이해조의 소설관은 신소설 <화의혈>의 '서언'과 '후기'에 나타나 있다. <화의혈>은 작가의 소설론을 밝힌 때문에 널리 알려진 작품이다. 근대 문학 초창기 소설론으로서 뛰어난 역사상 의의가 있는 이 글을 읽어보자.

'서언': 화의 혈이라 하는 소설을 새로 저술할 새 허언낭설은 한 구절도 기록치 아니하고 정녕히 있는 일동일정을 일호 차착 없이 편집하노니 기자의 재조가 민첩치 못하므로 문장의 광채는 황홀치 못할지언정 사실은 적확하야 눈으로 그 사람을 보고 귀로 그 사람을 듣는 듯하야 선악간 족히 밝은 거울이 될 만할까 하노라

'후기': 가자 왈 소설이라 하는 것은 매양 빙공착영(憑空捉影)으로 인정에 맞도록 편집하야 풍속을 교정하고 사회를 경성하는 것이 제일 목적인 중 그와 방불한 사람과 방불한 사실이 있고 보면 애독하시는 열위 부인 신사의 진진한 재미가 일층 생길 것이오 그 사람이 회개하고 그 사실을 경계하는 좋은 영향도 없지 아니할지라 고로 본 기자는 이 소설을 기록하매 스스로 그 재미와 영향이 있음을 바라고 바라노라.

이해조가 후기에서 말한 '빙공착영(憑空捉影)'은 '사실이 아닌 것에 의지하여 그림자를 포착한다'는 뜻이니, 이해조는 소설의 허구(fiction)의 개념을 이해하고 있었다고 볼 것이다. 또한 이해조는 서언에서 자신의 소설은 "허언낭설은 한 구절도 기록치 아니하고 정녕히 있는 일동일정을 일호 차착없이 편집하"여 "사실은 정확하야 눈으로 그 사람을 보고 귀로 그 사람을 듣는 듯하"다고 하였다.

후기에서도 자신의 소설에는 '그와 방불한 사람과 방불한 사실이 있다'고 하였다. 이는 소설은 현실을 객관적으로 그리는 것이라 본 것으로, '사실주의'를 말하는 것이다.

이해조의 소설은 그만큼 그 시대의 현실에 충실하였다. 실제로 이해조의 소설을 읽어나가면 당시의 신문. 잡지나 편년체 역

사기록 예컨대 <매천야록> <대한계년사> <속음청사> 등에 나타나는 구체적인 사건들과 아주 비슷하게 일치하는 삽화들을 발견하고 놀라게 된다. 시대의식에 철저한 이해조 소설은 풍부한 현실성을 지니고 있다. 이해조가 이야기를 꾸며내기보다 시대의 '밝은 거울'이 되기를 더욱 의식하였다는 뚜렷한 증거가 아닐 수 없다.

소설을 "인정에 맞도록 편집한"다 함은 소설이 비록 허구이지만 '있음직 하게 그럴듯하게' 편집한다는 것이니 소설의 허구성과 사실성의 변증법적 지양을 뜻한다고 볼 것이다. 이렇게 하여 비로소 소설의 재미도 일어나는 것이다.

이해조는 서언에서 소설이 "선악간 족히 밝은 거울이 될 만할까 하노라"하였고 후기에서도 "그 사람이 회개하고 그 사실을 경계하는 좋은 영향도 없지 아니할지라"하고 말하였다. 아울러 소설의 제 1목적이 "풍속을 교정하고 사회를 경성하는 것"이라 하였는데, 이해조는 사실주의가 얼마나 큰 힘을 갖고 있는가를 이해하고 있음을 알 수 있다.

이해조는 소설이 대중 속에 광범한 전파력과 감화력을 지니고 있다고 생각하여 많은 신소설을 창작하였는데, 그러면 이해조는 자기 소설이 어떤 '좋은 영향이 있음을 바라고 바'란 것일까.

6. 〈화의혈〉에 나타난 이해조의 동학관

이 소설에서 동학농민군은 부정적으로 그려지고 있다. 이것은 급진적 개혁에 반대하고 점진적 개혁을 통한 국민주권을 꿈꾸던 작가 이해조로선 당연한 일이다. 뿐만 아니라 동학 인물에 대한 부정적인 형상은 신소설이나 1910-20년대 소설의 일반적인 경향이었다. 19세기 말 격화된 안팎의 모순을 해결하는 데 가장 진보적인 요구를 대변했던 농민군은, 식민세력과, 그 세력과 결탁하여 구체제의 붕괴를 막으려 했던 봉건세력, 그리고 그 세력과의 일정한 타협 위에서 나라의 점진적 개혁을 추구했던 개화세력 모두에 반대했다. 그런데 우리 근대 작가들은 대부분 농민군을 말살했던 세력 속에서 배출되었으니, 당시 소설 속에서 농민군에 대한 부정적 형상화로 귀결되었던 것이다.

그럼에도, 최원식은 이 작품을 두고 "식민지로 전락을 결정지은 갑오년의 역사적 의미를 진지하게 반성한 뛰어난 작품"이라고 평가했다. 이해조는 농민전쟁을 반대하였지만 당시의 봉건적 집권세력이 이 내란을 올바로 수습. 해결하지 못함으로써 끝내 망국으로 치달았음을 깨닫고 있었기 때문이다. 다음 세 가지 점에서 최원식의 주장이 설득력을 가질 수 있다.

1. 당시 조정의 최대 골칫거리는 조정의 주요 재정 수입원인 삼남 곡창의 민심의 향방에 있었고, 이러한 백성의 요구를 어떻게 통제하고 체제 내에 수용할 것인가에 있었다. 이시찰이 출세

하게 된 배경도 바로 동학 잔당으로 상징되는 민중들의 소요를 다루는 방식의 근대성 문제였다.

2. 이시찰이 위장된 근대성으로 조정 대신의 구미를 당기고 현혹시켜 삼남 시찰 벼슬은 얻 기는 했으나 불행하게도 '동학당과의 간련(干連)되는 사람은 무조건 잡아 죽이는 전근대적인 방법을 사용하여 '열에 아홉이나 여덟은 애매히 참혹한 지경을 당하니' 이해조는 이 작품을 통해 조정의 대응책이 잘못되었음을 지적한 것이다.

3. 이 작품에 간간히 드러나는 동학에 대한 부정적인 표현으로 보아 입헌주의자인 작가가 다른 개화파와 마찬가지로 민중혁명적 방식에 대해서는 수용적인 자세가 아니었을 것으로 추측할 수 있다. 그러나 작품의 대립구도가 가해자인 이시찰과 피해자인 두 자매로 짜여있는 것으로 보아 동학에 대한 객관적인 태도와 관용적인 자세가 보인다. 이는 당시 동학에 대한 조정의 입장과는 확연히 다름을 알 수 있다.

7. 〈화의혈〉 이후의 복고성

이해조는 이때까지 이인직이 도입한 일본식 제목을 한번도 붙인 적이 없는데, <화의혈>에서 처음으로 일본식 표제를 붙였다. 1912년 이해조는 일련의 개작 판소리 소설에도 <연의각>(1912), <토의간>(1912)으로 일본식 제목을 달고 있다.

이 작품은 총 7회의 회장체를 쓰면서 정통 회장체로 복귀하고 있다. 아울러 이 작품은 <춘향전>의 구조를 밑에 깔고 있다. 이해조는 이미 1908년에 흥부가의 구조를 밑바탕으로 한 <구마검>을 쓴 적이 있다. <구마검>은 놀부가 박씨에 미쳐서 파멸하는 것처럼 함진해가 미신에 빠져 파멸하는 과정을 그리고 있다. 이는 1912년 이후 이해조가 판소리를 소설로 개작, 채록하는 것과 깊은 관련이 있는 듯하다.

이해조는 한일합방 이후에도 끊임없이 작품을 발표했으나 이전의 문제의식을 심화·발전시키지 못하고 통속화된 퇴영적 작품을 양산하는 데 그쳤다. 조중환 신파 번안소설인 <장한몽>이 공전의 성가를 누리게 되는 1913년경에 이르자 이해조는 더 이상 작품을 쓰지 못하게 된다. 한일합방이라는 엄청난 역사의 질곡을 헤쳐나가기엔 그 짐이 너무 무거웠던 것이다.

꽃과 불의 해석(解釋)적 별기*

- <화세계>에 빗대어

안익수(시인)

1. 들어가며

<화세계>는 1910년 10월 12일부터 1911년 1월 17일까지 73회에 걸쳐「매일신보」에 연재되었던 이해조의 신소설이다. 1911년 10월 20일 동양서원에서 단행본으로 발간되었다.

이 작품은「매일신보」에 연재한 첫 번째 작품으로 이해조의 작가적 변모를 보여주는 경향으로 주목된다.

경상도 의성군에 있는 이방 김흥일은 슬하에 자식이 없다가 늦은 나이에 딸 수정을 얻게 된다. 수정의 나이 열 살이 넘어서자 통혼을 하려 하였으나 김이방은 마땅한 자리를 찾지 못한다. 이때 대구 진위대의 구참령이 수정의 미모와 재주가 뛰어나다는 소문을 듣고 수정을 얻기 위해 김이방을 잡아들인다. 결국 김이방은 구참령의 협박을 이기지 못하고 혼인을 약속한다. 하

* 제2회 동농포럼 발표 논문(2009. 4. 24)

지만 군대가 해산되자 구참령은 서울로 올라가버리고 소식을 알 수 없게 된다. 김이방 부부는 수정의 나이 22세가 되자 다른 곳으로 시집을 보내려 몰래 청혼을 한다. 그런데 수정이 이 사실을 알고 집을 도망쳐 나와 자살하기 위해 물에 뛰어들지만 지나가던 붓장수의 도움으로 살아난다. 그 후에도 수정은 여승 수월암과 붓장수의 도움을 받아 몇 차례의 위기를 모면한다. 마침내 수정은 삭발하고 승방에 머물면서 세월을 보내다가 수월암에게 자신의 패물을 맡겨두고 서울로 구참령을 찾아 떠난다. 청량리 승방에 머물면서 구참령을 찾던 수정은 다른 승려들의 오해를 받아 절에서 쫓겨난다. 그런데 길에서 붓장수를 우연히 만나 그가 구참령이라는 사실을 알게 된다. 그들은 부부가 되기로 하고 구참령이 수정을 대신하여 해인사 여승 수월암에게 맡겨둔 패물을 찾으러 간다. 가던 중 건달 김주사에게 신표인 모감주를 빼앗기고 얻어맞아 사경에 이른다. 구참령이 돌아오지 않자 수정은 구참령을 찾아 나선다. 김산읍에서 주인여자의 패물을 구경하다가 그것이 자신의 것임을 알게 되어 출처를 쫓게 된다. 한편 구참령은 김주사에게 얻어맞고 쓰러져 있다가 화적패로 오해를 받아 감옥에 끌려가게 된다. 그곳에서 자신의 억울함을 호소하던 중 외조카를 만나게 된다.

결국 수정과 구참령은 패물을 훔쳐간 김주사를 잡아 경찰서에 넘기고 북송현에 집을 장만하여 화목하게 살게 된다.

1. 꽃과 불의 보편적 그물망

꽃의 미학은 내면의 중심에서 발화·잉태되는 생명의 율동이며 창조의 근원이다.

꽃을 예술성으로 풀어낼 때 노래함과 비유됨의 그 중심에는 깊은 생명의 샘의 발원지가 된다. 나아가 인간문화와 합력하는 힘의 동력이 되는 것이다.

그 예술의 힘은 사람의 아침이며 꽃은 햇살을 먹고 살아가는 생명이자 인간의 살이 된다. 이러한 연상으로 이해조의 소설에서 차용한 꽃의 상징화의 최고의 가치는 사회적 통념에 대한 합의적 발로이자 인간의 성찰이며 꽃(자연)과의 화해의 소통이다. 그 이야기의 캡슐을 벗겨 시간의 흔적을 엿듣고자 하는 것이다. 소설적 꽃의 사회 작용을 환기해 볼 필요성을 제기한다. 그러므로 시대적 상황의 불씨를 찾아 지금의 시간에 점화한다. 한편 권력의 떡은 왜 기름지고 부정부패의 물은 썩었으며 소외된 시민의 얼굴에는 버짐이 피는가도 언급해야 할 부담이기도 하다. 그것은 문학이 역사의 화석이거나, 신화의 꽃과 불이며 시대적 진화이기 때문이다. 그러므로 소설은 소설을 낳고, 그 소설은 다시 인간문화가 된다.

또한 소설은 역사의 축적과 인간 문화의 보고가 된다. 그것은 인간의 이름으로 영원히 새겨지기에 그렇다. 나아가 이것이 꽃과 불의 상상(想像)적 사유와 닿게 되는 것이다.

2. 꽃의 의미론적 차용의 범위

모든 시대를 통해 사회생활의 여러 과정이란 모두 긴 역사를 지니고 그들은 제가끔 인간의 공동가치를 확인하는 사회계약을 규정하여 실현해 간다. 그러한 전통은 항상 소멸 생성되어 왔다.

이해조가 소설에서 키운 꽃가지에는 반드시 인간의 이상을 투영하여 인간적 안목과 목적으로 작용한다. 시대가 요구하는 사회 소설은 그러한 필연적 역사관과 삶의 실천이며 불 지핀 부지깽이가 되는 것이다.

꽃의 자발적 욕망은 항시 태 안에서 잉태되어 어떤 질서를 깨고야 만다. 그것은 창조의 원리에 닿아 있으며 뿌리의 근본을 붙잡고 있다. 그러나 그 원리를 허물어 또 다른 둥지를 짓는 것이 비로소 꽃의 아우라다. 꽃의 속성은 가슴에서 피어나며 머리로 꺾이는 것이다. 인류의 삶과 역사도 늘 꽃과 함께 공존해 왔다. 고금을 막론하고 문학은 항시 꽃의 언어와 시간의 공간성을 함께 쌓는다. 역사는 한 번도 꽃이 여성이라는 것에 대하여 변명하거나 반기한 적이 없기에 그렇다.

이럴 때, 꽃의 현실과 이상은 불명료하거나 혹은 단조로운 존재의 신비가 아니라, 사람들에게 감명을 주고 존재의 심층에서 우러나는 새로운 울림과 화합하면서 깊고 부드러운 정조(情調)를 환기시키는 질서를 준다. 말하자면 사유와 영혼의 정조가 우리의 마음속에 다가오도록 하는 무언의 힘이 작가의 의표와 만나서 메타픽션적 세계를 해석하고자 하는 반향(反響)의 계기를 마련하는 것이다.

3. 꽃의 아우라에 대한 카테고리(Kategorie)

꽃(여성)의 내면에서 가장 먼저 분출하는 것은 물이다. 그 반면에 불(남성)은 에너지다. 이것이 상상의 최초 응결작용이자 이성분해 심리다. 이때 서로의 이성이 관계되어 꽃의 아우라는 점화되거나 이성의 가슴에 화살이 된다. 혹은 꽃과 벌이 자연의 이치에 작용함과 같다. 이때 문학(소설)은 그 이치에 대한 끝없는 도전의 형상이다.

'그들에게 생명을 불어 넣는 것은 따뜻한 봄바람이다. 풀밭에 속잎 나고, 가지에 싹이 트고, 꽃피고 새우는 봄날의 천지는 얼마나 기쁘고 얼마나 아름다우냐! 인생의 따뜻한 봄바람을 불어 보내는 것은 청춘의 끓는 피다. 청춘의 피가 뜨거운 지라 인간의 동산에는 사랑의 풀이 돋고, 이상의 꽃이 피고, 희망의 놀이 뜨고, 연락의 새가 운다.

사랑의(꽃과 불) 풀이 없으면 인간은 사막이다. 오아시스도 없는 사막이다. 보이는 끝까지 찾아 나서도, 목숨이 있는데 까지 방황하여도, 보이는 것은 거친 모래 뿐 일 것이다. 이상의 꽃이 없으면 쓸쓸한 인간에 남는 것은 향락과 부패뿐이다. 온갖 과실이 어디에 있으랴. 그야 청춘의 이상이야 말로 무한한 가치의 열매인 것이다.'

-우보, 민태원의 <청춘예찬>중에서

이 말은 곧 이해조의 소설에서 진화된 청춘예찬의 먼 안목이었을 것이며 이 시대의 청춘미학에 사과나무가 된 것이다. 이해조가 추구한 꽃의 미학의 궤도인 것이다. 나아가 꽃과 불의 예찬이자 꽃의 보편적 분석에 쉼표가 된 것이다. 꽃의 미묘한 교향악이며 살 속에 피가 흐르는 열락의 소리였을 것이다. 그러기에 대부분의 사람들은 운명의 여신(꽃)과 도박을 하여 그 승패를 자기 것으로 챙기거나 혹은 잃는다. 이해조의 소설은 이러한 꽃과 불의 갈등구조를 결코 놓치지 않았다. 그러므로 꽃의 아우라- 여기에 인간에 지혜를 주는 영감의 근원이 숨어 있음을 찾게 된다. 분명 생명과 존재의 근원이 그 안에 있는 것이다. 그래서 세상은 꽃과 불의 탄소동화작용이며 비겁한 변명이 충돌하는 투쟁의 역사다. 지금까지 꽃에 대한 최고의 진리는 설파되지 않았으나 꽃은 결코 불에 정복되지 않는다. 꽃은 아직도 정복을 기다린다. 꽃은 불을 먹고 물을 만든다. 물은 곧 생명의 근원이 아닌가.

언제나 소설의 감상은 현대사적 조망에서 달아나지 않는다. 모든 낚시는 살아있는 고기만을 낚기에 그렇다. 그러므로 소설 속의 인물이 '여성이 꽃이면 남성은 불이다.' 라는 사실관계를 추리한다.

4. 꽃과 불의 파생적 사회 작용 관계

역사의 꽃은 불을 섬겨 왔으며 불로 밥을 지어 살아왔다. 그러므로 꽃과 불의 역사가 바로 인간의 역사다.

이해조의 작품 「화세계」에서 주인공 수정과 구참령에 대한 종교적 대우는 신앙과 삶의 방편을 도구처럼 급속한 시간적 차원에서 인위적으로 제작됨을 엿본다. 그것은 비록 유한한 시간적 차원에서 신앙이 현실로 가시화 될지라도 인격의 자유와 자율에 의하여 창조됨을 염두에 둔다. 그래서 인간의 상황적 근원과 본질에 관한 근본적 탐구를 위해선 신앙을 탐색하는 일이 필연적일 수밖에 없다. 이해조의 작품에서 주인공 수정[우바이]과 구참령[우바새]에게 불교의 신앙적 입장을 설정해 놓고 상황과 구원을 불교의 경을 수혈시켜 윤회의 연꽃을 피워 내고자 작심한 것이다. 소설의 시대적 배경과 구성은 사회적 모럴일 수 있으며 소설적 삶의 안식처가 되기에 그렇다.

소설에서 신앙은 사회생활에 거대한 작용을 발휘한다. 신앙이 삶에 끼치는 영향이 대단하기에 그렇다. 이러한 작용은 직접 발생하는 것이 아니라 인간의 사상과 감정에 자극함으로써 생활양식에 영향을 미친다. 그러면 그 문학적 작용은 크게 세 가지로 개괄할 수 있다.

첫째, 인식작용이다 : 문학은 사회생활의 형상적인 반영이다. 인류사회의 각종 복잡 다양한 생활내용은 작가의 창작소재가 된다. 작가는 사회생활을 전형화 시키고 개별성과 공통성, 형상과 본질, 진실성과 경향성을 고도로 통일시키므로 작품은 높은 인식가치를 지니게 된다. 나아가 인간의 지식을 증가시키고 시야를 넓혀 주며 생활에 대한 양식을 향상시킨다. 이러한 맥에서 이해조의 작품도 그 디딤돌을 놓고 있음을 부인할 수 없다.

둘째, 교육 작용이다 : 문학작품은 사람들의 참과 거짓, 선과 악을 구별하는 것을 도움으로써 인간의 이상과 도덕적 품성을 교육시킬 수 있다. 또한 사람들에게 정확한 인생관과 세계관을 수립하는데 커다란 영향을 미친다. 이 또한 이해조의 소설의 계몽사상과 여성 자유 신앙에 대한 동경과 탈출로 개화의 길에 닿아 있는 것이다.

셋째, 미감(美感)작용이다 : 문학은 심미품(審美品)이므로 작가의 심미경험, 심미감정, 심미이상의 결정체다. 그러므로 독자에게 미감작용을 일으킨다. 독서를 통하여 정서가 격동된다. 그 중에서 흥분, 유쾌, 기쁨, 존경내지는 비애, 공포, 연민, 분개와 같은 것도 있으며 유머와 패러독스도 있다. 독자는 이러한 감정활동을 통해 일종의 정신적인 만족을 얻으며 오락과 휴식을 섭취할 뿐만 아니라, 미적 감상능력을 향상시킨다. 이해조가 꽃을 작품의 소재로 자주 차용한 그 위대한 이유와 희망은 결코 이 미감작용과 무관하지 않다. 더구나 꽃을 통한 미학적 유토피아를 간과해서는 안 된다. 따라서 문학의 인식작용, 교육작용, 미감작용은 독자에게 총체적인 영향을 미침으로써 마지막에 풍속을 바꾸고 사회적 현상을 개조하며 꿈을 꾸고 다시 땅을 일구어 궁극적 이데아에 이르려 하는 것이 소설의 지향점인 것이다. 그러기에 이해조의 작품은 역사의 개화기에 핀 소설로써 그 작품론적 물음에 아직도 구체적인 문을 열어 놓고 있는 것이다.

5. 이해조 문학의 유산과 그 발현(發現)

이해조의 소설관은 '재미'와 '영향'을 소설의 본래적인 기능으로 설정하여 독특한 소설세계를 구축한 것으로 보인다. 그 소설적 흥미를 통해 교화- 감화- 경세의 목적을 작품 속에 구사하여 미래 개혁적 구현양상을 소설로 형상화한 이해조만의 창작방법이자 작가의 맥임을 엿볼 수 있다.

작가가 어떤 창작 방법을 운용하느냐 하는 것은 작가의 세계관과 불가분의 관계가 있다. 일반적으로 세계관이 진보적인 요소를 띠고 있는 작가는 엄중한 사회책임감과 진보적 사상관점을 지닌다. 현실을 진실 되게 반영 할 것과 현실을 변혁시킬 것을 요구하기 때문에 대게 진보적인 창작방법을 사용한다. 이때 꽃의 아우라를 차용하는 것은 당연한 입장이다. 이해조의 창작방법도 이에 상당히 다가서 있음을 조심스럽게 확인할 수 있다.

그러한 맥락에서 이해조 문학은 인류의 문학유산이 되어야 한다.

첫째, 과거의 문학작품은 그 역사시기의 사회생활에 대한 반영이다. 풍부한 생활경험과 사회적 지식과 모럴을 진지하게 기록 내지는 인간의 궁극적 이상에 맞게 창작된 것이다.

어떤 사물과 사상의 이력에 대하여 객관적인 법칙을 제시하고 있기 때문에 중요한 지식의 보고로써 인간에게는 특수한 인식의의를 준다. 그래서 인류의 모든 지식과 지성은 문학 유산에 저장되어 있음을 알 수 있다.

둘째, 문학유산의 비판적 계승은 민족적 자신감을 고양시키고 애국주의와 지구공동체적 생명존중의 사상을 점철한다. 민족의 성격과 정신은 늘 문학작품 속에 선명하게 반영되며 옛것을 깨우쳐 새로운 세계를 창조하는 것이 예술(소설)의 지향이며 가치이기 때문이다.

셋째, 문학유산의 위대한 가치는 인간의 심미적인 요구를 만족시키고 인간의 길에 선한 귀감을 제공하는 것이다. 그러므로 이해조의 문학유산은 고유한 문학적 가치와 작가가 축적해 놓은 시대정신과 예술정신의 보고이기에 진지하게 흡수해야 한다. 나아가 인류의 피와 살로 삼아야 할 것이다.

그리고 "소설은 문화를 낳는다"라는 역사의 눈금에 저울추를 놓으며 여기서 잠시 문을 닫는다.

이해조와 판소리문학*

- <옥중화>를 중심으로

이병찬(대진대학교 국어국문학과 교수)

1. 머리말

본고는 포천에서 태어나 포천에 묻힌 영원한 포천인이라고 할 수 있는 대표적인 신소설 작가로서 동농 이해조와 판소리문학의 관계를 조명해 보고자 한다. 이해조는 많은 신소설 작품을 발표한 가운데에서도 <적벽가>를 제외한 4편의 판소리사설을 정리·개작하여 신문소설로 세상에 내놓음으로써, 그 의도와 효과에 대해 점검해 보아야 할 필요성이 제기된다고 하겠다. 기존 문학사에서 신소설을 개척한 이인직은 애국계몽기의 친일문학을 대표하는 작가임은 주지의 사실이다. 최근에는 이와 관련하여 이해조를 새로운 구심으로 삼을 것을 제시한 연구자도 있는 실정이다.[1] 그 근거로는 이해조가 대원군 집정기에 득세한 왕족 출신으로, 당시의 대표적 민족언론의 하나였던 제국신문의

---

* 제3회 동농포럼 발표 논문(2010. 7. 2)

1) 최원식, 「누가 신소설 최고의 작가인가?」 -동농 이해조의 삶과 문학, 이해조문학회, 『이해조문학』, 2006.

기자로서 애국계몽운동에 투신한 점을 들고 있다.

동농은 알려진 바와 같이 조선 16대 인조의 3남 인평대군의 4자 복평군의 10대손이다. 1869년(고종 6년) 2월 27일 경기 포천 신북면 신평리 121번지에서 태어나서, 1927년 5월 11일 병사하여 현재 포천 신북면 사창동에 안장되어 있다. 그의 생전 활동은 ①신소설 작가 ②언론, 출판인(제국신문, 황성신문, 매일신보 등) ③애국인사(국채보상운동 등) ④교육자(청성학교 설립과 기호학교 교감) 등으로 정리될 수 있을 것이다.

그는 1906년에 소설 <잠상태>를 『소년한반도』 제1호-제6호에 발표함으로써, 본격적인 신소설 작가의 길로 접어 들게 된다. 1910년 경술국치 직전에 <자유종>을 발표하고 나서, 합병 이후에 명창 박기홍, 심정순, 곽창기 등의 구술을 산정하여 1912년 1월 1일부터 <옥중화>, <강상련>, <연의 각>, <토의 간> 등을 연속적으로 발표한다. 이를 좀더 자세히 보면 다음과 같다.

***〈옥중화〉(매일신보 1912.1.1-1912.3.16, 박기홍), 박문서관(1912.8.17, 17판 거듭), 보급서관(1912.8.27) 발행**
***〈강상련〉(매일신보 1912.3.16-4.26, 심정순), 광동서국(1912.11.25), 신구서림(1922.2.28, 11판 발행)**
***〈연의각〉(매일신보 1912.4.26-6. 7, 심정순), 신구서림(1913.12.25), 박문서관(1916.1.5)**
***〈토의간〉(매일신보 1912.6.7-1912.7.11, 곽창기·심정순), 박문서관(1916.1.5)**

동농은 그 이후에도 약 10여 개월 동안 계속해서 매일신보에 <탄금대>, <소학령>, <봉선화>, <비파성>, <우중행인> 등의 작품을 1913. 5. 10까지 발표하고는 거의 절필 상태에 들어간다. 일부의 작품은 판소리소설과 발표가 겹치기도 함을 알 수 있다. 이후로는 신문소설은 집필하지 않았고, 저작으로 <정선조선가곡>(1914. 11. 7, 신구서림)이라는 시조집이 있으며, 역사소설인 <홍장군전>(1922. 5. 27, 오거서창)과 <강명화실기>(1925. 1. 18, 안동서관) 등의 단행본이 있을 뿐이다.

이러한 이해조의 작품 활동을 종합해 보면 <옥중화> 이전에 이미 20편 정도의 작품 발표했고, 매일신보 시절이 전성기(매일신보에 16편 발표)였음을 확인하게 된다. 그리고 시기적으로는 1910-1913 사이에 소설만 23편을 발표했음을 알 수 있다. 1913년 이후는 2편에 그쳤는데, 그것도 1920년대의 일이니, 거의 절필 수준이라고 보아도 좋을 듯하다. 전체적으로 37편 내외의 저작 활동(번역 2, 논설 2, 시조집 1, 판소리 4편 포함)을 남기고 있음을 살필 수 있다.

본고는 이 가운데서 판소리소설을 대상으로 할 것이며, 그것도 주로 <옥중화>에 한정하기로 한다. 다른 작품을 포함한 종합적인 논의는 고를 달리 할 것이다. 본격적인 논의의 전개에 앞서 먼저 판소리와 판소리문학 일반에 대해서 알아본 다음에, 이해조와 판소리문학의 관계를 <옥중화> 중심으로 고찰할 예정이다.

2. 판소리와 판소리문학

판소리는 서사문학 작품을 몸짓을 하면서 노래하는 장편의 창악(唱樂)이다. 판소리의 광대는 서서 창과 몸짓(발림, 너름새)

을 하고, 고수는 앉아서 북 반주와 추임새를 넣는다. 이러한 판소리는 음악(민속악), 문학(민속문학, 구비문학-구비서사시), 연극(1인극 또는 2인극)이 어우러진 종합예술인 것이다. 또한 판소리는 아니리(말로 하는 대목)와 창(노래로 하는 대목)을 섞어 부르는데, 창이 주고 아니리는 부수적이라고 할 수 있다. 판소리의 발성은 전문적인 수련을 거친, 듣기에는 탁한 것 같으면서도 성량이 크고 변화가 많은 소리를 내는 것이 특징이다.

판소리의 의미는 '판'의 뜻에 따라 달라진다. 정리해 보면 ① <놀이판> : "놀이판을 벌이고 부르는 소리" ② <판에 박힌다> : "판에 박힌 듯이 정해 놓고 부르는 소리" ③ <판(板)-악조명칭> : "판창(板唱), 즉 일정한 장단을 가진 악조로 부르는 소리" 등으로 정의하게 된다. 결국 판소리는 이상의 의미를 모두 포괄한다고 할 수 있다. 판소리의 한자어 명칭은 ① 창악(唱樂) : 기악이 아닌 성악이란 뜻(관습상 판소리에만 통용함). ②극가(劇歌) : 극적인 성격을 지닌 노래(판소리와 창극을 함께 지칭) ③창극(唱劇) : 판소리를 연극으로 바꾸어 놓은 것(때로는 판소리까지도 포괄) 등으로 불리는데, 각각의 경우에 따라 그 의미를 정확하게 구별해서 사용해야 한다.

이러한 판소리는 대체로 열두 마당이 존재했던 것으로, 송만재의 「관우희」(1800년대 초)에는 ① 춘향가 ② 심청가 ③ 흥보가 ④ 수궁가 ⑤ 적벽가 ⑥ 변강쇠타령 ⑦ 배비장타령 ⑧ 강릉매화전 ⑨ 옹고집 ⑩ 장끼타령 ⑪ 왈자타령 ⑫ 가짜신선타령 등으로 되어 있다.[2] 그러던 것이 19세기 중반의 신재효에 와서는 6

---

2) 이 밖에 「두껍전」, 「옥단춘전」, 「괴똥전」, 「배뱅이굿」 등을 판소리로 보는 견

마당으로 줄어들었고(① 춘향가 ② 심청가 ③ 박타령 ④ 토별가 ⑤ 적벽가 ⑥ 변강쇠가), 1933년 이선유의 「오가전집」에 오면 5마당(① 춘향가 ② 심청가 ③ 박타령 ④ 수궁가 ⑤ 화용도)으로 되어 오늘날까지 전해오는 실정이다.

현재 학계에서 판소리의 발생 시기는 18세기 초(숙종 말, 영조 초)로 추정하는데, 그 근거는 판소리와 관련된 최고의 기록인 <만화본(晩華本) 춘향가>(유진한, 1754년, 영조 30년)이다. 판소리의 기원은 '서사무가 기원설'이 유력하다. 발생 지역은 여러 가지 설이 있지만, 초기의 판소리 광대가 주로 전라도의 단골무가(丹骨巫家)에서 나왔음을 들어 호남과 밀접한 것으로 논의되고 있다. 판소리 출현의 사회적 배경은 조선 후기 민중의식의 각성(광대의 각성과 청중의 요구)과 상업의 발달로 부유한 시민층이 성립되어 흥미롭고 현실주의적인 예술을 요구하면서 이에 호응하여 발달한 예술로 본다.

판소리의 역사적 전개는 형성기, 전개기, 쇠퇴기로 나누어 보는 것이 일반적이다. 먼저 형성기는 18세기로 하은담, 최선달, 우춘대 등이 활약했고 열두 마당이 이루어지는 시기이다. 전성기는 19세기로 송흥록, 모흥갑, 권사인 등이 활약하고, 신재효에 의해서 6마당이 선택된다. 이 시기에 판소리 광대는 양반층의 애호에 힘입어 지위가 상승되었고, 내용도 양반의 기호에 맞게 다듬어진다. 창법의 분화(동편제, 서편제, 중고제 등)도 이때 일어난다. 끝으로 쇠퇴기는 20세기 들어서의 일이다. 김창룡, 송만갑, 정정렬 등이 활약했고, 작품도 다섯 마당으로 압축된다.

해도 있다.

한 때는 시민층 청중이 확대되고 극장 무대에 진출해서 흥행에 성공(창극의 출현 등)하기도 하였으나, 신극이나 영화 등에 밀리고 일제의 탄압이 겹치면서 급격히 쇠퇴해 간다.

이상을 종합해 보면 판소리는 구비문학이며 창(唱)과 사(辭)의 결합에 근거한 독특한 서사양식으로, <판의 예술>로서 창자는 청중과의 공감을 떠나서 경제적·문화적으로 존립할 수 없었다. 여러 계층을 상대로 한 흥행적 구비물(口碑物)이기에 다채로운 수사, 많은 에피소드의 첨가·변개, 재담, 음악적 세련 등을 꾀한 부분적 개작의 방법으로 발전해 나갔던 예술 임을 알 수 있다.

문제는 이와 같은 판소리를, 그것도 쇠퇴기에 접어든 상태에서 이해조는 신문소설로 손질하여 발표했다는 사실이다. 뿐만 아니라 그것을 단행본으로 출판하여 대단한 인기를 누렸음을 주목하지 않을 수 없다고 하겠다. 특히 <옥중화>와 <강상련>은 엄청난 호응을 받았음을 당시의 출판 기록이 증언하고 있는 것이다. 물론 이러한 일련의 과정이 문학사적인 의의는 부여받지 못하더라도, 그 시기가 또한 한일 간의 강제병합 이후에 집중적으로 시도되었다는 점도 눈여겨 보아야 할 대목이기도 하다.

3. 〈춘향전군〉과 〈옥중화〉

알려진 바와 같이 <춘향전>은 그 이본이 100여 종이 넘는다. 그리하여 <옥중화>를 다루기 위해서는 일반적인 <춘향전

군>에 두루 공통된 내용을 바탕으로 견주어 보는 것이 우선되어야 한다고 할 수 있다. 춘향전은 이본이 매우 많아서 세부적인 내용은 매우 다양하다. <만화본 춘향가>(유진한, 1754년, 영조3년-춘향전의 내용을 갖춘 현재까지의 최고본)로부터 가장 최근의 판소리 구연본(口演本)에 이르기까지 춘향전의 이본군(異本群)이 공유하는 공통된 서사단락은 다음과 같이 요약된다.

1) 〈춘향전군(春香傳群)〉의 보편적 구조

① 춘향과 이도령이 광한루에서 만나 사랑을 하게 되었다.-사랑하는 남녀가 있었다.(사랑)

② 이도령이 춘향과 헤어져 서울로 간다.-남자는 떠나고 여인만 남는다.(분리)

③ 신임사또 변학도가 남원에 내려와 춘향의 수청을 강요한다.-다른 남자가 여인에게 접근하고 핍박한다.(핍박)

④ 춘향은 변학도의 수청을 거절하고 태형을 맞고 옥살이를 한다.-여인은 다른 남자의 청을 거절하고 정절을 지킨다.(수절)

⑤ 이도령이 암행어사가 되어 남원으로 내려와 변학도를 징치하고 춘향을 구출한다.-사랑하는 남자가 여인을 구출한다.(구출)

⑥ 이도령과 춘향은 부부가 된다.(재결합)

이것을 다시 간단하게 정리하면 크게 전반부와 후반부로 제시할 수 있다.

<전반부>

만남대목 - 자연적 흥 - (개인적 결연) (남녀 주역-봄)
사랑대목 - 개인적 흥-(육체적 애정) - 하강적 삶(현실지향)
(남녀 주역-여름)
이별대목 - 개인적 한-(개인적 분리) (남녀 주역 - 가을)

<후반부>

시련대목 - 집단적 한 - (사회적 분리) (여자 주역-겨울)
출세대목 - 집단적 흥 - (정신적 애정) - 상승적 삶(이념지향)
(남자주역 - 봄)
보상대목 - 사회적 흥 - (사회적 결연) (남녀 주역과
사회이념- 봄)

이렇게 보면 <춘향전>에 나타나는 이상과 같은 남녀의 사랑, 분리와 시련, 시련의 극복과 재결합이라는 서사모형은 '사랑 이야기의 가장 기본형'이라고 할 수 있으며, 그 연원도 오래된 것이다. 어쩌면 이런 종류의 이야기는 신화에서부터 기원하는 것이라고 할 수도 있을 것이다. 그야 여하간에 <춘향전>이 고소설 가운데 민족 최고의 고전으로 자리하게 된 비밀은 바로 문예적인 아름다움과 함께 그 탁월한 서사구조에 그 바탕이 있음을 염두에 두어야 한다. 하지만 이런 춘향전의 연구와 이해에서의 걸림돌은 1)이본의 종류가 다양하다. 2)근원설화-판소리(판소리 사설)-판소리계 소설(성장문학, 유동문학)로의 이동 문제 3)<춘향전>과 <춘향전군>의 관계 4)주제의 다양성 문제 등을

들 수 있다.

참고로 이본의 계통을 보면, ①비기생계(별춘향전계, 완판계) 이본 : 이 계통에 속하는 이본들로는 <나손본 별춘향전>을 비롯한 20세기 이전에 정착된 대부분의 필사본과 <완판 30장본 별춘향전>, <33장본 열녀춘향수절가>, <84장본 열녀춘향수절가>의 목판본들이 있다. ②기생계(남원고사계, 경판계) 이본 : 이 계통의 이본들로는 파리 동양어학교본 <남원고사>를 비롯한 일본의 동양문고본 <춘향전>, 동경대학교본 <춘향전> 등의 필사본과 최남선의 <고본 춘향전>이 있고, 경판 35장본, 30장본, 23장본, 17장본, 16장본, 안성판 20장본 등의 목판본이 있다. ③옥중화계 이본 : 20세기 초기 이해조의 <옥중화> 이후의 이본들로 대체로 완판계에 맞닿아 있는 것으로 본다.

2) 〈옥중화〉의 작품 세계

<옥중화>는 활자본 고소설의 길을 개척했던 작품으로, 이후의 춘향전류가 대부분 <옥중화>를 저본으로 할 정도로 큰 인기를 얻었다. 이때는 바야흐로 판소리의 대안으로 잠시 인기를 얻었던 창극이 시들해지면서 일본에서 들어온 신파극이 성행하던 시기이면서, 일제강점기에 접어든 때이기도 하다. 먼저 작품의 내용을 제시하기로 한다.

① 춘향의 내력(신분) : 기생의 자식이나 근본이 있다.(양반의 서녀)

② 이도령의 인물묘사 : 애주탐화(愛酒耽花)하는 인물로 그려짐.

③ 광한루에서 춘향의 처신 : 여자가 먼저 갈 수는 없고 찾아오면 받아들이겠다고 한다.

④ 이몽룡의 독서 장면 : 작가가 개입하여 춘향을 그리워하는 심정을 표현한다.

⑤ 이몽룡과 춘향의 결연 : 월매가 개입하여 불망기(不忘記)를 받고 허용한다.

⑥ 이별 장면 : 춘향이 소동을 부리고, 월매까지 가세하며, 신물교환을 한다.

⑦ 춘향에 대한 이부사의 태도 : 이부사가 춘향의 존재를 인정하여 춘향에 대해 세심한 배려를 한다.(옥중화에서만 발견됨)

⑧ 변학도 부임 : 신관 부임까지 1년의 시차를 두어 합리적으로 변화시켰고, 변학도는 일대호걸로 풍류남아로서 주색을 좋아하는 인물이다.-탐관오리 전형 상실(애정의 방해자)

⑨ 춘향의 수청 거부 : 목민관의 도리를 강조하여 변학도의 행위를 부정한 남녀의 것으로 간주한다.

⑩ 남원 군민들의 반응 : 남원군민들이 직접 행동에 나설 것을 암시하고 있다.(민중봉기의 가능성 암시)

⑪ 이어사에 대한 춘향의 태도 : 대부분 춘향이가 어사를 알게 되면 좋아서 어쩔 줄 모르는데, 오히려 원망사설을 늘어놓는 점이 특이하다.

⑫ 변학도의 처리 : 대부분은 봉고파직하는데, <옥중화>는 고맙다는 말까지 하고 오히려 그의 선치(善治)를 부탁한다는 점에서 주제를 바꾸었다고 할 수도 있을 정도다.

⑬ 춘향에 대한 대우 : 춘향에 대한 이몽룡의 배려가 지극하다.

이와 같은 내용으로 이루어진 <옥중화>는 그 이야기의 큰 흐름을 바꾸지는 않았으나, 부분적인 디테일이 달라져 있다고 할 것이다. 이제 중요한 변화를 요약하면, 1)근대적 합리주의(통일된 원리로 제시됨)-남녀 평등의 요소 2)신분갈등의 약화와 여성 존중의 애정관-신분갈등이 거의 문제시되지 않는다. 사랑 이야기-개인의 권리, 인간의 존엄성 문제로 전환됨. 근대적 남녀 관계의 규범 제시(동등한 인격체로 상대방 존중). 3)민중의 성장과 정치의식의 굴절 : 춘향의 수청 거부가 갖는 정치적 의미를 왜곡시켰다(변학도의 선치 등)는 점 등을 지적할 수 있다. 한 마디로 이해조는 <옥중화>에서 신분해방이나 부패타락한 봉건지배층에 대한 민중적 저항이라는 측면을 손질하였다고 하겠다. 그리하여 <춘향전>을 보다 '근대적인 남녀의 사랑 이야기'(새로운 애정관 제시)로 변모시켰다. 이것은 정치적이거나 현실적 관점에서의 산정이 아니라, 윤리적 관점에서의 산정이라고 할 만하다.

4. 맺음말

신소설의 연구는 개화기 신문학의 평가와 맞물려 있다. 지금까지는 대체로 부정적 평가가 통설이다. 그 근거로는 1)근대전환기 문학으로서 적절한 출발을 못했다. 특히 신소설은 친일 작가들에 의한 친일성향의 작품이 주류를 이루었다. 2)한문소설이나 고소설을 근대적으로 계승 발전시킬 능력을 가지고 있지 못한 그들은 각각 그 일단을 취하고 절충하여 편의한 형식을 취한 문학형태이다. 3)'서구문학의 모방, 이식, 아류' '성숙한 고전문학의 전통 잇기에 실패한 사생아' '과도기 소설' 등으로 평가하고 있다.

그러나 근자에 들어서는 이에 대한 반성적 입장도 거론되고 있기도 하다. 이를 위해서 신소설의 총체적인 모습을 온전히 드러내기 위한 다양한 연구방법론(원전비평, 문학사회학, 비교문학, 형태시학 등)이 동원되어, 신소설이 봉건세력과 제국주의에 방법론적으로 대처하려 한 측면과 반동적으로 그에 예속당한 부분이 객관적으로 검증되어야 함을 내세우고 있다. 앞서의 부정적 입장도 문제지만, 신소설을 '주체적 문학', '전통 계승에 성공한 문학' 등의 국수적 연구도 문제이다. 따라서 새로운 자료의 발굴과 작품 읽기의 주체적인 방법 찾기 등을 통하여, 신소설의 평가를 한 단계 끌어올려야 할 시점이라는 견해가 설득력을 갖는다고 할 것이다.

결국 신소설 연구의 쟁점은 신소설의 개념과 범주, 신소설의 전통 단절과 계승 논의, 신소설의 기점, 신소설의 성격 등이 현재까지 주된 논란의 대상이 되고 있다. 이와 아울러 이해조의 신소설에 대한 재평가도 조심스럽게 논의되고 있는 실정이다. 특히 이해조의 판소리 문학에 대한 논의는 대체적으로 합리적인 개작자, 개작의식이 투철하지 못했던 인물, 의의와 한계를 동시에 지닌 인물 등으로 진행되어 왔다. 그러나 최근의 연구는 앞선 논의에서 발견되는 논리의 오류를 지적하면서, 자구와 전고의 오류를 지적하는 수준의 산정을 과연 개작으로 볼 수 있는가에 대한 반성이 제시되어 있기도 하다.

그렇다면 여기서 이해조가 <옥중화>를 비롯한 판소리사설을 신문연재소설로 발표하기 위해서 산정한 동인과 그 의의를 살피지 않을 수 없다.

우선 이해조는 원래 고소설에 대해서 그 가치를 평가절하하려는 경향이 강했음을 주시해야 할 것이다.[3] 그럼에도 불구하고 <춘향전>을 비롯하여 4편을 산정하여 발표한 것은, 결국 고소설이라는 매체의 유통로 혹은 문화적 소통로에 대한 문제를 제기한 것으로 판단된다. 매일신보에 실린 <연의각>의 광고를 보면, 광대들의 유통과 전승과정을 문제 삼았음을 추측하게 해준다.

그리하여 한걸음 더 나아가서 고소설의 의미와 가치, 질 등을 긍정하고, 구술-채록-산정의 과정을 통하여 본래의 모습을 복원할 수 있다고 생각한 것으로 판단된다. 그러한 가능성을 명창 심정순과 함께 '전통적인 것'에 대한 문제의식을 공유했던 것이다. 이것은 고소설을 개선하기 위한 일정한 방향을 제시한 작업이라고 이를 수 있다. 이울러 신문 매체를 이용한 것은 신문연재를 이용하여 판소리의 상업적 부활을 시도했음을 인정해야 한다. 그것은 신문의 1면에 배치, 국문 중심의 표기체계로의 전환, 독자의 범위 확대 의도. 예고의 효과적 활용, 무단전재의 금지를 통한 안전한 소통로의 확보 및 저작권 보호 등을 도모

---

3) <자유종>에서 이해조는 "춘향전은 음탕교과서, 심청전은 처량교과서, 홍길동전은 허황교과서"라고 한 바 있다.

하고 있는 것이다.

이상과 같은 이해조의 작업이 갖는 의의는, 신소설 창작의 공백을 활용하여 고소설의 장점들을 개발하고 유통시킬 필요성을 절감한 데 따른 것이라고 하겠다. 그것이 이해조의 의도대로 새롭게 변모되거나, 보다 수준 높게 정제된 데 이르렀는지는 별개의 문제이다. 다만 작품 내적인 차원에서만 변화를 모색하지 않고, 작품을 둘러싼 당대의 다양한 맥락 속에서 작품을 바라보았다는 점은 주목을 요한다. 이해조는 당시의 계몽주의자들이 무조건적으로 과거의 문화유산들을 배척한 것과 달리, 그 안에서 작품이 갖는 고유한 가치를 도출하는데 관심을 두었던 것이다. 뿐만 아니라 그는 '창작자-소통매개자-독자'라는 작품 향유의 사회적 구도에 대해서도 명확하게 인식하고 있었다는 사실이 중요하다. 그러므로 앞으로 이에 대한 면밀한 검증과 함께 재론의 여지가 있음을 지적하면서 글을 마치기로 한다.

동농 이해조와 여성해방론*

- locked in syndrome으로부터의 여성해방

김자현(소설가)

1. 서론

해방을 맞은 지 반세기가 지나도록 청산하지 못했던 반민족 행위자에 대한 친일 진상 규명이 지난해에 인류사를 향해 공포되었으나 대한민국 수도에서 그리 멀지도 않은, 산간 오지도 아닌 포천에서 아직도 동농이 친일인사냐 아니냐 하는 논란의 소음이 일고 있어 유감천만이 아닐 수 없다. 더구나 동농이 나고 자라 또한 묻힌 포천에서의 잡음이라 더욱 그러하기에 이번 동농의 「자유종」 발간 100년제 일환으로 벌이는 포럼은 그래서 더욱 의미심장하다.

2010년 올해는 경술국치 100년이 되는 해이다. 한일병합이라는 한민족 오천 년 역사에 큰 오점을 남긴 1910년 8월! 그 직전 7월에 발간된 자유종은 그래서 더 의미가 크며 신소설의 선구자 동농의 애국충정이 간절히 나타난 작품이라고 할 수 있다.

---

* 제4회 동농포럼 발표 논문(2010. 10. 7)

정치, 경제, 사회, 문화의 전반을 뒤흔들며 전방위적으로 불어닥치는 서구의 물결이 녹슨 쇄국의 빗장과 경첩을 마구 흔들어 댈 때 애국계몽 운동으로도 헌신했던 동농이 또한 페미니스트였음은 그의 작품과 그의 혈족 후예들의 언급을 통해서도 나타나고 있다.

그렇다면 그는 개화와 개명, 개방으로 불어닥치는 역사의 급류 속에서 우리 여성을 어떻게 바라보고 있는지, 그들이 미래에 어떤 행보를 떼어놓기를 역설하고 있는지를 알아보아야겠다. 또한 그 보다 앞서 신소설이 활발히 발표되던 개화시기에 여성해방에 대한 당시 사회의 현주소는 어떤 것이었을까? 그의 소설을 통해 조명해 본 당시의 여성상과 현 시대의 여성, 특히 우리 사회 속에서의 여성주의, 여성의 위치는 현재 어떤 개념 속에 존재 하는지를 파악하여 겉으로는 여성상위 운운으로 완전한 여성해방을 맞은 것 같으나 질적으로 더욱 나빠진 성 개념에 대해 논란해볼 필요를 느낀다. 또한 수천 년 역사 동안 여성을 locked in sindrom(내부로부터의 감금장치)[1]에 잠기게 한 남성우월주의와 가부장제, 거기에 덧붙여진 변종된 사회를 들여다보아야 할 것이다.

더불어 친일진상규명위원회와 민족문제연구소에서 십 수년을 통한 면밀한 조사 끝에 발표한 4,000 여 페이지에 달하는 발표문에는 동농의 이름조차 거론되지 않았음을 재차 인식하여 100

---

1) locked in sindrom -장 도미니크 보비의 잠수복과 나비에서

년 전 진보적 애국운동가, 당시 신소설 작가 중 가장 작품을 많이 발표한 신지식인 동농 선생을 선양하는데 거침없는 발자국을 떼어야 할 것이다.

1) 세계사 속에서의 페미니즘

세계사 속에서의 페미니즘을 알아보려면 우선 가부장제의 기원을 알아보는 수밖에 없다. 가부장제의 개념은 알게 모르게 서구 문명의 구조 속에 육류의 살첨 가운데 마블처럼 스며들어있기 때문이다. 전 지구적 문명사회 거개의 성별 비유법이 남성을 표준으로 하고 있는 것이 이를 입증하고 있다. 또한 바이블의 첫 장에서부터 하나님이 남성우월주의를 갈파하고 있다는 것은 성서가 씌어지는 시대가 이미 가부장제와 남성우월주의 하에 놓여있었음을 웅변하고 있는 것 아닌가.

아담이 먼저 태어나고 그 갈빗대 하나에 숨을 불어넣은 것이 이브다. 또한 이브는 애초에 사악하여 아담을 꼬여내고 에덴동산의 선악과에 손을 대어, 신의 눈을 찌르는 원죄의 만또를 영원히 인류에게 입혔음이다. 이에 대해 갖가지의 해석들이 문명사를 넘나들었지만 이렇듯 성서는 서구 정신문명 구조의 근간을 이루고 있음은 두말 할 나위가 없다. 성서란 씌여진 문자의 기호 속에 내재한 의미보다, 신과 연합해야 할 영혼생성의 상징체계이기 때문에 역사의 전반은 전 여성을 향해 페미니스트가 되어야 함을 역설하고 있는지 모른다. 이렇듯 이브는 이미 남성우월주의와 가부장적 문화를 꼼짝없이 받아들여야 할 몽환상태에서 태어나기 때문에 그렇다.

그래서 최근 우리나라에서 민주화운동과 함께 활발해진 사회적 담론 중에 하나인 페미니즘은 사실 지루하고도 진부한 이야기인지 모른다. 담론이 활발해진 만큼 안티 페미니즘도 등장하여 어떤 그룹은 꼴페미 라고 폄하하여 언급하기를 마다하지 않는다. 대략 기원 전 6C 정도에 가부장제가 확립된 당시, 이에 대한 저항이 사회적 이슈로는 등장하지 못했다 하더라도 역사기록에서 빠진, <록트 인 신드롬>에서 벗어나려는 개개 凡婦들의 벌레같은 꿈틀거림은 당시부터 지금까지 삶이라는 지엄한 현장에서 지속되고 있을 것이기 때문이다.

몇 년 전 니코마코스 윤리학을 다시 읽어볼 기회가 있었다. 2000년이 경과하는 동안에도 아리스토텔레스가 수립한 여러 다른 이론들은 철학체계의 반석 위에 올려져 있다. 허나 이 윤리학에서 여성을 손상된 남성으로 규정짓는 대목이 있다. 영혼은 신체에 비해 더 우월하므로 신체는 다스려져야 한다고 말하면서

"남성은 본래 우월하고 여성은 열등하다. 그러므로 남성은 다스리고 여성은 다스림을 받는다. 당연히 이 원칙은 모든 인류에 해당된다."

이는 여성보다 영적인 남성에게 여성은 당연히 다스림을 받아야 한다는 전제가 깔려있다. 이렇듯 성서를 강고하게 뒷받침하는 아리스토텔레스의 여성 혐오적인 주장보다 더욱 주목할 만한 것은 거의 2000년 동안 그의 주장이 실질적으로 반박당하지도 않았고 끊임없이 반복되어 왔다고 미국의 역사학자이며

여성학의 선구자인 거다 러너[2]가 지적하고 있다.

이렇게 더딘 발걸음으로 오던 페미니즘에 여성주의자들이 대거 등장하게 된 것은 14C부터이다. 그러나 17C까지 남자형제들에게, 남편들에게, 또는 수녀원에서, 또는 아버지로부터 어렵사리 학문을 갈고 닦은 학식 있는 여성주의자가 된 여성은 기껏해야 30명 안팎이었음을 역시 거다 러너가 <역사속의 페미니스트>에서 언급하고 있다. 그리하여 역사적으로 대표적인 페미니스트인 세실리아 곤자가[3], 독일 빙겐의 힐데가르드[4], 메어리 울스톤 그래프트[5], 등을 통해 읊조려지던 여성해방운동은 20C 초에 들어서서야 활기를 띠기 시작한다. 노동조합을 결성할 자유도 참정권도 없던 당시, 미국의 여성들이 자유와 권리를 쟁취하기 위해 시위를 벌였던 날이 1908년 세계여성의 날로 탄생하고 있다. 물론 이들이 시위라는 물리적 형태를 이룰 수 있었던 바탕에는 일찍이 자본과 노동이 만나는 산업현장이 있었기 때문이다. 열일곱 이라는 약관의 나이에 1835년, 고등학교

---

2) 거다 러너(Gerder Lerner)
비엔나 출신으로 여성학의 선구자. 최초 여성사 박사과정 개설.

3) 세실리아 곤자가(Cecilia Gonzaga)
이탈리아 르네상스 시기에 남자 형제들과 함께 유명한 학교 LaGio cosa를 최초로 다녔던 여성

4) 힐데가르드(Hildegarde)
신의 나팔수를 자청했던 독일여성으로 12C에 살았던 천재수녀

5) 메리 울스톤 크래프트
1792년 1월3일 메리 울스턴크래프트는 페미니즘 이론에 관한 사상 최초의 주요 업적인 “여권옹호론”을 완성, 이후의 페미니스트 사상을 좌우하는 획기적인 업적이었다.

졸업논문으로 인류전체의 복지에 힘쓰는 것이 인간에 대한 최고의 사명이라는 휴머니즘을 토로했던 천재학자 칼 막스의 정신사적 골격이 배후에 있었기 때문인 것은 자명한 일이라 하겠다.

2) 개화기 바람에 휘날리는 치마와 저고리

그렇다면 개화와 개명의 바람이 거세던 개화기 당시 우리나라의 상황은 어땠을까? 한국 고전문학에 나타난 여성상은 서양과 마찬가지로 가부장제의 구조 속에서 여성이란 삼종의 도, 즉 어려서는 부모를 따르고, 결혼해서는 남편을 따르고, 늙어서는 자식을 따르는 것을 미덕으로 생각하는 교육 속에 길들여져 왔다. 그러던 것이 위에서 언급되었던 세계여성의 날을 1920년대부터 기념하기 시작하고 있다. 개화의 바람이 불어닥치고 숨 쉴 여유도 없이 일제 강점기가 시작 된 이 나라 이 땅에서 여성들의 권익이란 말 자체가 어불성설이다. 하지만 다른 사조와 함께 서구에서 불어온 여성해방의 기운은 막을 수가 없었으니 이는 페미니즘 이라는 이론과 언어로 정립되기 전에 이미 분노의 증후군이 되어 여성들의 피 속을 달리고 있었던 것이다. 전통적인 가부장제, 남존여비와 남녀유별을 외치던 사회에서 차별과 억압을 처절하게 경험해온 우리 여성들에게 그것은 일상 속의 세포조직이 되어있었던 것이다. 그러나 사회적인 문제 제기나 집단의 움직임을 보이는 데는 많은 시간이 흘러야 했던 것은 두 말할 나위 없지만 페미니즘의 의식은 일찍부터 우리 여성들의 영혼에 뿌리가 내려 개개의 삶의 현장에서 발현되었을 것이다.

똑같은 인간으로 태어났으면서 여성이기 때문에 받아야 하는 차별과 억압을 문제 삼는 페미니즘 사상은 동농의 작품 「자유종」에서 반상은 물론 적서차별 철폐라는 인간의 원초적 불평등 속에서 붉은 머리티를 두르고 있다. 이는 인간존중이라는 보편적 인간해방, 휴머니즘에 그 뿌리를 두고 있으며 이런 인간해방에 대한 의식은 역시 누가 가르쳐주지 않아도 사회현실과 삶의 현장에서 일찍부터 우리 여성들의 정신 속에 맥맥히 살아있던 것이다. 이는 머리로 배우고 익혀서 습득하는 지식이기 이전에 오랜 세월에 걸쳐 여성들의 끓는 피 속에서 분노로, 저항의 세포조직으로 이미 체화되어 있는 극히 자연스러운 살아있는 사상이었으며, 불을 붙이면 삽시에 폭발할 수 있는 유전과도 같은 것이었다. 이런 점에서 페미니즘의 불씨는 개화기 훨씬 전부터 잉태되어오던 것이며, 서구 페미니즘은 그 불씨를 지피는 기폭제 역할을 했다고 할 수 있다.

2. 본론

1) 7편의 작품을 통해 본 이해조 소설 탐구

(1) 홍도화

주인공 태희는, 여학교 4년에 아버지의 강권에 못 이겨 영평 홍생원의 자제와 혼인을 한다. 혼인한지 얼마 되지 않아 앓던 신랑이 죽고 열 세 살에 청상이 된다. 자결할 결심을 하던 태희에게 어느 날 제국신문의 사설이 눈에 띈다. 청상이었든 아니었든 과수가 된 여자가 하는 재혼은 전혀 죄도 아니요, 남자가 하는 재혼은 무죄하고 여자가 하는 재혼은 흉을 잡는 것은 구습이요, 개명해져야 할 나쁜 풍습이며 무익한 생각이다. 사회에 해가 되고 국가적 손실이어서 구습은 타파되어야 하고 어리석은 생각에서 벗어나 내 행복을 찾아 실질적인 생각으로 행동할 때 국가적으로도 이익이지 않겠는가.

〈제국신문 논설-1907년 10월 10일자 신문〉

우리나라에서 여자의 개가를 본래 법률로써 금하는 바는 없으되 개가한 사람의 자손은 淸宦은 시키지 않는 고로 사대부가에서 이것을 부끄러워하여 행하지 않으며 또한 지나의 옛사람의 열녀는 불경이부라 하는 말을 잘못 해석하여 남자는 두세 번 장가를 들어도 여자는 불행하여 한 번 과거하면 두 번 시집가지 못하게 하였는데 여러 백 년 사이에 자연히 풍속이 되어 하늘이 정한 법으로 알고 감히 변히 못하는도다. 슬프다! 인생의 가장 즐거운 바는 부부동락하여 유자생녀함이요 천지에 떳떳한 이치거늘 이 즐거움과 이 이치를 모르고 눈물과 한숨으로 무정한 세월을 보내는 사람이 우리나라 가운데 몇 천 몇 만 명이뇨. 그 정경을 깊이 생각할진대 목석간장이라도 한 줄기 눈물을 뿌리지 않을 수 없도다. 우중지 우리나라에서 혼인을 너무 일찍이 지내는 고로 남자가 천명을 온전히 못하고 지레 죽은 자 허다한 즉 죽는 자도 불쌍하거니와 살아있는 아내는 십삼 세부터 홀로 되어 참혹한 정세와 가련한 신세로 세상에 났던 보람이 없으며 심한 자는 초례를 마친 후에 즉시 과거한 자도 있고 남편의 얼굴이 어떻게 생겼는지도 모르고 과거한 자도 있으되 일체 수절하는 풍속을 벗어나지 못하여 적막한 공방에 자나 깨나 설움이요 새 짐승의 쌍쌍이 노는 것을 보아도 한탄이며 비바람의 천지가 음침하여도 원망이며 봄날에 백화가 만발하여 천지만물이 모두 즐기되 이 인생은 홀로 수심이며 겨울밤 찬바람에 낙엽 소리만 들어도 잠을 이루지 못하고 긴 한 숨 짧은 탄식으로 어서 죽지 않음을 한할 따름이니 사회와 국가의 화기를 감손함이 이에서 더 큰 것이 어디 있으리오. 그런 고로 옛적 현인군자도 이 일을 근심하여 상소한 일이 여러 번 있고 또 갑오경장 할 때에 개가를 트라는 정부 명령이 있었으되 조금도 변하지 못하고 오늘날 까지 구습을 지키어 하나도 실상으로 행하는 자 있음을 듣고 보지 못하였으니.

이는 다름 아니라 여러 백년 전래하던 풍속을 깨치지 못함이니 진실로 개탄할 바로다. 이 풍속을 버리고 인생의 행복을 얻고자 할진대 사회의 선각자와 사대부의 집에서 먼저 행할 밖에 다른 도가 없을지며 또 과거하는 부인도 악착하고 수참한 예절에 구구히 구애되어 꽃같은 시절을 수심으로 허송치 말고 생각을 넉넉히 하며 장원히 하여 잠시의 부끄러움을 계관말고 험학한 길을 고치어 탄탄대도를 구할지니 그 행할 바 예절은 남자가 취함과 같이 여자의 재가도 육례를 갖추어 시집가고자 하되 누가 장가들기를 즐겨 하리요. 허나 그는 결단코 그렇지 않도다. 그 연기와 지벌과 사세을 따라가며 재취하는 남자와 재가하는 여자가 서로 혼인하는 사람도 있을 것이요 또 조혼을 금하는 정부의 명령이 있은 즉 종금 이후로는 남자가 이십 세에 장가들 사람이 왕왕 있을지라. 그러면 남자가 아내를 택할 적에 나이 어린 여자를 취하지 않고 지각이 나서 한 집의 주궤 노릇 할만한 여자를 택하리니 그런 자격은 재가하는 여자 중에 많을지라. 무엇을 꺼리어 취처치 아니하리요. 이 법을 남자는 설혹 행코자 하는 자 있으나 매양 여자들이 편협한 마음으로 청종치 않을지니 그 청종치 않음이 어찌 청상의 슬픈 신세를 즐겨서 그리 하리요. 다만 박절한 가풍과 무식한 습속에 어쩌지 못함을 인함이니 어찌 오해가 아니리요. 슬프다! 청상으로 규중에서 늙으시는 부인들이여!

(2) 빈상설-1908년 7월 5일 광학서포에서 발행.

서판서의 아들 서정길은 성년이 되면서부터 난봉꾼이다. 이승지의 딸 이씨부인과 결혼하고서도 바람을 피워 평양집을 두고 그녀와 그녀의 몸종 금단이의 간교한 꾐에 빠져 이씨 부인을 멀리한다. 눈물로 살던 서정길의 아내 이씨가 유배지에 있는 이승지를 보필하던 아들 승학이 문안차 시집 간 누이집에 들렀다가 이씨가 딱하게 살아가는 정황을 목격한다.

매부가 첩년의 계략으로 자신의 매씨가 모함을 받아 소박을 맞을 찰라 승학의 명쾌한 지략으로 모함에서 벗어나고 유배가 풀린 아버지, 이승지 내외와 만난다. 한 편 평양집과 나쁜 꾀를 써서 이씨 부인을 궁지에 몰려던 금단이는 복단이를 죽인 장본인으로 판명이 나서 감옥으로 들어가고 그간 있던 가산을 다 탕진한 서정길이 개과천선하여 상해에 유학중인 편지를 받는다.

주제- 물론 승학의 도움으로 모진 고생과 모함에서 벗어나기는 했으나 누구의 도움을 받든지 스스로 탈출을 하든 눈물만 흘리며 팔자소관으로 돌리고 그릇된 행동을 하는 남자를, 혹은 남편이라는 가부장적인 문화를 과감하게 떨치고 일어설 수 있는 용기를 여자들 스스로 쟁취하여야한다.

(3) 월하가인-묵서가로 이민을 가는 이민사를 그림.

어렵지만 금슬좋은 부부 이진사가 개화바람이 불어 야학선생을 하던 생업의 근거지를 잃고 방황하던 중 오랜만에 만난 옛날 친구에게서 묵서가에 이민을 가면 생업도 생기고 임금이 높다고 하여 배를 타고 이역만리 취업전선으로 떠나간다. 그러나 작업환경은 혹독하고 임금은 소문과는 다르게 형편이 없는데 무지막지한 흑인으로부터 모진 매까지를 견디는 내용이다. 고국에 홀로 남은 이진사의 아내는 편지 한 자 없는 남편을 기다리던 중 매파에게 속아 가세 넉넉한 남자에게 팔려가지만 부부의 연을 맺지 않고 오누이의 연을 맺는다. 일방적인 사랑과 경제적 원조를 받던 중 묵서가에서 간신히 탈출하여 외국 공관에 발탁된 이진사와 극적으로 만나 잘 살게 되는 모습이다.

(4) 구마검(驅魔劒)-1908년 12월 대한서림 발행

중부 다방골의 가세가 든든한 함진해의 집에서 일어나는 일. 남의 집 망해주며, 날불한당질하는 것을 제일로 숭상하는 노들(노량진)에서 낳고 자란 함진해의 삼취 최씨가 푸닥거리와 무꾸리질로 날을 새는데 더구나 함진해에게 일점혈육이 없어 아이를 갖기 위해 민간 무속에 함몰되어 가산이 몰락해 과정을 그리고 있다. 아내의 성화에 못 이겨 만신과 풍수장이의 간교에 넘어간 남편까지 이에 가담, 든든하던 전답과 땅 모두를 참담하게 잃고 병들어 갈 때 사촌 함일청이 들어서서 구습을 말끔히 씻고 후손이 없는 함진해에게 자신의 맏아들, 종표를 양자로 들인다. 훗날 이 종표가 훌륭하게 자라 판사가 되고 우연히 양아비 함진해의 집안을 거덜 낸 만신과 안잠 노파 등을 찾아내 벌주고 집안에 있는 신표니 우상들을 모두 뒤져 쌓아놓고 불에 태워 악한 구습과 함몰되었던 미신 등을 타파하고 그로부터 해방되자 집안이 모두 순조롭고 우환도 물러가는 등 해괴한 귀신을 쫓아가는 허무맹랑, 혹세무민을 거세한다는 이야기다. 신표가 되는 기구(각색명목과 터주, 성주) : 제석, 삼신, 호-구, 구능, 말명, 여귀 등을 태워버려 미신타파의 당위성을 보여준다.

*일상 속에 묻혀있는 미신적인 습속의 종류들.

세간 놓는데 손보기, 음식보면 고시레 하기, 새 그릇 사면 쑥으로 뜨기, 쥐구멍을 막아도 토왕보기, 닭을 잡아도 터주에 빌기, 까마귀만 보아도 살풀이 하기, 족제비만 나와도 고사 지내기 등.

(5) 화의 혈

등장인물 채호방이 아이가 없어 작첩을 하는데 퇴기 춘홍의 몸에서 딸 둘을 보니 선초와 모란이다. 선초가 장성하여 천하절색이나 퇴기의 몸에서 나아 기생이 된다. 하지만 강직하고 자존심이 하늘을 찌르는 어느 누구도 수청을 거절하던 중 이시찰이라는 간특한 벼슬아치의 꼬임에 빠져 몸을 버리고 버림을 받은 후 자결을 한다. 선초의 한을 풀기 위해 동생, 모란도 기생이 되어 가, 무, 기예를 닦아 이시찰을 겨냥하던 중 어느 연회에서 함께 자리하게 된 모란이 이시찰의 못된 행적을 낱낱이 드러내는 기회를 갖는다. 시찰로써 동학도를 빙자해 무고한 인민을 죽인 이시찰의 죄상이 드러나 감옥으로 들어가게 된다. 형기를 마치고 나온 시찰이지만 선초의 혼령이 모란을 향해 끊임없이 복수를 주장질하고 이시찰에게도 나타나 괴롭힌다. 결국에는 이시찰이 거지가 되어 모란의 집에 동냥을 구하러 나타난다.

(6) 원앙도(鴛鴦圖)

양덕군을 다스리는 민 군수는 조판서가 평양감사로 부임해오자 좌불안석이다. 두 집안은 선대에서부터 내려오는 껄끄러운 사연이 있어서다. 민 군수에게는 열한 살 된 말불이라는 지략에 뛰어난 아들이 있고 조 판서에게는 열 살 난 기녀, 딸이 있었다. 이 아들과 딸이 지략과 기지로써 가문의 화를 면케하는데 결국에는 두 집안의 혐의를 풀고 백년가약을 맺어 원앙처럼 산다는 이야기.

(7) 자유종 - 1910년 7월 30일 광학서포에서 발행.

등장인물과 배경만 있고 소설적 플롯이 배제된 자유종은 4명의 여성이 등장하여 당시의 정치 교육 사회 문화 전반에 걸친 참담한 나라의 현실을 개탄하고 나아갈 길을 구체적으로 언급하는 토론소설이다. 저벅거리는 늑대의 발자국 소리처럼 일제

강점이 초읽기에 들어간 당시 당상관 이상의 사대부집 여성들을 등장시켜 전통으로 내려오는 고질적 병폐와 낙후한 사상을 꼬집으며 가부장제의 여성억압과 차별에 대해 신랄하게 비판, 여성 교육의 필요성과 남아 선호의식의 비판, 여성단체조직의 필요성을, 자녀교육의 전반을 책임지는 여성으로서의 중요성을 갈파함으로서 여권신장을 제의 한다.

2) 이해조 소설 속에 나타난 유교와 전통이라는 가부장제 속에서의 여성주의

위의 7개의 작품 이외에 서너 개의 작품을 완독하였으나 주로 여성이 주인공으로 등장한 위의 작품에 대해 이곳에서 논하기로 한다. 우선 당시의 신소설들에서 발견되는 공통점은 이해조 소설 뿐 아니라 다른 작가의 문학에서도 여성이 주로 주인공으로 등장한다는 것이다. 이는 서구에서 마구 들어오는 사조 속의 하나이기도 했거니와 주자학이니 성리학으로 다져진 남성 전통사회와 대별되는 대목으로 고대소설이 주로 한문소설이었던 것에 반해 신소설은 한글로 씌어졌으며 또한 독자들이 대체로 여성이었던 것에서 기인한다고 하겠다.

물론 1920년대에 들어서 본격적인 여성작가들, 김일엽과 나혜석, 백신애 등에 의해 종전보다 성숙된 여성주의가 작품에서 강조되고 있기도 하지만 말이다. 어쨌든 동농은 여러 지면을 통해서 소설을 발표하기도 하지만 여성 전용신문인 제국신문에 소설들을 발표하고 있는 것으로 보아 소설의 창작 동기부터 여성을 계몽하려는 의도가 있었다고 진단한다.

그렇다면 남존여비와 가부장제라는 유교적 전통사회에 불어닥친 개화기 속에 동농이 소설에서 구현하려했던 여성상은 어떤 것이었을까? 동농이 그녀들에게 바라던 것은 무엇이었을까? 동농은 여성들에게 어떤 날개를 달아주고 싶었던 것일까?

우선 홍도화(상)에서 제국신문의 사설을 이야기 하지 않을 수 없다. 14살에 청상이 되어 자결하려던 주인공 태희에게 어느 날 제국신문의 사설이 눈에 띈다. 본래 재혼은 죄가 아니며 법에서도 금한 바 없다. 더구나 남성은 되고 여성은 안 된다는 그런 법은 더욱이 없다. 너무 일찍 혼인하는 풍습이 있어 성년이 되지 않은 남자들이 일찍 사망하기 일수이며 당연히 여자들은 십대에 과수가 되고 있으니 철들지 않은 나이의 초혼보다는 남자들에게는 재혼녀를 데려오는 것이 가정 대소사를 맡기기에 적당하지 아니한가, 라는 사설은 시사하는 바 크다. 여성에게 삼종지도와 일부종사를 강요하던 구습은 마땅히 타파되어야 할 악습이며 국가적으로도 손해임에 틀림없다. 그리하여 스스로 자신의 운명을 개척하고 쟁취하라고 잠자는 여성들을 흔들어댄다. 그리고 깨어났는데 쓰개치마를 입고 외출해야 하는 시대라면 남장이라도 하고 불구덩이에서, 얽히고 설킨 삶의 늪에서 과감히 빠져나와야 한다고 안타깝게 동농은 빈상설에서 역설하고 있다.

재치와 기지, 지략이 남자보다 못할까 보냐. 원앙도에서 수평적으로 만난 관계가 원앙처럼 결합하는 장면을 보여줌으로서 동농은 사내와 당당히 맞서서 지지 않을만큼 생래적으로 여성이 남성보다 열등한 존재가 아님을 원앙도에서 천명하고 있다. 그러나 그 가문의 아이를 낳지 못하면 칠거지악에 드는 사회에서 함진해의 삼취 최씨는 아이가 없는 고로 미신에 함몰되어 가산을 탕진한다. 이처럼 함진해 일가의 몰락해 가는 장면을 리얼하게 그림으로서 미신타파를 통해 여성에게 근대적 개념으로의 계몽이 필요함을 동농은 동시에 강조하고 있다. 이렇듯 동농은 작품 하나하나 마다에 근대적 개념으로의 계몽적 사상을 담고 있으며 이 대부분의 작품에서 발현된 계몽사상을 자유종에서 토론체로 집약시키고 있음을 확인했다.

3. 결론

1) 신소설 혹은 이해조 문학에서의 여성주의의 한계

위에서, 이해조 소설에 나타난 동농의 페미니스트적 면모를 살펴보았다. 현대적 개념의 정교하게 분화된 페미니즘은 아니나 그가 얼마나 여성을 사랑했고 노예와 다름없이 살아가는 민족의 반쪽에 대해 뼈아픈 통절을 느끼고 있었는가를 여러 개의 소설에서 확인할 수 있었다. 남녀가 유별했던 남성중심 사회는 남녀 칠세 부동석을 부르짖을만큼 고대적 문화의 습속이 아직도 깊숙이 뿌리박혀 있었던 시대! 가부장제 사회의 운명적인 여로에 따라 유랑하지 말고 이전 소설들과 달리 남장이라도 하고 나가 자신의 운명을 개척할 것을 간절하게 설득하고 있다. 제국신문의 사설에서도 나타난 바 남성 혹은 사회분위기 보다는 오히려 여성 자신이 그동안 사회적 차별과 억압, 강요에 의해 체질화된 수동적 자세가 오히려 올무가 되어 자신에게도 해가 되고 국가적인 차원에서 본다면 에너지원의 손실이 아닐 수 없다.

여성의 바깥출입이 암묵적으로 통제되었던 사회에 여행, 가출, 혹은 외출을 상기시켜서 새로운 삶의 가능성과 재기, 부활을 던진다는 의미에서 이해조 소설이 담고 있는 페미니즘의 성향을 역력히 끄집어 낼 수 있다. 여기서 덧붙일 것은 미신과 구습타파를 주제로 삼고 있는 구마검과 같은 작품에서는 고대에서 잠자고 있는 여성 교육의 필요성을 강조하고 여성이 계몽되고 구습으로부터 떨쳐 나와야 사회의 최소단위인 가정이 바로 설 것임을 말하고 있는 것이라고 볼 수 있다.

그러나 이야기가 깊히 들어갈수록 이해조 문학의 혹은 당시 신소설 속에서의 페미니즘적 한계가 드러나고 있다. 대부분의 작품이 먼저 얽혔던 관계를 청산하고 새로운 길을 모색함이 아니라 일부종사를 하기 위해 먼저의 가정으로 복귀하고 있다. 또한 순결은 그 시대 절대 의미였으니 우연으로 가장한 필연의 끈들이 등장하여 순결을 잃어버리려는 찰라를 언제나 모면하고 있음이 아직은 근대소설로 가는 가교의 역할을 뛰어넘지 못하고 있음을 지적할 수밖에 없다. 그토록 순결을 절대로 잃지 않도록 만든 설정은 앞에서도 이야기 한 바 결국은 바로 그 가정으로의 복귀가 기다리고 있기 때문이다. 이는 三從之道와 女必

從夫에서 크게 벗어나지 못했음을 보여주는 것 아닌가.

또한 위기를 모면할 제 삼의 인물과 상황을 설정한다는 것은 아직 여성들이 주체적인 생각과 결정, 그에 따른 행동을 실제로 옮기기에는 역부족이라는 점을 시사한다 하겠다. 여행이라고 하지만 다른 영역으로의 진출, 혹은 운명을 개척해야 할 다른 신천지를 향해 떠나는 것이 아니라 꼬인 상황을 풀어가기 위한 찰라적 모면 혹은 모색의 일환으로서의 여행과 가출 등으로 이어지고 있다. 이는 이인직의 소설 <혈의 누>와 잠깐 비교하여 보면, 떠나는 나라가 일본이라는 설정이지마는 혈의 누가 옥련이라는 등장인물로 신천지인 일본을 향해, 또 미국으로 떠나는 설정과 비교한다면 안이한 구성임을 확인할 수 있다 하겠다.

그럼 이런 동농의 설정은 어디서 기인한 것일까? 동농의 계몽사상은 애초에 전통을 모조리 버리고 새로운 사조, 새로운 개념을 받아들이자는 것이 아니었다. 옛것을 완전히 버리는 것은 계몽이 아니고 혁명이다. 지금까지 전해오는 좋은 전통의 개념과 지식체계 속에서 현실적으로 필요한 것들을 취하고 고쳐나가고 만들어 나가자는 중체서용中體西用을 주장했던 것이다.

그리하여 더 깊히 분화된 페미니즘, 여성인권, 성 개념 등, 지금까지 발전해 온 현대적 의미의 페미니즘에는 많이 미흡한 것이 사실이다. 그러나 당시의 상황으로 볼 때 무엇보다도 이해조 소설에서는 젠더의 개념을 떠난 원초적 인간애가 맥맥히 요동치고 있으며 가능하다면 해체보다는 기존 질서를 봉합하는 차원을 애써 말하고자 했던 것이다.

어쨌든 많은 애국계몽의 사상가들, 운동가들 가운데 밀려오는 외세에 무조건적인 맹신이 아니라 우리 자신의 것을 굳건히 지키는 가운데 외세를 우리의 개념으로 바꾸고 고치고 발전시켜 나가자는 이런 분들의 노고에 힘입어 지금 우리는 많이 정교해진 페미니즘, 분화된 페미니즘의 운동사 속에서 살고 있다. 의학용어인 내부로부터의 감금장치(locked in syndrome)와 같은 삶으로 점철되었던 모든 여성의 조상들보다 우리는 얼마나 살만한 역사의 시간대를 걷고 있는가. 허나 시 공의 개념이 다른 차원으로 달리고 있는 이 우주적 시대에 도덕과 인륜이 착종된 현실을 문제로 던지며 이번 논고를 마치기로 한다.

여기서 페미니즘의 의미를 크게 두 가지로 분류해 본다. 하나는 물리적 분류요, 하나는 정신사적 분류다. 남녀가 유별한 사회에서 외출할 때는 쓰개치마를 입고 다녔던 구습을 벗으라고 했더니 구태의연한 정신의 미개를 벗는 것이 아니라 자본주의에 함몰된 현대 속에서 성을 가리지 않고 자존심을 벗어던진 성의 무질서와 문란이 문제로 떠오르고 있다. 이는 단적으로 여성 당사자에게 속한 문제라기보다는 자본과 권력이 야합하는 사회적 분위기의 산물이며 배우 장자연을 죽음으로 몰았던 사건들이 이를 말하고 있는 것이다.

요즘 학교도 권력집단이 학생과 공존하는 곳이다. 도착된 사회분위기는 아직 성인이 되지 않은 여학생조차를 성노리개로 아는 남성우월주의자들이 오히려 늘어나고 있다. 그 악습의 장본인들, 마초들을 계도하지 않는 사회분위기에서는 학교도 성역이 아님이 자명해졌다. 내신 성적을 담보로 학생과 학부모를 농락하는 선생이라는 권력이 제 3의 층으로 자리잡아가고 있음을 더불어 지적하며 글을 마친다.

동농 이해조 선생 관련 연구의 서지학적 고찰*

이만수(대진대학교 문헌정보학과 교수)

1. 서론

포천은 산 좋고 물 좋은 고장이다. 그래서 그런지 포천에는 출중한 인물이 많이 탄생 배출되었다. 포천에는 학자, 정치가, 충신, 독립운동가, 효자 등이 많이 배출된 도농복합 축복의 도시이다.

포천에서 탄생한 인물에는 시와 글씨에 모두 능하며, 조선 전기의 4대 서예가로 명성이 있는 봉래(蓬萊) 양사언(楊士彦/1517-1584), 영남 유생들의 위정척사 상소문을 보고 감탄하여 후원한 문인 중암(重菴) 김평묵(金平默/ 1819-1888), 정치, 문학 분야에서 활동하고 후진 교육에 진력한 면암(勉菴) 최익현(崔益鉉/1833-1906), 1919년 민족대표 33인의 한 사람으로 3·1운동의 핵심적 지도 인물인 우당(憂堂) 권동진(權東鎭/ 1861- 1947) 등이 있다.

---

* 제5회 동농포럼 발표 논문(2010. 10. 28)

포천시에서 발굴한 포천시를 빛낸 인물[1] 중 학자(學者)로는 동방 최초의 문현 최치원, 「태산이 높다하되」의 양사언, 역학도해를 통해 지구자전을 연역해 낸 김석문, 한문 4대가의 양문대신 이서구, 화서학파의 거두, 실학의 선구자 김평묵, 신소설의 선구자 이해조, 한국천주교회의 창립자 이벽, 정치가(政治家)로는 정국공신 1등의 유순, 청렴결백과 중용의 선비 김수동, 송죽같은 절의와 수월같은 정신을 지닌 박순, 덕망이 높은 중용의 정치가 유전, 심수(深邃)한 학신의 황정욱, 포천 졸탄단에 배향된 김권, 오성대감 이항복, 약주, 약과를 팔아 공부시킨 서성, 「오성과 한음」의 한음대감 이덕형, 무이구곡도의 이성길, 충신(忠臣)으로는 충의열사 유응부, 임진란 때 애국충정의 순국 권종, 병자호란 때 북문을 지키다 전사한 장군 조득남, 독립운동가(獨立運動家)로는 위정척사의 의병장 최익현, 독립선언 33인 중의 한사람 이종일, 민족대표 33인으로 독립운동에 몸바친 권동진, 조국광복의 민족대표 박동완, 효자(孝子)로는 효우의 정려를 받은 이름난 효자 유인선, 불효를 탓하며 자결한 효심의 신급, 살신으로 효를 이루어낸 형제효자 유홍서, 유찬서 형제, 부친을 구하고 자결한 병자호란때 효자 최천극, 축석령의 전설을 남긴 효자의 귀감 오백주(吳伯周) 등이다.

포천을 대표하는 특산물로는 버섯(느타리, 표고, 팽이, 영지, 새송이, 버섯스낵), 포도, 개성인삼, 이동갈비, 막걸리(이동, 포천), 배상면주, 전통한과마을, 포천 쌀, 포천 과일, 장류(고추장,

---

1) http://www.pcs21.net/culture/cultural_inheritance/cultural04_1.jsp[인용 2010. 08. 05]

된장), 싸리공예품 등이 있다. 포천 와서 살아 보라. 누구든 고향같이 정이 넘치고, 맛과 멋이 있는 어우러지며 따뜻하고 포근한 어머니 품과 같은 곳이다.

서지학(書誌學)은 영어로는 bibliography, 일본어는 しょがく로 표현한다. 용어사전에는 '도서를 연구의 대상으로 하는 학문' 즉 문헌학이라고도 한다.

서지(書誌)란 '책이나 문서의 형식이나 체제, 성립, 전래 따위에 관한 사실 또는 그것을 기술한 것'을 말한다. 예를 들면 '책의 서지사항을 확인하다.' 라고 한다면 그 책의 '서명, 저자명, 출판사, 출판지, 출판년도, 삽도, 부록, 딸림 자료, 페이지, 책의 크기, ISBN, ISSN' 등에 관한 내용이 서지사항이다. 또 다른 뜻은 '어떤 인물이나 제목 따위에 관한 문헌 목록'을 뜻하기도 한다. 예를 들면 '이해조의 저작에 관한 자료, 문헌 목록'도 서지이다.

본 글은 포천이 낳은 신소설의 개척자 동농 이해조 선생 연구에 대한 동향을 서지학적으로 고찰한 것이다.

2. 포천의 인물 동농 이해조

1) 이해조, 그는 누구인가

동농 이해조(李海朝) 선생은 인조의 셋째 왕자 인평대군의 후손으로, 1869년 2월 27일에 포천에서 이철용(李哲鎔)과 청풍

김씨의 장남으로 출생하여 1927년 5월 11일에 포천에서 유명을 달리한 일제 강점기의 언론인이자 소설가이다. 호는 동농, 열재(悅齋)·우산거사(牛山居士)·선음자(善飮子)·하관생(遐觀生)·석춘자(惜春子)·신안생(神眼生)·해관자(解觀子) 등 다양하다. 필명으로 우산거사라는 호를 많이 썼다. 신소설의 창시자로 ≪제국신문≫, ≪황성신문≫, ≪매일신보≫등에 소설을 연재하였다.

언론계에 종사하면서 ≪제국신문≫과 ≪매일신보≫등을 통해 30편에 가까운 신소설을 발표하였다. 최원식은 그의 저서에서 36편에 이르는 작품을 남겼다고 주장하였다.[2] 대표작이라고 할 수 있는 ≪자유종(自由鐘, 1910)≫은 주인공들의 토론형식을 빌려 정치이념을 제시한 작품이며 ≪화(花)의 혈(血), 1910)≫은 부패관리의 부정을 폭로한 소설이다. 대체로 그의 신소설은 신교육과 개화사상을 고취하면서 당시 사회의 부조리를 반영하였다.[3]

동농은 포천이 낳은 문인이며, 민족의 선각자로서 계몽가이다. 동농 선생은 문학, 언론, 교육 활동을 통하여 국권상실기에 민족의 각성과 애국 계몽운동을 전개한 언론인이다.[4] 조남현[5]은 애국계몽운동가, 작가, 유교주의자라고 주장하였다.

또한 동농 이해조선생기념사업회의 홍을표 회장은 고등학생

---

2) 최원식, 『한국근대소설사론』, 서울: 창작사, 1986, p.30

3) http://100.naver.com/100.nhn?docid=128657[인용 2010.07.28]

4) http://ko.wikipedia.org/wiki/%EC%9D%B4%ED%95%B4%EC%A1%B0[인용 2010.7.26]

5) 조남현, 애국계몽운동가작가 유교주의자 이해조론, 문학수첩, 2005. pp.73-74

을 대상으로 한 특강에서 "동농 이해조 선생은 소설가로서 신소설 최고의 작가이며 교육자로서 청성제일학교 설립, 기호학교 교감으로 활동했으며 언론인으로서 제국신문, 매일신보 기자로 활약하기도 했다"고 강조하였다.[6] 홍 회장은 "특히 동농 이해조 선생의 가치에 대해 전통에서 근대로 이행하는 포천의 문화적 자산이며 다산 정약용 선생과 함께 경기도 문화 정체성의 양대 기둥으로서 다산 정약용의 조선후기 개혁사상(실학)은 이해조의 근대국가론(자유, 독립)과 정신적으로 연결되어 있으며, 동농의 근대정신을 글로벌 마인드로 계승 발전시켜나가야 한다."고 강조했다.

2) 이해조 선생의 작품 활동

최원식 교수는 이해조 선생의 작품 발표 시기를 애국계몽기와 식민지시대로 나누고, 잠상태 한문소설부터 자유종 신소설까지 12작품, 화세계부터 강명화실기까지 24작품을 아래와 같이 제시하였다.[7]

(1) 잠상태(岑上苔)[8] : ≪소년한반도(少年韓半島)[9]≫에 1906년 11월부터 1907년 4월까지 연재한 처녀작으로 백화

---

6) http://blog.daum.net/freebell/13360524[인용 2010.07.28]

7) 최원식, 상게서, pp.31-33

8) http://www.leehaejo.org/munhak/munhak1.php[인용 2010.10.11]

9) 1906년11월 1일 창간된 우리나라 최초의 소년지 (少年誌) 일반적으로 흔히 육당(六堂) 최남선이 발간한 소년을 최초 잡지라고 말하고 있으나 소년한반도는 이보다 2년이나 앞서 나온 것이다. 46배판으로 60 페이지 정도였으나 통권 6호 까지 나오고 폐간 되었다

체[10] 한문소설이다. 최원식 교수는 '미완의 한문소설'이라고 주장하였다.

(2) 고목화(枯木花)[11] : 제국신문(帝國新聞)에 1907년 6월 5일부터 1907년 10월 4일까지 연재한 두 번째 소설로, 이해조가 소설 개량을 시도한 실질적인 처녀작이라 할 수 있다.[12] 1908년 박문서관에서 발간하였다.

(3) 빈상설(鬢上雪)[13] : 제국신문에 1907년 10월 5일부터 1908년 2월 12일까지 연재한 신소설을 1908년에 김상만(金相萬)이 발행하였다. 작첩(作妾)이 빚는 가정적인 비극과 사회적인 폐단을 비판하고 신학문의 필요성을 강조한 개화기의 계몽소설이라고 할 수 있다.

(4) 홍도화(상)紅桃花(上) : 제국신문에 1908년 7월 24일부터 9월 17일까지 연재하였고, 1908년에 유일서관(唯一書館)에서 발간하였다.

(5) 화성돈전(華盛頓傳) : 1908년 4월에 회동서관(匯東書館)에서 간행한 책으로 미국 독립의 아버지로 추앙받았던 워싱턴의 생애를 그린 전기를 번역한 책이다. 1910년 11월 16일에 판금되었다.[14]

(6) 철세계(鐵世界) : 프랑스의 소설가 베른(Verne, J)의 공상과학소설을 중역 번안한 것으로 1908년 11월에 회동서관

---

10) 백화체(白話體)는 구어체를 말한다.

11) http://www.leehaejo.org/munhak/munhak1_2.php[인용 22010.10.12]

12) 최원식, 『한국근대소설사론』, 제3장 이해조의 문학세계에서 인용.

13) http://100.naver.com/100.nhn?docid=82209[인용 2010.08.11]

14) 최원식, 전게서, p.32

에서 간행한 번역소설이다. 1913년 7월 17일에 판금되었다.[15)]

(7) 구마검(驅魔劍)[16)] : 1908년(융희 2) 4월 25일부터 7월 23일까지 제국신문에 연재되었으며, 같은 해 대한서림·박문서관·이문당 등에서 발간되었다. 제목은 '귀신을 쫓는 칼'이라는 뜻으로, 미신타파를 강조한 작품이다.

(8) 원앙도(鴛鴦圖)[17)] : 제국신문에 1908년 2월 13일부터 4월 24까지 연재하였다. 1911년 12월 30일 普及書館과 동양서원에서 발간된 개화기 신소설이다. 이 작품은 개화기의 시대적 사회상을 반영한다든지 정치 사회의 부조리와 모순, 인신 매매, 관리들의 부패상 등을 깊이 있게 다룸으로써 당대의 사회 현실을 비판하고 있는 점이 특징이다. 1909년에 중앙서관에서 발간하였다고 최원식 교수는 주장하였다.

(9) 현미경(顯微鏡) : 1909년 6월 15일부터 7월 11일까지 대한민보에 연재된 단편소설이다. 이 작품은 신안자(神眼子)란 필명으로 발표되었다.[18)]

(10) 박정화(薄情花) : 山川草木 : 대한민보에 1910년 3월 10일부터 5월 31일까지 연재하였다. 유일서관에서 1912년 1월에 발간하였다. 최원식 교수가 『산천초목』이 『박정화』

---

15) 최원식, 전게서, p.32.

16) http://100.naver.com/100.nhn?docid=20589[인용 2010.08.10]

17) http://www.seelotus.com/gojeon/hyeon-dae/soseol/i-hae-jo-wonangdo.htm[인용 2010.08.12]

18) 최원식, 전게서, p.32

와 같다는 것을 발견하였다.[19]

(11) 홍도화(하) : 1910년 5월 유일서관(唯一書館)에서 간행한 소설이다.

(12) 자유종(自由鐘)[20] : 1910년 7월 광학서포(廣學書鋪)에서 간행한 신소설로, 이해조의 대표작으로 꼽히는 정치소설이다. '토론소설'이라는 표제가 붙어 있으며, 소설의 처음과 끝 부분의 지문을 제외하고는 대화만으로 이루어진 점이 특징이다. 이 작품은 소설의 완결성보다는 개화기 지식인의 비판의식을 드러내는 내용과 사상면에서 주목받는다. 1913년 7월 3일에 판금되었다.[21]

(13) 화세계(花世界) : 매일신보에 1901년 10월 12일부터 1911년 1월 17일까지 연재되었다. 1911년 동양서원에서 발간하였다.

(14) 만월대(滿月臺) : 제국신문에 1908년 9월 18일부터 12월 3일까지 연재하였다.

(15) 월하가인(月下佳人) : 매일신보에 1911년 1월 8일부터 4월 5일까지 연재하였다. 1911년 보급서관에서 발간되었다.

(16) 모란병(牡丹屛)[22] : 제국신문에 1908년 2월 13일부터 연재하였으나, 끝난 날짜는 분명하지 않다. 1911년 박문서관(博文書館)에서 간행되었다. 줄거리는 금선이라는 여

---

19) 최원식, 전게서, p.32

20) http://100.naver.com/100.nhn?docid=131871[인용 2010.08.11]

21) 최원식, 전게서, p.32

22) http://100.naver.com/100.nhn?docid=62738[인용 2010.08.10]

성이 우여곡절 끝에 황수복과 결혼하여 미국에서 신학문을 배워 온다는 내용이다. 독자로부터도 좋은 반응을 얻어 짧은 기간에 4판을 거듭해서 발행하였다.

(17) 화의혈(花의血) : 매일신보에 1911년 4월 6일부터 6월 21일까지 연재하였다. 1912년 보급서관에서 발간되었다.

(18) 구의산(九疑山)[23] : 1911년 6월 22일부터 9월 28일까지 매일신보에 연재한 신소설로 활자본 1책이다. 1912년 신구서림(新舊書林)이 간행하였다. 추리소설과 같은 극적 구성에 특색이 있다. 1968년 을유문화사 간 ≪한국신소설전집≫ 권2에 수록되어 있다.

(19) 소양정(昭陽亭) : 1911년 9월 30일부터 12월 17일까지 매일신보에 연재하였고, 1912년에 신구서림에서 발간하였다.

(20) 쌍옥적(雙玉笛) : 1911년 12월에 보급서관에서 발행하였다.

(21) 춘외춘(春外春)[24] : 1912년 1월 1일부터 3월 14일까지 58회에 걸쳐 매일신보에 이열재(怡悅齋)라는 필명으로 연재하였다. 이 작품은 신교육 사상을 고취하고 개화사조 및 계몽성을 주제로 한 계몽형 소설이다.

(22) 옥중화(獄中花)[25] : 1912년 1월 1일부터 3월 16일까지 조선총독부 기관지 매일신보에 신문소설로 연재되었으며, 같은 해 보급서관(普及書館)에서 단행본으로 간행되었

---

23) http://100.naver.com/100.nhn?docid=21155[인용 2010.08.10]

24) http://100.naver.com/100.nhn?docid=148626[인용 2010.08.12]

25) http://100.naver.com/100.nhn?docid=116487[인용 2010.08.11]

다. 작품에 박기홍조(朴起弘調)라고 표기하여 조선 후기의 동편제 명창 박기홍의 판소리 춘향가를 바탕으로 개작하였음을 밝혔다.

(23) 탄금대(彈琴臺) : 1912년 3월 15일부터 5월 1일까지 조선총독부 기관지 ≪매일신보≫에 신문소설로 연재되었다. 같은 해 보급서관에서 단행본으로 간행되었다.

(24) 강상련(江上蓮) : 1912년 3월 17일부터 4월 26일까지 매일신보에 연재 발표한 신소설이다. 한국의 고대소설을 신소설화하여 ≪심청전≫을 ≪강상련≫ 등으로 개작 발표하였다.

(25) 연의각 (燕의脚) : 1912년 4월 29일부터 6월 7일까지 판소리계의 소설인 흥부전을 매일신보에 개작 발표하였다.

(26) 소학령(巢鶴嶺)[26] : 1912년 5월 2일에부터 7월 6일까지 매일신보에 연재한 신소설로 활자본(印本) 1책이다. 1913년 신구서림에서 발간하였고, 1986년 을유문화사에서 간행한 ≪한국신소설집≫ 권3에 수록되어 있다. 당시 가난한 한국 민족이 많이 이민 갔던 간도(間島)를 배경으로 한 것이 특색이다.

(27) 토의간(兎의肝) : 1912년 6월 9일에부터 7월 11일까지 매일신보에 연재되었다. 1916년 박문서관에서 발간하였다.

(28) 봉선화(鳳仙花)[27] : 1912년 7월 7일부터 11월 29일까지

---

26) http://100.naver.com/100.nhn?docid=94687[인용 2010.08.10]

27) http://100.naver.com/100.nhn?docid=77590[인용 2010.08.10]

조선총독부 기관지인 ≪매일신보≫에 연재된 신문소설이며, 1913년 신구서림에서 단행본으로 간행되었다. 한국의 전통적인 가정 · 사회 문제인 고부(姑婦) 갈등을 소재로 하였다. 이해조 후기 소설의 특징인 권선징악 · 사필귀정 · 인과응보의 주제가 두드러진 작품이다.

(29) 비파성(琵琶聲)[28] : 이해조가 해관자(解觀子)라는 필명으로 1912년 11월 29일부터 1913년 2월 22일까지 조선총독부 기관지인 매일신보에 연재한 신문소설이다. 1913년 10월 신구서림에서 단행본으로 간행되었다.

갖은 역경과 고난을 겪은 끝에 원수를 갚고 사랑을 쟁취하는 두 청춘남녀를 통해 권선징악을 강조한 소설인데, 사건의 기복이나 우연성의 활용 등이 비교적 자연스러워 당시의 신소설 가운데 형식면에서 드물게 성공한 작품이라는 평가를 받는다.

한편 이 소설은 신파극단 유일단에서 연극으로 각색하여 공연하였다고도 하는데, 공연 날짜(1912년 11월 22일)가 신문 연재에 앞선 것으로 보아 별개의 작품이라고 보는 견해도 있다. 유일단에서 공연한 신파극 ≪비파성≫은 일본 소설 ≪비파가(琵琶歌)≫를 번안하였을 가능성이 높으며, ≪비파가≫는 이해조의 소설과는 전혀 내용이 다른 작품이다.

(30) 우중행인(雨中行人) : 1913년 2월 25일부터 5월 11일까지 매일신보에 연재 발표하였다. 1913년 신구서림에서

---

28) http://100.naver.com/100.nhn?docid=82051[인용 2010.08.10]

발간하였다.

(31) 누구의 죄 : 1913년 보급서관에서 발행한 추리소설인데, 원작을 알 수 없는 번역소설이다.[29)]

(32) 정선조선가곡(精選朝鮮歌曲) : 1913년에 박춘재의 도움을 받아 엮었다. 박춘재 구술이라는 부제가 있다.[30)] 1914년 신구서림에서 발행하였다.

(33) 홍장군전(洪將軍傳) : 1918년에 오차서창(五車書廠)에서 발간 역사소설이다.

(34) 한씨보응록(韓氏報應錄) : 1918년 오차서창에서 발간한 역사소설이다.

(35) 구미호(九尾狐) : 1922년 덕흥서림에서 발간하였다.

(36) 강명화실기(康明花實記) : 1925년에 회동서관(匯東書館)에서 발간하였다.

다음의 작품 (37) 옥호기연(玉壺奇緣)[31)]을 이용남 교수는 이해조 작품이라 주장하나 최원식 교수는 납득할 만한 근거가 박약하다고 주장하였다.[32)]

옥호기연은 활자본 1책 53면이며, 1912년 1월에 동양서원(東洋書院)에서 간행되었다. 같은 시기에 발간된 애정소설 ≪강상기우(江上奇遇)≫의 자매편이다. 당시로서는 낯선 이탈리아를

---

29) http://bookgram.pe.kr/120059672484[이용 2010.10.16]

30) http://cafe.naver.com/kungsodo.cafe?iframe_url=/ArticleRead.nhn%3Farticleid =243[인용 2010.10.16]

31) http://100.naver.com/100.nhn?docid=116546[인용 2010.08.11]

32) 최원식, 전게서, p.30.

배경으로 선진문화를 소개하여 독자들의 견문을 넓히고, 간소한 결혼식 묘사 등을 통하여 개화의식을 고취시키려는 계몽소설의 성격을 띤다. 사건 전개가 지나치게 작가 임의로 진행되어 부자연스러운 느낌이 들기도 하지만, 주인공이 주체적 각성으로 변화하는 능동적 인물로 그려진 것은 다른 신소설과 구별되는 점이다.

이상에서 제시한 바와 같이 이해조 선생의 작품은 남아 있는 작품이 있는가하면 전해지지 않는 작품도 다수 있다. 위의 내용은 최원식 교수가 밝힌 내용을 중심으로 정리한 것이다.

3. 동농 이해조 관련 연구 동향 조사

이해조 선생에 관련된 연구 동향 조사를 위하여 국회 전자도서관 소장자료 검색창에서 키워드 '이해조'로 검색한 단행본 21권, 저자명 '이해조'로 검색하여 중복된 것을 제외한 7권 등 모두 28권을 최근 순서대로 제시하면 다음과 같다.

1) 단행본

(1) (꼭 읽어야 할)우리 소설, 1 / 이광수 외 지음; 박동규 엮음. 평단문화사, 2010.

(2) 빈상설 : 이해조 지음 / 노희준 엮음. 지식을 만드는 지식, 2008.

(3) 빈상설 : 이해조 신소설 / 이해조 지음; 권영민 엮음. 웅

진씽크빅, 2008.
(4) 자유종 : 이해조 신소설 / 이해조 지음; 권영민 엮음, 웅진씽크빅, 2008.
(5) 구마검 : 이해조 신소설 / 이해조 지음; 권영민 엮음, 웅진씽크빅, 2008.
(6) 빈상설외 / 이해조 지음. 문학사상사, 2007.
(7) 추월색 : 안국선 · 이해조 · 최찬식 소설선/ 안국선; 이해조; 최찬식 지음; 권영민 책임편집, 문학과지성사, 2007.
(8) 소설 100인 100선 : 한국소설 100년: 1906년 신소설부터 현대소설까지, 1 / 이인직 외 지음. 일송미디어, 2006.
(9) 홍도화(외) / 이해조 지음; 최원식 책임편집 · 해설, 범우, 2004.
(10) 화세계 ; 구의산/ 이해조 저; 권영민; 김종욱; 배경열 [공]편, 서울대학교출판부, 2003.
(11) 빈상설 ; 홍도화 ; 원앙도/ 이해조 저 ; 권영민 ; 김종욱 ; 배경열 [공]편. 서울대학교출판부, 2003.
(12) 한국 근대소설의 분석과 해석/ 유철상 저. 月印, 2002.
(13) 한국계몽주의문학사론/ 최원식 저. 소명출판, 2002.
(14) 한국 근대소설사의 시각/ 한기형 저. 소명출판, 1999.
(15) 자유종: 이해조 소설선/ 이해조 저. 창작과비평사, 1996.
(16) 신소설/ 이인직 외 저. 동아출판사, 1995.
(17) 한국 현대소설문학의 이해와 감상/ 영남어문학회 편, 학문사, 1993.
(18) 韓國現代名作解說/ 鑑賞事典/ 金容稷 編著. 冠岳出

版社, 1989.
(19) 한국 민족문학론 연구/ 권영민. 民音社, 1988.
(20) 韓國 近代小說史論/ 崔元植 著. 創作社, 1986.
(21) 新小說 硏究/ 全光鏞. 새문사, 1986.
(22) 李海朝와 그의 作品世界: 新小說의 葛藤樣相硏究/ 李龍男 著. 東星社, 1986.
(23) 開化期 小說의 理解/ 尹明求 著. 仁荷大學校出版部, 1986.
(24) 자유종/ 추월색/ 이해조; 최찬식. 전원. 1983.
(25) 雉岳山/ 自由鍾/ 李仁稙 著; 李海朝 著. 人文出版社, 1982.
(26) 自由鐘 外/ 李海朝 著. 乙酉文化社, 1969.
(27) 韓國新小說全集, 3-5/ .金光鏞, 宋敏鎬, 白淳在 共編. 乙酉文化社, 1968
(28) 韓國新小說全集, 1-2/ 金光鏞, 宋敏鎬, 白淳在 共編. 乙酉文化社, 1968

2) 학위 논문

이해조 선생에 관련된 연구 동향 조사를 위하여 국회 전자도서관 소장자료 검색창에서 키워드 '이해조'로 검색한 학위논문 23건 중 박사 4편, 석사 19편을 최근에 취득한 순서대로 제시하면 다음과 같다.

<박사 논문>

(1) 開化期文學의 文體論的 硏究: 崔南善 詩歌와 李海朝 小說을 中心으로/ 金昌珍. 경희대 대학원 박사, 1986.
(2) 李海朝 文學 硏究/ 崔元植. 서울大 大學院 박사, 1986.
(3) 新小說의 葛藤樣相硏究: 李海朝小說을 中心으로/ 李龍男. 서울대 대학원 박사, 1986.
(4) 新小說에 미친 晩淸小說의 影響: "驅魔劍"과 "自由鐘"을 中心으로/ 成賢子. 이화여대 대학원 박사, 1985.

<석사 논문>

(1) 신소설에 나타난 법과 일상성의 의미 연구: 근대 주체의 형성 과정을 중심으로/ 이지훈. 서울대 대학원 석사, 2009.
(2) 애국계몽기 이해조 소설의 담론 분석/ 정영선. 부산대 대학원 석사, 2004.
(3) 이해조의 「자유종」 연구: 계몽주의 작가로서의 근대의식을 중심으로/ 가미야 미호. 한국외국어대 대학원 석사, 2004.
(4) 이해조의 재판소설 연구/ 최희정. 서강대 대학원 석사, 2002.
(5) 신소설에 나타난 민족주의와 근대의 이념: 1900년대 이인직과 이해조의 소설을 중심으로/ 문숙희. 동국대 대학원 석사, 2001.
(6) 이해조 소설 연구: 1910년 이후 작품을 중심으로/ 김주

영. 延世大 大學院 석사, 1995.

(7) 소설에 나타난 민간신앙: 이해조와 이인직의 작품을 중심으로/ 李燕喜. 成均館大 大學院 석사, 1994.

(8) 이해조 신소설의 갈등해결 구조: 경찰의 구실과 재판의 의미를 중심으로/ 李相孝. 東國大 敎育大學院 석사, 1994.

(9) 李海朝의 판소리 개작소설 연구: 「옥중화」를 중심으로/ 宋秉勳. 嶺南大 敎育大學院 석사, 1994.

(10) 新小說에 나타난 葛藤樣相 연구: 李海朝·李人稙·崔瓚植의 작품을 중심으로/ 許萬煜. 中央大 大學院 석사, 1990.

(11) 李海朝 作品 硏究/ 김재남. 世宗大 大學院 석사, 1986.

(12) 東濃 李海朝의 新小說作品 硏究/ 尹宇一. 연세대 교육대학원 석사, 1985.

(13) 李海朝 판소리 刪正 硏究/ 李寅濟. 연세대 교육대학원 석사, 1984.

(14) 이해조 소설 연구/ 김광룡. 중앙대 교육대학원 석사, 1984.

(15) 李海朝 小說硏究/ 鄭元柱. 경남대 대학원 석사, 1983.

(16) 신재효 판소리사설과 이해조 판소리계 작품과의 비교연구/ 윤용식. 서울大 대학원 석사, 1982.

(17) 이해조 연구/ 이용남. 서울大 대학원 석사, 1982.

(18) 李海朝의 신소설연구/ 李炯淵. 고려대 교육대학원 석

사, 1976.

(19) 新小說에 나타난 諧謔性 硏究 : 李海朝의 小說을 중심으로/ 徐洪奎. 고려대 대학원 석사, 1975.

3) 국내 학술지 및 정기간행물

이해조 선생에 관련된 연구 동향 조사를 위하여 국회 전자도서관 소장자료 검색창에서 키워드 '이해조'로 검색한 국내 학술지 및 정기간행물 기사 59편을 최근에 발표한 순서대로 제시하면 다음과 같다.

(1) 경술국치 이후의 문학적 변모에 대하여/ 홍정선. 2009, 제3의문학. 제10권 제3호 통권35호(2009년 가을), pp.93-101, 제3의문학.

(2) 문학연구자들의 <춘향전> 간행: 1950년대까지/ 李胤錫. 2009, 열상고전연구. 제30집(2009년 12월), pp.133-161, 열상고전연구회.

(3) 누가 신소설 최고의 작가인가?: 菊初 李人稙과 東儂 李海朝/ 최원식. 2009, 제3의 문학. 제10권 제3호 통권35호(2009년 가을), pp.64-71, 제3의문학

(4) 1910년대 초기 『매일신보』의 미디어적 변모와 '소설적 실감'의 형성/ 송민호. 2009, 韓國文學硏究. 제37집 (2009년 하반기), pp.179-211, 동국대학교 문화학술원 한국문학연구소.

(5) 한말 계몽운동과 東儂 李海朝/ 김도형. 2009, 제3의문학, 제10권 제3호 통권35호(2009년 가을), pp.72-92, 제3의

문학.
(6) 꽃과 불의 해석(解釋)적 별기: 이해조 소설 「화세계」에 빗대어/ 안익수 2009, 제3의문학. 제10권 제2호 통권34호(2009년 여름), pp.12-19, 제3의문학.
(7) 이해조 연구: 이해조의 문학사적 위상의 재정립: 동농 이해조를 위한 몇 가지 변명/ 홍정선. 2009, 제3의문학. 제10권 제1호 통권33호 (2009년 봄), pp.32-39, 제3의문학
(8) 『皇城新聞』소재 한문소설 「別界探探」 연구/ 조상우. 2008. 韓國言語文學. 제 5집(2008년 6월), pp.213-237, 한국언어문학회.
(9) 출판문화와 <토끼전>의 전승/ 최진형. 2008, 판소리연구. 제25집(2008년 4월), pp.309-337, 판소리학회.
(10) 개화기의 선각자 · 문인-이해조/ 김성렬. 2007, 인문학연구. 제3호(2007년 2월), pp.21-37, 대진대학교 인문학연구소.
(11) 이해조 신소설의 재평가: 소설미학적 성취와 한계 및 그 연원에 대한 분석을 중심으로/ 김성렬. 2007, 國際語文. 제39집(2007년 4월), pp.221-255, 국제어문학회.
(12) 양립할 수 없는 두 태도: 인간의 정신력에 대한 절대적 신뢰와 인간의 한계에 대한 환경론적 수용/ 양균원. 2006, 제3의문학. 제7권 제3호 통권23호(2006. 가을), pp.123-126, 제3의문학.
(13) 『홍도화』에 나타난 개화사상/ 이은영. 2006, 제3의문학. 제7권 제3호 통권23호(2006, 가을), pp.78-90, 제3의문학.

(14) 新小說에 나타난 미국에 대한 인식 연구: 李人稙과 李海朝의 소설을 중심으로/ 임선애. 2006, 韓國思想과 文化. 제35집(2006. 12), pp.29-53, 修德文化社.
(15) <옥중화>를 통해 본 '이해조 개작 판소리'의 양상과 그 의미/ 오윤선 2006, 판소리硏究. 제21집 (2006년 4월), pp.381-413, 판소리학회.
(16) 광개토대왕의 문벌책(門閥策)과 계몽운동가 이해조/ 金昶澔. 2006, 제3의 문학. 제7권 제3호 통권23호(2006. 가을), pp.127-137, 제3의문학.
(17) 꽃의 이미지적 아우라에 대한 그 문답:「홍도화」의 경우/ 안익수 2006, 제3의문학. 제7권 제3호 통권23호 (2006. 가을), pp.91-94, 제3의문학
(18) 1910 년대 대중소설의 한 국면: 이해조의 <구의산(九疑山)>을 중심으로/ 정흥모. 2006, Journal of Korean studies. vol. 8 (2006년 10월), pp.189-210, Central Asian Association for Korean Studies
(19) <燕의脚>의 系統과 性格/ 정충권, 2006, 開新語文硏究. 제24집(2006년 12월), pp.69-87, 開新語文學會.
(20)「흥부전」의 傳承 樣相: 出版文化와의 관련을 중심으로 / 崔鎭亨. 2006, 語文硏究. 34권 4호 통권132호 (2006년 겨울), pp.205-228, 韓國語文敎育硏究會.
(21) 이해조 연구:「구마검」을 중심으로/ 박정근, 2006, 제3의 문학. 제7권 제1호 통권21호(2006. 봄), pp.236-248, 제3의문학.

(22) 봉선화(鳳仙花. 1912년. 신구서림)에 나타나는 신분타파 사상: 생활상을 중심으로/ 김순진. 2006, 제3의문학. 제7권 제4호 통권24호(2006년 겨울), pp.124-158, 제3의문학
(23) 계몽주의와 대중소설: 이해조의 <구의산(九疑山)>에 대하여/ 정흥모. 2006, 제3의문학. 제7권 제2호 통권22호(2006. 여름), pp.70-83, 제3의문학.
(24) 현대소설에 나타난 샤머니즘 양태: 신소설과 무속이 소설에 등장한 의미를 중심으로/ 윤효선. 2004, 成均語文硏究. 제39집(2004. 12), pp.203-227, 成均館大學校 成均語文學會.
(25) 『매일신보』에 연재된 이해조 신소설의 근대성 연구/ 이희정. 2004, 현대소설연구 제22호 (2004. 6), pp.93-115, 한국현대소설학회.
(26) 근대적 사실성 개념에 대한 고찰: 이해조의 「花의 血」을 중심으로/ 송명진. 2003, 한국소설연구 제5집(2003. 8), pp.85-103, 한국소설학회.
(27) 이해조의 <화의 혈>과 채만식의 <탁류>에 나타나는 자매 모티프의 세대론적 의미/ 최성윤. 2003, 현대소설연구 제18호 (2003. 6), pp.147-171, 한국현대소설학회.
(28) 애국계몽운동가에서 이야기꾼으로: 이해조 편, 1/ 曺南鉉. 2003. 문학사상 제32권 제3호 통권365호(2003. 3), pp.170-179, 문학사상사.
(29) 추리 소설의 서사구조와 근대성: 이해조의 『九疑山』을 중심으로/ 곽상순. 2003, 한국소설연구 제5집(2003. 8),

pp.219-237, 한국소설학회.
(30) 이해조 신소설의 '흥미 요소'에 관한 시론: 서사 전개의 변환 장치로서의 '편지'와 '추리의 구조'를 중심으로/ 서형범. 2002, 韓國學報 제28권 제3호 통권108호 (2002 가을), pp.167-193, 일지사.
(31) 역동적 근대의 구체(具體): 이해조의 초기작 검토/ 소영현. 2002, 國際語文 제25집 (2002. 7), pp.293-317, 국제어문학회.
(32) 『화성돈전』연구: 애국계몽기의 조지 워싱턴 수용/ 崔元植. 2001, 민족문학사연구 제18호(2001.6), pp.273-298, 민족문학사연구소.
(33) 이해조 소설의 공간구조/ 고영학. 2000, 仁川語文學 16(2000.12), pp.99-123, 仁川語文學會.
(34) 이해조의 소설에 대한 장르인식과 인간형상:「화의 혈」과「자유종」을 중심으로/ 정재원. 2000, 현대문학의 연구 제15집(2000. 8), pp.155-183, 국학자료원.
(35) 신문연재소설「花世界」·「花의 血」에 나타난 이해조의 개화 의식/ 이상신. 1999, 社會科學硏究 8('99.2), pp.303-317, 長安大學社會科學硏究所.
(36)『巢鶴嶺』硏究 :통속성의 서사내적 원리/ 최수일 著. 1999, 泮橋語文硏究 10(1999.12), pp.239-268, 泮橋語文學會.
(37) 日帝 强占初期 小說의 大衆化 過程 硏究: 이해조와 매일신보를 중심으로/ 吳宗昊. 1999, 論文集 21('99.2),

pp.63-83, 永進專門大學.

(38) 「獄中花」의 계보/ 김현양. 1999, 동방고전문학연구 1('99.8), pp.199-225, 태학사.

(39) ≪제국신문≫에 연재된 이해조의 신소설: 새로 밝혀진 이해조 문학평가에 대한 몇 가지 오류/ 권영민. 1997, 문학사상 298('97.8), pp.151-169, 문학사상사.

(40) <도상옥중화(圖像獄中花)> 연구/ 최혜진. 1996, 판소리硏究 제7집(1996. 12) pp.241-264, 판소리학회.

(41) 이해조의「옥중화」연구/ 한채화. 1996, 語文論叢 제12집(1996.12), pp.105-129, 淸州大學校 國語國文學科.

(42) 이해조 소설에 나타난 계몽의식 연구, 「자유종」을 중심으로/ 김택중 1996, 대전어문학 13('96.2), pp.75-91, 대전대학교 국어국문학회.

(43) 「옥중화(獄中花)」연구, 1: 이해조 개작에 대한 재론/ 김종철. 1995, 冠嶽語文硏究. 20('95. 12), pp.177-194, 서울大學校 國語國文學科.

(44) 세상 읽기-그 양상과 의미: 이해조 「원앙도」,「화의 혈」을 중심으로/ 이호규. 1995, 연세어문학 27('95.6), pp.91-114, 연세대학교국어국문학과.

(45) 李海朝小說의 修辭와 人物의 性格化/ 金昌珍. 1993, 聖心語文論集 14·15('93.2), pp.19-40, 聖心女子大學 國語國文學科.

(46) 새로움의 詩學; 新小說과 新新小說의 경우/ 김미현. 1993, 연구논집 24('93.7), pp.5-25, 梨花女子大學校

大學院.

(47) 開化期 小說意識과 新小說: 李海朝小說을 中心으로/ 吳宗昊. 1992, 論文集 14' 92.2), pp.123-138, 永進專門大學.

(48) 「자유종」연구/ 류승렬. 1991, 동아어문논집 1('91.11), pp.87-108, 동아어문학회.

(49) 李海朝의 <驅魔劍>考: 迷信打破 問題를 中心으로/ 郭 根. 1990, 論文集: 9('90.12), pp.35-53, 東國大學校 경주캠퍼스.

(50) 개화기 논설·토론의 문학화 고:「자유종」을 중심으로/ 전기철. 1990, 崇義論叢. 14('90.7), pp.265-278, 崇義女子專門大學.

(51) 女性의 討論과 社會現實의 受容: 討論小說「自由鍾」을 中心으로/ 신춘자. 1988, 女性問題硏究. 16('88.8), pp.161-171, 曉星女子大學校附設韓國女性問題硏究所. (52) 신소설 「빈상설」연구/ 이용남. 1986, 논문집 3('86.2), pp.47-69, 한신대학.

(53) 이해조 작품연구: 판소리 산정 신소설화 과정을 중심으로/ 김재남. 1986, 세종어문연구 1('86.8), pp.179-263, 세종대학교세종어문학회.

(54) 「자유종」소고/ 김종윤. 1985, 陸士論文集 29('85.12), pp.1-16, 陸軍士官學校. (55) 李海朝 小說의 '웃음'/ 金昌珍. 1985, 聖心語文論集 8('85.5), pp.1-31, 聖心女子大學 國語國文學科.

(56) 신소설로 본 국초와 열제의 작품비교: 사회사적인 면을 중심으로/ 이성주. 1984, 論文集: 12('84.1), pp.101-125, 關東大學校.

(57) 新小說의 迷信考: 李海朝의 『驅魔劍』을 中心으로/ 鄭武龍. 1984, 論文集: 5,1('84.3), pp.7-24, 부산산업대학교.

(58) 申在孝「兎鼈歌」와 李海朝「鱉主簿傳」과의 比較硏究/ 尹用植. 1981, 冠嶽語文硏究. 6, pp.55-79, 서울大學校 人文大學 國語國文學科.

(59) <심청전>의 전승 양상: 출판문화와의 관련을 중심으로/ 최진형. 판소리硏究. 제19집(2005. 4), pp.181-212, 판소리학회.

4. 동농 이해조 관련 연구 동향 분석

동농 이해조 선생에 관련된 연구를 분석하면 단행본 28권, 국내외 학술지 및 정기 간행물 기사 59편, 학위논문 23건 중 박사 4편, 석사 19편을 분석하면 다음과 같다.

1) 단행본

단행본 28권 중에는 직접 이해조 지음으로 된 단행본이 2권이며, 이해조 선생의 저서 만을 다시 편집한 것이 7권이다. 그리고 다른 저자의 작품과 합본으로 된 것이 9권이다. 이해조

선생의 작품을 연구한 단행본이 12권으로 주로 다른 작품과 비교, 분석하거나 문학사론, 근대소설의 시각, 이해와 감상, 민족문학론, 작품세계 등으로 연구하였다. 또한 전집 형태로 합본된 것이 5권으로 1968년대에 편한 책이다. 그리고 어린이를 위하여 엮은 것도 4권정도 된다. 어린이를 대상으로 편한 책은 최근에 발행한 것이 많다.

〈표-1〉 단행본의 저자, 편자. 주제, 년도 분석

순서	저자	편자	주제	년도
1	이광수 외	박동규	우리소설	2010
2	이해조	노희준	빈상설	2008
3	이해조	권영민	빈상설	2008
4	이해조	권영민	자유종	2008
5	이해조	권영민	구마검	2008
6	이해조	***	빈상설 외	2007
7	안국선 외	권영민	추월색(소설선)	2007
8	이인직 외	***	한국소설100년	2006
9	이해조	최원식	홍도화 외	2004
10	이해조	권영민 외	화세계/구의산	2003
11	이해조	권영민 외	빈상설/홍도화/원앙도	2003
12	유철상	***	근대소설	2002
13	최원식	***	계몽주의 문학사	2002
14	한기형	***	근대소설사	2002
15	이해조	***	이해조 소설선	1996
16	이인직 외	***	신소설	1995
17	***	영남어문학회	현대 소설문학 이해/감상	1993
18	김용직	***	현대명작해설	1989
19	권영민	***	민족문학	1988
20	최원식	***	근대소설사	1986
21	전광용	***	신소설	1988
22	이용남	***	갈등양상	1986

23	윤명구	***	개화기 소설	1986
24	이해조 외	***	자유종/추월색	1983
25	이인직 외	***	치악산/자유종	1982
26	이해조 외	***	자유종 외	1969
27	김광용 외	***	신소설전집(3-5)	1968
28	김광용 외	***	신소설전집(1-2)	1968

저자를 분석하면 이해조가 첫 저자로 된 서적은 11권이며, 다른 저자가 첫 저자로 된 책은 17권이다. 편저자 중에는 권영민이 펴낸 도서가 6권으로 가장 많다.

편자로는 학회에서 펴낸 도서가 1권이 있고, 박동규, 노희준, 최원식 등 3명이 있다. 저자로는 이광수, 안국선, 이인직, 유철상, 한기형, 권영민, 최운식, 전관용, 이용남, 윤명구, 김광용 등이다.

주제를 살펴보면 이해조 작품명인 빈상설, 구마검, 자유종 등 소설명을 직접 사용 한 것이 많다. 한편 다른 주제는 대체로 소설 연구, 문학사, 문학 이해/감상, 민족문학, 갈등, 계몽문학 등이다. 발간 년도는 1960년대 3권, 1980년대 8권, 1990년대 3권, 2000년대 14권으로 최근의 연구가 활발하다고 할 수 있다.

2) 학위 논문

(1) 박사학위 논문

박사학위 논문으로는 4편으로 모두 1980년대에 학위를 받은 논문이다.

이해조 선생의 소설을 중심으로 문체론, 갈등양상을 연구하였고, 이해조 선생의 문학의 전체적인 연구, 신소설에 미친 만청

소설(晩淸小說)[33]의 영향 등을 다루었다. 학위를 받은 해는 1986년 3편, 1885년 1편이며, 최근의 논문은 없고 비교적 오래된 논문이다. 또한 남성이 3명, 여성이 1명이다. 그리고 대학별로는 서울대 2명, 경희대 1명, 이화여대 1명이다.

〈표-2〉 박사학위 논문 분석

순서	저자	주제	대학원	년도
1	김창진	개화기 문학 -최남선 시가와 이해조 소설-	경희대	1986
2	최원식	이해조 문학	서울대	1986
3	이용남	신소설 갈등상 연구 -이해조 소설-	서울대	1986
4	성현자	신소설에 미친 만청소설 영향 -구마감과 자유종-	이화여대	1985

(2) 석사학위 논문

석사학위 논문으로는 19편이 있다. 1970년대 2편, 1980년대 논문이 7편이며, 1990년대 논문이 5편이며, 2000년대 논문은 5편이다. 그리고 일반대학원 논문이 13편, 교육대학원 논문이 6편으로 일반대학원 논문이 많은 편이다.

대학별로는 서울대 3편, 연세대 3편, 고려대 2편, 동국대 2편, 중앙대 2편, 부산대 1편, 한국외대 1편, 서강대 1편, 성균관대 1편, 영남대 1편, 세종대 1편, 경남대 1편이다.

이해조 선생의 작품만을 연구 대상으로 한 논문은 14편으로 주로 애국계몽기 담론(談論)분석, 재판(再版)소설, 갈등 해결 구조, 판소리 개작(改作)소설, 작품 내용 연구, 해학성(諧謔性)

---

33) 청나라 말기의 소설.

등을 연구 주제로 하고 있다. 그리고 다른 작가의 작품과 비교, 민족주의, 이념, 민간신앙, 갈등해결 구조, 판소리 산정(刪正)[34] 연구, 특히 신재효 판소리 사설[35]과 이해조 판소리계의 작품[36] 비교 등이다.

〈표-3〉 석사학위 논문 분석

순서	저자	주제	대학원	년도
1	이지훈	신소설에 나타난 법과 일상성	서울대	2009
2	정영선	이해조 소설의 담론	부산대	2004
3	가미야 미호	이해조 자유종-계몽주의/근대의식-	한국외대	2004
4	최희정	이해조 재판 소설	서강대	2002
5	문숙희	신소설의 민족주의와 근대 이념 -이인직과 이해조 소설	동국대	2001

34) 쓸데없는 글의 자구(字句)를 깎고 다듬어서 잘 정리함. 刪修(깍을 산, 딱을 수)라고도 함.

35) 판소리의 대본을 판소리사설이라고 한다. 판소리사설은 판소리 속의 음악적 요소를 제외한 사설의 의미이거나, 판소리에 포함된 사설이 아닌, 의도적으로 기록한 작품으로서 독립성을 지닌 희곡과 같은 의미이다. 분명한 개작자가 있게 마련이고, '마당'이라는 작품 단위를 지니고 있다. 打令이라는 異稱도 사용한다.
http://blog.naver.com/wkrwjsqud?Redirect=Log&logNo=140023874033[인용 2010.09.20]

36) 판소리사설이 독서물로 전환되면서 이루어진 소설을 판소리계 소설이라 한다. 이 계열의 소설들은 판소리로부터 유래한 공통의 문체, 수사적 특징과 평면적 인물형 및 세계관을 보여 준다.

6	김주영	이해조 작품 -1900년 이후-	연세대	1995
7	이연희	소설의 민간신앙-이해조와 이인직 작품	성균관대	1994
8	이상효	이해조 신소설 갈등해결 -경찰의 구실과 재판의 의미	동국대교육	1994
9	송병훈	이해조 판소리 개작소설	영남대교육	1994
10	허만욱	신소설 갈등양상-이해조/이인직/최찬식-	중앙대	1990
11	김재남	이해조 작품	세종대	1986
12	윤우일	이해조 신소설 작품	연세대교육	1985
13	이인제	이해조 판소리 산정	연세대교육	1984
14	김광룡	이해조 소설	중앙대교육	1984
15	정원주	이해조 소설	경남대	1983
16	윤용식	신재효 판소리사설과 이해조 판소리계	서울대	1982
17	이용남	이해조	서울대	1982
18	이형연	이해조 신소설	고려대교육	1976
19	서홍규	신소설 해학성-이해조 소설-	고려대	1975

3) 국내 학술지 및 정기간행물

국회전자도서관 검색창에서 키워드 '이해조'로 검색한 결과 기사색인에서 59편의 기사가 검색되었다.

제목에 이해조라는 성명이 들어 있는 기사는 「누가 신소설 최고의 작가인가?: 菊初 李人稙과 東儂 李海朝」, 「한말 계몽운동과 東儂 李海朝」와 같이 기사로 모두 30편이며, 이해조의 작품명이 직접 들어 있는 기사는 『홍도화』에 나타난 개화사상, 『옥중화』를 통해 본 '이해조 개작 판소리'의 양상과 그 의미 등과 같은 기사로 32편이다. 특히 이해조에 대한 연구 기사는 「한말 계몽운동과 東儂 李海朝」, 「애국 계몽운동가에서 이야기꾼으로: 이해조 편, 1」등과 같은 기사 6편이다.

제3의문학과 같은 계간문학지에 12편이 발표되었다. 학회지로는 열상고전연구회, 한국언어문학, 판소리연구, 국제어문, Journal of Korean Studies, 개신어문연구, 어문연구, 성균어문연구, 현대소설연구, 한국소설연구, 인천어문학, 반교어문연구, 대전어문학, 동아어문논집, 세종어문연구 등 15종이다.

학회로는 열상고전연구회, 한국언어학회, 판소리학회, 국제어문학회, 개신어문학회, Sentral Asian Association for Korean Studies, 한국어문교육연구회, 성균어문학회, 한국현대소설학회, 한국소설학회, 인천어문학회, 반교어문학회, 대전대 국어국문학회, 동아어문학회, 세종대 세종어문학회 등 15개 학회이다.

그리고 연구소 5개, 대학 및 전문대학 22개 대학, 잡지는 제3의문학, 한국학잡지(Journal of Korean Studies), 한국사상과 문화, 문학사상, 한국학보, 동방고전문학연구, 현대문학의 연구 등이 있고, 출판관련 업체로는 제3의문학, 일지사, 국학자료원, 태학사 등이 있다.

〈표-4〉 국내 정기간행물 기사 분석

순	저자	주제	수록지	주관	년도
1	홍정선	경술국치 이후 문학 변모	제3의문학/35	제3의문학	2009
2	이윤석	문학연구자들의 춘향전-1950-	열상고전연구/30	열상고전 연구회	2009
3	최원식	신소설 작가-국초 이인직과 동농 이해조-	제3의문학/35	제3의문학	2009
4	송민호	매일신보의 미디어적 변모/소설적 실감	한국문학연구/37	동대 한국문학연구소	2009

5	김도형	계몽운동과 동농 이해조	제3의문학/35	제3의문학	2009
6	안익수	꽃과 불의 해석적 별기-화세계-	제3의문학/34	제3의문학	2009
7	홍정선	이해조의 문학사적 위상	제3의문학/33	제3의문학	2009
8	조상우	황성신문소재 한문소설	한국언어문학/5	한국언어학회	2008
9	최진형	출판문화와 토끼전	판소리연구/25	판소리학회	2008
10	김성렬	문인 이해조	인문학연구/3	대진대 인문학연구소	2007
11	김성렬	이해조 소설의 재평가	국제어문/39	국제어문학회	2007
12	양균원	양립할 수 없는 두 태도	제3의문학/23	제3의문학	2006
13	이은영	홍도화 개화사상	제3의문학/23	제3의문학	2006
14	임선애	신소설 미국의 인식-이인직과 이해조-	한국사상과문화/35	수덕문화사	2006
15	오윤선	옥중화를 통해 본 이해조 개작 판소리	판소리연구/21	판소리학회	2006
16	김창호	광개토대왕 문벌책과 이해조	제3의문학/23	제3의문학	2006
17	안익수	꽃의 이미지적 아우라 -홍도화-	제3의문학/23	제3의문학	2006
18	정홍모	1910년대 대중소설-구의산-	Journal of Korean Studies/8	Sentral Asian Association for Korean Studies	2006
19	정충권	연의각-계통과 성격-	개신어문연구/24	개신어문학회	2006
20	최진형	흥부전 전승 양상	어문연구/132	한국어문교육연구회	2006
21	박정근	이해조-구마검-	제3의문학/21	제3의문학	2006
22	김순진	봉선화에 나타난 신분 타파	제3의문학/24	제3의문학	2006
23	정홍모	계몽주의와 대중소설-구의산-	제3의문학/22	제3의문학	2006
24	윤효선	현대소설 샤머니즘 잉태	성균어문연구/39	성균어문학회	2004
25	이희정	매일신보 연재 이해조 신소설 근대성	현대소설연구/22	한국현대소설학회	2004
26	송명진	근대소설 개념-화의 혈-	한국소설연구/5	한국소설학회	2003
27	최성윤	이해조 화의 혈과 채만식 탁류에 나타나는 자매 모티 세대론	현대소설연구/18	한국현대소설연구회	2003
28	조남현	애국계몽운동가 이야기꾼 이해조	문학사상/365	문학사상사	2003

29	곽상순	추리소설 서사구조 -이해조 구의산-	한국소설연구/5	한국소설학회	2003
30	서형범	이해조 신소설의 흥미 요소 편지와 추리 구조	한국학보/108	일지사	2002
31	소영현	역동적 현대의 구체-이해조의 초기작-	국제어문/25	국제어문학회	2007
32	최원식	화성돈전 연구-워싱턴 수용-	민족문학사연구/18	민족연구사 연구소	2001
33	고영학	이해조 소설의 공간 구조	인천어문학/16	인천어문학회	2000
34	정재원	이해조 소설의 장르 인식과 인간형상 -화의 혈과 자유종-	현대문학의 연구/15	국학자료원	2000
35	이상신	신문연재소설 화세계와 혈의 누에 나타난 이해조 개화의식	사회과학연구/8	장안대 사회과학 연구소	1999
36	최수일	소학령	반교어문연구/10	반교어문학회	1999
37	오종호	일제 강점초기소설의 대중화 -이해조 매일신보 중심-	논문집/21	영진전문대	1999
38	김현양	옥중화의 계보	동방고전문학 연구/1	태학사	1999
39	권영민	제국신문에 연재 이해조 신소설 -이해조 문학평가 오류-	문학사상/298	문학사상사	1997
40	최혜진	도상 옥중화	판소리연구/7	판소리학회	1996
41	한채화	이해조 옥중화 연구	어문논집/12	청주대 국문과	1996
42	김택중	이해조 소설 계몽의식-자유종-	대전어문학/13	대전대 국어국문학회	1996
43	김종철	옥중화 연구-이해조 개작에 대한 재론-	관악어문연구/20	서울대 국문과	1996
44	이호규	세상읽기 - 그 양상과 의미 -이해조 원앙도와 화의 혈 중심-	연세어문학/27	연세대 국문과	1995
45	김창진	이해조 소설의 수사와 인물 성격화	성심어문논집 /14.15	성심여대 국문학과	1993
46	김미현	새로움의 미학-신소설과 신신소설-	연구논집/24	이화여대 대학원	1993
47	오종호	개화기 소설 의식 -이해조 소설-	논문집/14	영진전문대	1992

48	류승렬	자유종	동아어문논집/1	동아어문학회	1991
49	곽 근	이해조 구마검-미신 타파-	논문집/9	동국대 경주캠퍼스	1990
50	전기철	개화기 논설 토론의 문학화	숭의논총/14	숭의여대	1990
51	신춘자	여성의 토론과 사회현실 수용 -이해조의 토론소설 자유종-	여성문제연구/16	효성여대 부설한국여성문 제연구소	1988
52	이용남	빈상설 연구	논문집/3	한신대학	1986
53	김재남	이해조 작품 연구-판소리 산정 신소설화-	세종어문연구/1	세종대 세종어문학회	1986
54	김종윤	자유종 소고	육사논문집/29	육군사관학교	1985
55	김창진	이해조 소설의 웃음	성심어문논집/8	성신여대	1985
56	이성주	국초와 영제의 작품 비교	논문집/12	관동대	1984
57	정무룡	신소설의 미신고	논문집/5.1	부산산업대	1984
58	윤용식	신재효 토별가와 이해조의 별주부전 비교	관악어문연구/6	서울대 인문대 국어국문학과	1981
59	최진형	심청전 전승 양상	판소리연구/19	판소리학회	2005

제시된 59편의 기사 중에서 3편을 쓴 저자는 최진형, 2편을 쓴 저자는 최원식, 김성렬, 정흥모, 김창진, 안익수 등 5인이다.

5. 결론

서지학(書誌學)은 '도서를 연구의 대상으로 하는 학문'이다. 서지(書誌)란 '책이나 문서의 형식이나 체제, 성립, 전래 따위에 관한 사실 또는 그것을 기술한 것'을 말한다. 그 책의 '서명, 저자명, 출판사, 출판지, 출판년도, 삽도, 부록, 딸림 자료, 페이지,

책의 크기, ISBN, ISSN' 등에 관한 내용이 서지사항이다.

산 좋고 물 좋은 고장인 포천에는 학자, 정치가, 충신, 독립 운동가, 효자 등 출중한 인물이 많이 탄생 배출되었다. 한 인물의 작품에 대한 서지학적 연구는 인물과 작품의 연구에 많은 도움이 되는 것이다.

본 연구는 포천이 낳은 신소설의 개척자 동농 이해조 선생 연구에 대한 동향을 단행본, 학위 논문, 학술지 및 정기간행물 기사를 조사하여 서지학적으로 고찰한 것이다.

동농 이해조 선생에 관련된 연구를 국회전자도서관에서 조사한 자료를 중심으로 분석하면 단행본 28권, 학위 논문 23건 중 박사 4편, 석사 19편, 국내외 학술지 및 정기 간행물 기사 59편이다.

단행본 중에서 12권은 주로 다른 작품과 비교, 분석하거나 문학사론, 근대소설의 시각, 이해와 감상, 민족문학론, 작품세계 등을 다루었다.

저자를 분석하면 이해조가 첫 저자로 된 서적은 11권, 다른 저자가 첫 저자로 된 책은 17권, 편저자 중에는 권영민이 펴낸 도서가 6권으로 가장 많다.

주제를 살펴보면 이해조 작품명인 빈상설, 구마검, 자유종 등 소설명을 직접 사용 한 것이 많다. 한편 다른 주제는 대체로 소설 연구, 문학사, 문학 이해/감상, 민족문학, 갈등, 계몽문학 등이다. 발간 년도는 1960년대 3권, 1980년대 8권, 1990년대 3권, 2000년대 14권으로 최근의 연구가 활발하다고 할 수 있다.

박사학위 논문은 4편으로 모두 1980년대에 학위를 받은 논문으로, 동농 선생의 소설을 중심으로 문체론, 갈등 양상을 주로 연구하였고, 동농 선생 문학의 전체적인 연구, 신소설에 미친 만청소설(晩淸小說)의 영향 등을 다루었다.

석사학위 논문은 일반대학원 13편, 교육대학원 6편으로 모두 19편이다. 1980년대 논문이 7편으로 가장 많으며, 1990년대와 2000년대 논문은 각각 5편이다.

이해조 선생의 작품만을 연구 대상으로 한 논문은 14편으로 주로 애국계몽기 담론(談論)분석, 재판(再版)소설, 갈등 해결 구조, 판소리 개작(改作)소설, 작품 내용 연구, 해학성(諧謔性) 등을 연구 주제로 하고 있다. 그리고 다른 작가의 작품과 비교, 민족주의, 이념, 민간신앙, 갈등해결 구조, 판소리 산정(刪正) 연구, 특히 신재효 판소리 사설과 이해조 판소리계의 작품 비교 등이다.

국내외 학술지 및 정기 간행물 기사 59편 중에서 제목에 이해조라는 성명이 들어 있는 기사는 「누가 신소설 최고의 작가인가?: 菊初 李人稙과 東儂 李海朝」, 「한말 계몽운동과 東儂 李海朝」와 같은 기사로 모두 30편이며, 이해조의 작품명이 직접 들어 있는 기사는 『홍도화』에 나타난 개화사상, 『옥중화』를 통해 본 '이해조 개작 판소리'의 양상과 그 의미 등과 같은 기사로 32편이다. 특히 이해조에 대한 연구 기사는「한말 계몽운동과 東儂 李海朝」, 「애국 계몽운동가에서 이야기꾼으로: 이해조 편, 1」등과 같은 기사 6편이다.

제3의문학과 같은 계간문학지에 12편이 발표되었고, 학회로는 판소리학회, 한국소설학회 등 15개 학회이며, 각 학회마다 학회지를 발간하고 있다.

그리고 연구소 5개, 대학 및 전문대학 22개 대학, 잡지는 제3의문학, 한국학잡지(Journal of Korean Studies) 등 8종이며, 출판 관련 업체로는 제3의문학 등 4개 업체이다. 제시된 59편의 기사 중에서 3편을 쓴 저자는 최진형, 2편을 쓴 저자는 김성렬 외 4인이다.

향후 우리나라 국가전자도서관 등 주요 도서관을 통하여 이해조 선생에 관련된 더 많은 자료를 검색하여 조사할 필요가 있을 것으로 생각된다.

동농 이해조 문학 공모전 수상작

[학생부 시부문 최우수작]

텔레스코프[1)]

유승연(고양예고 2학년)

제4의 벽[2)]

여자가 벽을 허물고 있다

여기 갇힌 영혼을 풀어주어야 해요 자고로 영혼이 묶여있으면 잠은 떠돌기 마련이죠 허물 때엔 손톱으로 해야 해요 그래야 영혼이 잔잔한 진동을 느끼고 저에게 말을 걸거든요
이 벽을 허물면 블랙홀이 있을 것만 같아요 영혼은 소리 없이 바람을 파먹거든요 이 부스스 떨어지는 작은 바람까지

벽은 허물수록 빽빽하게 숨소리로 차고
여자의 손톱에도 딱딱한 덩어리 같은 바람이 낀다

1) 여럿의 배우가 같은 시간동안 함께 대사하는 것.
2) 이론은 프랑스의 D. 디드로가 주창하였다. 무대는 하나의 방으로 되어야 하고, 여기에서 한 쪽 벽은 관객이 볼 수 있도록 제거된 것뿐이며, 이것이 가상적인 제4의 벽이라는 것이다.

귀 다섯 개와 입 하나의 노래

몇몇의 남자와 여자가 소리를 먹고 있다

애기 울음소리에 신경질적인 엄마의 발소리를 발라 먹어본 적이 있습니까? 우유 속에 머쉬멜로를 잔뜩 넣고 딸기와 함께 뚝뚝 떠먹는 맛이지요 물론 저는 소리 외엔 먹을 줄 아는 게 없소만. 얼마 전부터는 갸르릉 거리는 소리가 들리길래 덥석 물었다가 고양이처럼 찝찝한 맛이 나서 관뒀소 그런데도 묘하게 끝 맛이 당겨서 나도 모르게 어느새 계속 먹고 있었소 사카린이 잔뜩 들어간 뻥튀기를 생각 없이 먹는 것처럼

남자와 여자는 자신의 숨소리까지 먹고 있었다
숨을 먹을수록 호흡이 가빠지고 위는 그럴수록 더 숨을 원했다
귀는 소리로 가득차고 입만 아가미처럼 호흡하고
잠깐 떴던 눈꺼풀 위로 미세한 바람 덩어리들이 내려앉는다

[학생부 소설부문 최우수작]

천장에 붙었다

이채리(고양예고 2학년)

“엄마, 동수가 천장에 붙었대.”

나는 엄마에게 말을 건네요. 엄마는 응? 하고 눈을 동그랗게 떠요. 그게 무슨 말이냐고 나에게 물어요. 하지만 나는 다른 말은 못해요. 왜냐하면 들은 게 그거거든요. 엄마는 한 번 묻더니 아무런 말도 안 해요. 엄마가 화날 때 짓는 표정을 지어요. 나는 엄마가 화났나 해서 왜 그러냐고 물어요. 엄마는 아무것도 아니라며, 이따 밥 먹을 때 부르면 오래요.

이게 어떻게 된 일이냐면요, 바로 오늘 일이에요. 나는 평소와 다름없이 유치원에 갔어요. 유치원 아이들도, 유치원의 모습도 다 그대로였어요. 아 맞다, 오늘 동수가 안 왔어요. 그것 말고는 다른 게 없었어요. 다를 게 없다고 생각했지요. 그런데 오늘따라 선생님이 이상한 거 있죠? 선생님은 하루 종일 멍하니 앉아있거나 책상에 엎드려 있었어요. 나는 선생님한테 가서 팔을 꾹꾹 찌르며 물어봤어요. 선생님, 어디 아프세요? 선생님은 몸을 일으켜 나를 봤어요. 선생님 머리가 너무 헝클어져 있어서 손을 뻗어 넘겨주었어요. 그런데 선생님이 내 손을 꼭 잡았어요. 아냐, 괜찮아. 선생님 안 아파. 선생님은 정말 이상했어요.

나를 계속 뚫어져라 봤거든요. 평소에 너무 뚫어지게 쳐다보는 이상한 사람이 있으면 도망가라고 일러주던 선생님이 그 이상한 사람이 되었어요. 나는 선생님한테 왜 그러세요? 얼굴에 뭐 묻었어요? 하고 물어봤어요. 선생님은 아무런 말도 안 하고 내 손을 놔주었어요. 그러더니 웃어줬어요. 선생님 정말 괜찮아, 가서 놀아. 얼굴에 뭐 안 묻었어. 선생님은 평소처럼 말했어요. 나는 말을 잘 듣는 착한 애라서 선생님 말을 듣고 가서 친구들과 놀았어요. 이따금 지루해지면 바느질 놀이 하는 곳에 가서 종이에 그려진 점선을 따라 바느질을 했어요. 선생님은 가끔 나에게 와서 말을 걸었어요. 그러다 집에 갈 시간이 거의 다 됐어요. 나는 화장실에 가려고 복도로 나왔다가 선생님이 누군가와 전화하는 것을 봤어요. 선생님이 전화를 끊으면 깜짝 놀래켜서 장난 칠 마음으로 몰래 숨어서 선생님을 지켜봤어요. 그런데 갑자기 선생님이 동수 얘기를 하는 게 아니겠어요? 동수가요, 천장에서 바로 붙었다고요. 네, 어머님 너무 걱정 마세요. 괜찮아요. 동수는 꼭 천장에 갈 거예요. 선생님은 이상한 말을 했어요. 동수가 천장에 붙었다니? 그래서 오지 못 하는 걸까요? 아닌데. 어제만 해도 동수는 나랑 하루 종일 같이 놀았어요. 만날 내 머리를 잡아당기며 심술궂게 구는 동수지만 같이 놀면 꽤 재밌거든요. 어제 놀이터에서 하루 종일 같이 놀다가……. 어라, 어떻게 헤어졌었지? 기억이 나질 않아요. 동수랑 어제 분명히 같이 놀았는데. 그 다음에 어떻게 됐는지 기억이 안 나요. 동수는 진짜로 천장에 붙어버린 걸까요? 그럼 너무 슬퍼요. 어떻게 헤어진 지도 모르는데, 동수가 천장에 붙어 영영 유치원에 오지 못 하면 어떡해요. 아, 아니다. 그래도 어제는 동수가 나한테 머리 잡아당겨서 미안하다고 사과도 했어요. 나한테 너 좋다고도 얘기했는걸요. 맞아, 그래서 동수랑 나랑 짝꿍하기로 했어요. 동수는 내 남자친구가 됐어요. 그래서 어제 참 재미있었는데. 동수랑 손 꼭 잡고 소꿉놀이도 했거든요. 근데, 왜 어떻게 헤어졌는지 기억이 나지 않는 걸까요?

앗, 내가 좋아하는 만화영화를 할 시간이에요. 나는 얼른 거실로 달려가 TV를 틀어요. 오늘도 지구를 지키는 라라공주가 나와요. 라라공주는 내가 제일 좋아하는 영웅이에요. 길고 곱실거리는 금발머리에 반짝거리는 눈을 가지고 있어 참 예뻐요. 라라공주는 평소에는 얌전한 공주님이에요. 새침하기 그지없고, 누구를 만나도 참 얌전하게 행동해요. 그런 라라공주가 변신만 하면 용감한 영웅이 돼요. 라라공주는 오늘도 자기보다 훨씬 커다란 괴물과 싸워 이겨요. 모두들 그 영웅을 나나라고 불러요. 아무도 나나가 라라공주인 줄 몰라요. 나나는 라라공주와 전혀 달라요. 머리도 갈색의 생머리로 바뀌는 걸요. 참, 라라공주에겐 정혼자도 있어요. 어른들 앞에선 의젓하고 멋진 왕자님인데 라라공주 앞에만 서면 장난꾸러기로 변해요. 이름은 윌리엄이에요. 윌리엄은 꼭 동수 같아요. 동수는 평소 친구들한테도 잘 해주고, 선생님한테도 칭찬을 많이 받는데 나한테만 못되게 굴거든요. 그래서 나는 동수가 싫어요. 아, 아니다. 안 싫어요. 동수는 내 남자친구니까. 좋아요.

엄마가 나를 불러요. 잠깐만. 나는 라라공주가 대마왕과 싸우는 장면을 보고 가슴을 졸이며 대답해요. 엄마는 계속 나를 불러요. 라라공주가 대마왕을 물리쳤어요. 나는 박수를 막 쳐요. 이번엔 라라공주가 진짜 죽는 줄 알았어요. 엄마가 화난 목소리로 나를 불러요. 이크, 이번엔 정말 혼나겠어요. 나는 엄마에게로 달려가요. 엄마는 밥 먹으라며 밥그릇을 내 앞에 밀어줘요. 나는 수저를 들어요. 수저가 너무 크고 무거워서 손에 잘 잡히지 않아요. 수저를 꼭 잡고 겨우겨우 밥을 떠요. 자꾸 밥풀이 여기저기 묻어요. 엄마는 그럴 때마다 밥풀을 떼어주며 왜, 간식으로 먹게? 하고 말해요. 나는 흐흐흐 소리를 내며 웃어요. 그런데 아까 동수 얘기는 뭐니? 엄마가 물어요. 나는 몰라, 선생님이 천장에 붙었다고 했어. 라고 대답해요. 정말 그런걸요. 밥을 다 먹었어요. 엄마가 나보고 양치질하고 책을 읽으래요. 나는 양치질을 하고 나와 방으로 들어가 라라공주 인형을 집어 들어요. 라라공주는 나나로 변신된 상태에요. 나나의 머리카락이 찰랑거려요. 나는 나나의 머리를 빗어주며 말을 걸어요. 나나는 내 소원을 들어주기도 했거든요. 저번에 유치원 급식에 시금치 좀 그만 나오게 해달라고 했더니 정말 들어줬어요. 라라공주님, 내일은 동수가 오게 해주세요. 사실 오늘 너무 심심했어요. 엄마가 방으로 오는 소리가 들려요.

오늘도 유치원에 동수가 오지 않았어요. 선생님께 왜 동수가 오지 않았냐고 물어요. 선생님은 대답하지 않고 가만히 고민해요. 그러더니 이따가 말해주겠다고 해요. 나는 알겠다고 대답한 후 친구들과 놀아요. 매일 머리카락을 잡아당기던 동수가 없어서 허전해요. 점심시간이 지나고, 선생님이 영화를 보여준대요. 오늘 볼 영화는 쥐라기 공원이에요. 공룡들의 모습을 보니 왠지

머리가 아파요. 재미가 하나도 없어요. 저것보다 평소에 동수랑 가지고 놀던 익룡 모형이 훨씬 멋진 것 같아요. 나는 잠깐 잠을 자요. 한참 뒤, 영화가 끝났는지 선생님이 박수를 치며 아이들을 불러 모아요. 선생님이 동수에 대해 해 줄 말이 있대요. 아이들은 모두 귀를 쫑긋 세워요. 나는 얼른 잠에서 깨어나 선생님 가까이로 다가가요. 선생님이 말했어요. 동수가 다시는 유치원에 오지 않을 거래요. 왜요? 나는 큰 소리로 물어요. 동수가 아주 먼 곳에 갔어요. 거기서 더 좋은 유치원에 다닌대요. 선생님은 활짝 웃으며 말해요. 아이들은 동수가 나쁘다고 욕해요. 나도 같이 욕해요. 나쁜 동수, 아무 말도 없이 가버리다니.

생각해보니까 뭔가 이상해요. 선생님은 그 때 동수가 천장에 붙었다고 했단 말예요. 그래서 나는 유치원이 끝나고 선생님한테 가서 따지기로 결심했어요. 아이들이 모두 집에 가고, 선생님은 유치원 한 가운데에 있는 의자에 앉아 엎드렸어요. 나는 선생님에게 다가갔어요. 선생님, 선생님. 나는 선생님을 흔들어 깨웠어요. 선생님은 깜짝 놀라 일어났어요. 선생님, 동수 얘기 거짓말이죠? 선생님이 당황해요. 역시 거짓말이었나 봐요. 나는 인상을 한가득 찌푸리고 선생님을 째려봐요. 선생님은 아무런 말도 하지 못해요. 선생님, 그 때 누구랑 통화하는 거 다 들었어요. 동수 어쩌고 하는 거! 선생님이 말을 더듬어요. 어, 그, 그게. 동수가 천장에 붙었다면서요? 나는 선생님이 변명할 틈을 주지 않고 막 쏘아붙여요. 선생님이 그 상태로 굳어요. 역시, 동수는 천장에 붙은 거였어요. 어쩐지 눈물이 나요. 불쌍한 동수. 천장에 매달려 있으려면 힘들 텐데. 무슨 소리야? 선생님이 물어요. 그 때 그랬잖아요. 동수가 천장에서 바로 붙어버렸다고, 동수는 꼭 천장에 갔을 거라고! 선생님은 이리저리 눈을 굴리며 뭔가 생각하더니 갑자기 웃음을 터트려요. 눈에는 그렁그렁 눈물을 매달고 웃어요. 그렇게 웃긴가? 선생님이 얄미워요. 거짓말하고, 내 말에 웃기까지 하다니. 화가 나요. 나는 왜 웃어요? 하고 선생님한테 막 화를 내요. 선생님은 웃는 것을 멈추고 나를 똑바로 봐요. 미안해, 거짓말해서. 동수는 천장에 붙었대. 그래서 여기 오기 힘든 거야. 이건 비밀이야. 절대로 아무한테도 얘기하면 안 돼. 그럼 동수가 천장에서 떨어지는 게 더 힘들어져. 나는 선생님의 눈을 똑바로 쳐다보면서 고개를 묵묵히 끄덕여요. 그럼 동수가 천장에서 떨어지면 돌아오는 거예요? 선생님은 그건 잘 모르겠다, 떨어진 후에도 치료를 해야 할 거야. 하고 심각하게 말해요. 나는 오늘부터 나나를 껴안고 기도해야겠다고 생각해요.

엄마가 안 와요. 아빠도 안 와요. 그래서 거실에 혼자 앉아서 막 울었어요. 그 때 아빠가 들어오더니 나를 안아줘요. 엄마 어디에 있냐고 물어요. 아빠가 엄마가 다쳤대요. 크게 데였대요. 덴 게 뭔지는 나도 잘 몰라요. 근데 내가 전에 엄마가 만든 뜨거운 설탕과자를 팔에 엎어서 두드러기가 한가득 났을 때랑 비슷한 거래요. 다만 엄마는 그게 좀 심하대요. 나한테 맛난 카레를 해주려다 그걸 엎어버렸대요. 그래서 팔을 홀라당 데였대요. 엄마 팔도 라라공주에 나오는 대마왕처럼 끔찍하게 변한 건 아니겠죠? 대마왕은 죽은 후 불에 들어갔다 나와서 끔찍한 모습으로 부활했거든요. 나는 걱정이 됐어요. 다행히 아빠는 아니라고 했어요. 아직 엄마를 만나지는 못했어요. 아빠가 엄마는 조금 있다가 올 거라면서 기다리라고 했어요. 엄마는 지금 절대 안정을 취해야 해서 나를 만나면 안 된다고. 아빠 외엔 아무도 못 만난다고 했어요. 절대 안정이 뭔지는 몰라요. 그래도 중요한 것 같아서 나는 아빠의 말을 듣기로 했어요. 서른 밤 정도 자면 올 거라고. 아빠는 그 다음부터 부엌에 잘 가지 않아요. 나보고도 절대 가지 말라고 했어요. 두드러기 났을 때도 엄청 아팠는데, 엄마는 얼마나 아플까요.

나는 엄마를 기다리며 동화책을 계속 읽었어요. 엄마는 내가 책을 읽는 것을 좋아했거든요. 다른 책은 잘 이해가 안 돼서 5권만 번갈아가면서 계속 읽었어요. 엄마한테 외워서 들려줘야겠어요. 엄마는 아프니까, 내가 엄마를 만나면 돌봐줘야 해요.

아직도 서른 밤이 안 지났대요. 서른 밤은 무슨, 백 밤도 더 지난 것 같은데. 코가 아파요. 눈도 아파요. 나는 엉엉, 하고 큰 소리로 울어요. 엄마가 안 와요. 아빠는 만날 엄마만 보러 가요. 나는 혼자 집에 앉아 있어요. 라라공주도 없는데. 나는 나나를 껴안아요. 근데 나나는 너무 작아요. 그리고 움직이지도 않아요. 대마왕을 무찔러주지도 않아요. 저번에 기도했을 때, 유치원 급식에서 시금치를 없애준 것처럼 동수나 엄마를 데려오지 못 하는 거야. 나는 나나를 바닥에 던지며 신경질을 부려요. 나나는 아무런 말도 하지 않아요.

유치원에 가요. 아빠는 회사 가는 길에 나를 유치원에 데려다 줘요. 그래서 나는 유치원에 오는 아이들 중 가장 빨리 가요. 유치원에 도착하면 선생님이 나를 반겨줘요. 그런데 사실 선생님이랑 노는 건 재미없어요. 선생님은 라라공주도 잘 모르고, 재미있게 놀지도 못해요. 그냥 항상 웃고만 있어요. 엄마처럼 내 밥풀을 떼 주지도, 동수처럼 내 머리카락을 잡아당기지도 못해요. 다들 어디로 간 거야. 아무도 없어요. 나는 선생님과 이야기를 나누다 울음을 터뜨려요. 선생님은 어떻게 해야 할지 몰라요.

내가 너무 울어서, 아빠는 회사에서 달려왔어요. 아빠는 선생님한테 고개를 꾸벅 숙이고 나를 데리고 나가요. 나는 아빠의 다리에 딱 달라붙어요. 아빠는 걸음이 느린 나를 번쩍 안아들고 왜 울었냐고 물어봐요. 아무도 없어서. 동수도, 엄마도 아무도 없어서. 아빠는 아무런 말도 하지 않아요. 나는 아빠의 품으로 파고들어요. 아빠한텐 오랜만에 안겨보는 거예요. 아빠는 내 등을 다독여요. 엄마에게 데려가주겠대요. 진짜? 나는 소리를 질러요. 아빠는 엄마가 이제 좀 괜찮아졌다고 해요. 다행이다. 나나가 내 소원을 들어줬나 봐요. 오늘 가서, 던져서 미안하다고 사과해야겠어요.

깜빡 잠들었어요. 깨어나니까 병원이었어요. 병원이 너무 컸어요. 우리 집 뒤에 있는 행복 소아과는 작은데. 여기 병원은 대체 몇 층인지 모르겠어요. 아빠는 나를 차에서 내려 꼭 안아들고 올라가요. 엘리베이터를 타고 올라가요. 엘리베이터는 발사되는 것처럼 쭉 올라가요. 그리고 7층에 멈췄어요. 아빠는 꼬불꼬불한 복도를 지나 잘도 찾아가요. 그리고 복도 끝에 있는 문을 열어요. 사람이 많아요. 둘러보는데, 엄마랑 똑같은 등이 보여요. 나는 아빠에게 내려달라고 해요. 아빠는 안 된다고 말했지만, 내가 발로 차면서 떼를 썼어요. 나는 아빠가 내려주자마자 엄마에게 달려가요. 그리고 침대에 매달려서 엄마를 불러요. 엄마는 일어나 나를 봐요. 나는 막 울어요. 엄마가 너무 보고 싶었다고 막 울어요. 그런데, 엄마가 이상해요. 얼굴이랑 팔에 새하얀 휴지 같은 걸 칭칭 감고 있어요. 엄마의 얼굴이 반쪽밖에 안 보여요. 나는 엄마 팔에 매달리며 나 왔다고 해요. 엄마는 아무 말도 않고 나를 보다 아빠를 쳐다봐요. 아빠의 목소리가 들려와요. 어쩔 수 없었어. 오늘 유치원에서 하루 종일 울었다고. 엄마는 한숨을 푹 쉬더니 다시 나를 내려다봐요. 그러더니 왼쪽 팔을 들어서 내 머리를 쓰다듬어요. 나는 침대 위로 올라가서 엄마의 앞에 앉아요. 엄마의 얼굴을 더 잘 보고 싶어요. 엄마 얼굴 왜 안 보여? 보고 싶어. 엄마는 나를 꼭 안아서 무릎에 앉혀요. 나는 엄마의 얼굴에 쓰인 것을 벗겨내려고 손을 뻗어요. 엄마가 입을 열어요. 엄마의 목소리랑 조금 다른 목소리가 나와요. 여보, 데려가요. 나는 엄마의 품으로 파고들어요. 아빠가 침대에 다가와서 날 엄마한테서 떼어 내요. 나는 엄마를 꼭 붙잡지만, 아빠는 힘이 너무 세요. 아빠가 엄마한테 미안하다고 말하고 날 데리고 나가요. 왜 나가는 거죠? 아빠에게 떼를 써요. 엄마랑 있을 거라고. 왜 데려 가냐고 떼를 쓰고 화를 내요. 아빠는 무시하고 나를 꼭 껴안고 병원 밖으로 나왔어요. 그리고 차를 타러 가요. 횡단보도를 건너고 유료주차장이라고 쓰여 있는 곳으로 가요. 아빠가 차를 여느라 정신이 없을 때 나는 도망쳐요. 횡단보도에 도착했을 때, 아빠가 뒤에서 내

이름을 부르는 소리가 들려요. 신호는 빨간 색이에요. 괜찮아요. 차가 얼마 없으니까 괜찮아요. 엄마를 보려면 내가 뛰어야 해요. 아빠한테 잡히면 엄마를 또 못 봐요. 나는 무작정 뛰어서 건너요. 그런데 저 멀리서 어떤 차가 빵빵, 하고 소리를 내요. 나는 차를 봐요. 차는 나한테로 다가와요. 나는 그 자리에 멈춰 서요.

저기, 자그마한 아이 둘이 사람이 별로 없는 횡단보도에 선 모습이 보인다. 여자아이가 됐다고, 어서 가라고 남자아이를 떠민다. 남자아이는 그럼, 내가 저기 중간까지만 같이 갈게. 하고 의젓하게 말한다. 아이들은 손을 꼭 잡고 횡단보도를 걷는다. 신호등의 파란 불 아래 쓰인 숫자가 줄어든다. 10, 9……. 멀리서 SUV차량이 달려온다. 운전자는 조그만 아이들을 제대로 보지 못한다. 아이들은 천천히 걷는다. 두 아이는 동시에 중앙선 부근에서 멈춰 선다. 6, 5……. 여자아이가 남자아이에게 손을 흔들고 마저 건넌다. 남자아이는 여자아이가 건너가는 것을 지켜보다 뒤돌아 원래 건너왔던 곳으로 돌아간다. 3, 2……. 운전자는 횡단보도와 도로에 아무도 없는 것이라 생각하고 점점 더 속력을 높인다. 60, 65, 70, 80……. 여자아이는 거의 다 건넜다. 남자아이는 아직 횡단보도 중간쯤에 서있다. 1. 운전자는 뒤늦게 남자아이를 발견해 브레이크를 밟는다. 남자아이는 다시 한 번 여자아이를 돌아보고 인사를 하고 있다. 그리고 남자아이가 차에 치여 도로 위로 붕 뜬다. 여자아이는 남자아이를 보고 멍하니 서있다가 동수, 난다. 하고 말한다.

한참 뒤, 여자아이는 어머니에게 안겨 있다. 여자아이는 의식이 없어 보인다. 남자아이의 어머니로 보이는 여자는 아무런 말도 하지 못하고 도로에 서있다. 경찰관은 무전기에다 대고 무심히 말한다. 네, 현장에서 바로 죽었습니다. 여자아이의 어머니는 여자에게 다가간다. 그리고 동수는 꼭 천당 갈 거예요. 라고 말을 건넨다. 여자는 힘없이 고개를 돌리더니 그 자리에서 쓰러진다. 여자아이의 어머니는 비명을 지른다. 앰뷸런스의 사이렌소리가 울린다. 모든 상황이 정리 되고, 다음 날. 여자아이가 깨어난다. 여자아이는 아무렇지 않아 보인다. 어머니는 여자아이가 멀쩡한 것을 확인하고 유치원에 보낸다. 유치원에 다녀온 여자아이는 어머니에게 동수가 천장에 붙었대. 라고 말한다. 어머니는 현장에서 죽었다는 경찰관의 말과, 천당에 갈 거라는 자신의 말을 떠올린다.

그리고 또 저기, 그 여자아이가 횡단보도 앞에 홀로 선 것이 보인다. 아이는 어딘가 모르게 초조해 보인다. 뒤에서는 웬 남자가 달려온다. 아직 빨간 불이다. 멀리서 중형 세단이 달려온다. 여자아이는 남자를 보고 주변을 둘러본다. 차는 멀리 있기 때문에 여자아이의 시야에 잘 들어오지 않는다. 차는 점점 속력을 높여간다. 80, 85, 90……. 남자는 점점 아이에게 다가온다. 아이는 횡단보도를 달려 건넌다. 속력을 빨리한 차가 순식간에 횡단보도 근처를 달리고 있다. 아이가 횡단보도 끝자락에 다다랐을 쯤, 차의 운전자는 급히 브레이크를 밟는다. 아이는 아, 하는 외마디 소리를 낸다.

한참 뒤, 여자아이의 어머니와 아버지가 아무런 말도 하지 못하고 도로에 서있다. 경찰관은 무전기에다 대고 무심히 말한다. 네, 현장에서 바로 죽었습니다. 어머니는 힘없이 고개를 돌리더니 그 자리에서 쓰러진다. 앰뷸런스의 사이렌소리가 울린다. 깨어난 어머니는 몸을 일으킨다. 어머니는 멍한 표정을 짓는다. 아버지가 어머니의 어깨를 다독인다. 어머니는 말한다. 우리 아가, 천장에 붙었대요.

[일반부 소설부문 최우수작]

웨딩케이크

신타인

밤이 적막을 놓치지 않으려고 흰 줄기를 잡고 늘어지는 새벽 다섯 시 쯤 이었다. 허공을 꽉 채우고도 남아 내 고막에 들어차 윙윙거리던 소리들까지 지쳐 누워버린 시간이기에, 귀만 쫑긋거린다면 나무가 웃는 소리도 들을 수 있을 만큼 사방은 조용했다.

이미 고질병이 되어버린 불면을 두들겨서라도 뻗어버리게 만들려고 일부러 오래전의 쓸쓸했던 기억 까질 끌어안고 뒹굴 때였다. 내 방과 벽 하나를 두고 맞붙어 있는 509호에서 아기 울음소리가 들렸다. 그 시간에 아이가 운다고 해서 놀랄 일은 아니지만 예민해진 내 청각이 잡아낸 것은 그 울음이 어딘지 모르게 말라있다는 느낌이었다. 어느 울음이던 듣다보면 덩달아 눈물이 나올 만큼 살아있는 울음이 있는가 하면, 아무런 생각이 들지 않는 건조한 울음소리가 있기 마련인데 희뿌옇게 찢어지는 새벽에 들려오는 아기의 울음소리에 눈물은커녕 섬뜩해지기까지 했다. 아이가 아픈가? 라는 걱정이 막 생기는 순간이었다.

더럭 무서움증이 솟았다. 벌떡 일어나 어떻게든 잠을 자보려고 껐던 불을 급히 켰다. 그 사이 아기의 울음소리는 멈추었다.

남은 흐느낌도 없었다. 새벽만 바짝 희푸스름하게 벌어지고 있었다. 자뭇 스산하기도 했다. 509호에 아무도 살지 않은지 벌써 몇 달째인데...

그녀가 우리 집의 초인종을 누른 것은 그들이 신혼여행을 다녀왔다는 이월 말경이었다. 여러 사람이 몇 날 며칠에 걸쳐 말짱한 집을 다 뜯어가며 개조를 하기 시작했다. 시어른이라도 모신다면 서른두 평으로는 조금 좁을 수도 있겠지... 보이지 않는 이해를 갖으려 했을 뿐. 도대체 얼마나 멋 드러나게 꾸미는가? 기웃거리지 않으려 했는데 문을 활짝 열어놓고 공사를 하는 통에 내부를 들여다 볼 수 있었다.

벽과 바닥이 온통 파랬다. 바다... 온통 짙푸른 바다가 내 옆에서 흐르고 있었다. 그 바다로 상아빛 소파가 놓여지던 날엔 탄성이 절로 터져 나왔다.

바다와 배. 어떻게 생긴 여자일까? 얼굴을 보기도 전에 궁금해지는데 그 호기심에는 내가 소유하지 못하는 자유로운 감성에 대한 질투가 묻어 있었다. 이사를 오기도 전부터 나를 자극한 여자가 푸른 접시에 케이크를 담아왔다. 보통 이사를 오면 찰떡을 돌리는 것이 오래전부터 전해 내려오는 풍습이기도 하련만 생크림이 방금 핀 꽃처럼 싱싱한 케이크를 들고 서 있는 그녀한테서 번외의 감정인 질투를 다시 느끼고 말았다.

그녀는 특이했다. 특별한 것이 아니라 특이하다고 느꼈다. 그것은 모든 사람이 고루 갖춰야 할 어떤 능력에서의 탈락을 자인하는 일이라 서글프기까지 했다. 이미 그 집 살림살이에 어느 정도 위축이 되어있던 나인지라 그녀를 집안으로까지 들어오라고 할 수는 없었다. 그러기가 싫었던 건 앞으로 그녀와는 정을 주며 오고가는 이웃이 되지 못하리라는 것을 예감했던 탓이었다. 이것 역시 덜 채워진 심성에서 울거진 패배의식이었다.

우리는 서로 같은 방향을 보며 살고 있다는 것을 이르지 않은 아침과 아주 늦은 밤에 한번 씩만 열리는 509호의 현관문 소리를 들으면서 알 수 있었다. 내가 알아들을 수 있는 것이 두 번 이었지 사실은 아닐 수도 있다. 행동거지가 음전한 편이라면 이웃에게까지 현관문의 여닫음을 알릴 필요 없이 조용히 출입을 할 수도 있다는 것이다.

신혼부부라는 것만 알았을 뿐 전혀 왕래 없이 몇 달이 흘러갔다. 여름해가 길게 떨어지려는 저녁 무렵에 우연하게 그녀와 엘리베이터를 타게 되었다. 같은 오층에 살고 있다는 것을 서로 기억은 했는지 내가 오층을 누르자 그동안에 살이 찐 걸까? 할 만큼 봉긋해진 배를 손으로 가리고 있었다. 얼핏 본 것이었기에 일부러 알은 척까지 할 수 없었다.

엘리베이터에서 내리자마자 가벼운 목례를 던지고 돌아서 509호의 대문에 열쇠를 꽂고 있는 그녀의 목덜미가 유난히도 서늘해 보였다.

땀이 끈적이는 초여름 이였는데도 말이다. 그러고 보니 슬쩍 마주친 눈동자까지 바닷물처럼 새푸스름 한 것도 같아 몇 달 전 그녀의 거실에서 훔쳐본 바다가 떠올랐다. 지금 그녀는 집으로 들어가는 것이 아니라 바다로 가는 것이라고. 그 바다로 가 어디론가 떠날 배를 탈지도 모른다는 상상을 하자 갑자기 그녀의 바다로 가고 싶다는 생각이 들었지만 이미 그녀는 문 저쪽에서 바다를 닫고 있었다. 아무도 올 수 없도록 꼭꼭 잠그고 있었다.

여름햇살을 완전히 가로막은 블라인드를 열어 제칠 생각은 아침부터 없었다. 지금도 그 생각은 변하지 않았는데 만약 지금 저 블라인드를 열고 밖을 내다본다면 나는 빈 들판에 서 있다는 괴리에 빠져들 게 틀림없었고,

그 들녘으로 마침 노을이라도 떨어진다면 어쩜 죽고 싶기까지 할 허무에 또 휘말리고 싶지 않아서였다. 나는 그녀의 바다만을 떠올리고 싶었다. 언젠가라도 내 뼈를 흩뿌려야 할 곳, 살아서나 죽어서나 가장 서러운 고향이기도 할 바다를 옆으로 비껴선 채 그리워만 하고 있었던 것이다. 그런 상념은 스스로를 지치게 하기 보단 맞는 열쇠가 없어 열지 못하고 자물쇠만 뎅강 거리는 오래도록의 고립을 맛보게 했다.

그래도 끊어낼 수 없는 자존으로 버텨보던 어느 날, 늦은 가을 속에서 그녀를 다시 만났다. 얼굴이 많이 야위어 보였다. 푸른빛이 날 정도로 투명하던 눈동자에는 피곤함이 잔뜩 서려 있었고 금방 핀 목련화같이 희고 보들 하던 얼굴에는 까뭇한 점들이 듬성거릴 만큼 그녀는 엄마가 되는 훈련에 지쳐하고 있었다.

내내 부럽던 마음보다는 이럴 때 누구라도 옆에서 입맛을 돋우는 음식을 해주면 조금은 덜 힘들 텐데 라는 연민을 느꼈다. 그 얼굴이 내가 기억하는 혼자로서의 마지막 그녀 모습이었다.

가을이 다 가도록 방에만 틀어박혀 인정받지도 못할 소설이나 끄적이다 보니 계절은 어느새 눈 내리는 겨울 속으로 들어와 있었다.

참 조용한 이웃이었다. 적당하지 않은 무심한 거리였다. 다섯 발 짝 정도 떨어진 곳이었지만 그녀의 집에 새 식구가 들어왔다는 사실도 경비원의 입을 통해서 알아졌다.

영락없이 특히 눈이 엄마를 많이 닮은 여자아기가 그 집에 들어온 것이 벌써 보름도 넘었다는 것이다.

아기의 방이 안방이었던지 애기 울음소리를 한번도 들어보질 못했었다. 한 해가 저물기 이틀 전쯤 이었나?

아기를 안고 외출을 하러 나오던 여자와 현관 앞에서 마주쳤다. 납부기일이 딱 되어서야 공과금을 내려고 은행으로 가던 길이었다.

아기를 안은 그녀는 단순히 '어머니'라는 이름만으로 그동안의 딱딱하던 벽을 허물며 전혀 예상치 못했던 부드러운 감정을 끌어들이고 있었다.

그러해선지 망설임 없이 먼저

- 이렇게 추운 날에 아기를 데리고 외출을 하세요?

말을 건네면서 포대기안에 싸여있는 아기를 보려 들척이는데

- 예방주사를 맞으러 가야하는 날이라서요. 의사선생님이 지정해 준 날에 꼭 가야한다고 하더라구요. 애기 미웁지요?

- 어머, 예뻐라. 어쩜 이렇게 뽀얗게 예쁠까요? 눈썹 좀 보세요. 갓난아기 눈썹이 어쩜 요렇게 예쁠 수가 있지?

말수가 진득하니 늘어난 것을 보아도 평소의 나 같지가 않다.

그런 내가 낯설었다. 그럼에도 그녀의 처음 웃는 웃음이 참 곱다는 것을 알만큼 깊은 눈으로 그녀를 마음에 담았다.

- 정말 예뻐요? 나는 아무리 봐도 미운 것 같더라구요. 나 미운 곳만 닮았나 봐요.

- 무슨 말씀을요. 이 눈 좀 보세요. 꼭 엄마 닮아서 바다 같아요. 아주 맑고 푸른 바다요

- 네? 바다요?

나는 거기에서 말을 막았다. 내가 왜 바다라고 해야 하는지를 알려주고 싶지 않았다. 나만의 바다를 그렇게라도 하나쯤은 갖고 싶었는지도 모른다.

- 얘기하고 지내다보면 하루가 어떻게 가는지 모르지요?

이제는 할 말이 더 이상은 없음을 알았기에 인사처럼 그 말을 남기고 아파트 광장에서 헤어지려고 하는데

- 네. 행복해요......-

내 귀로는 그 말이 절대로 행복한 사람의 소리로 들리지 않았다. 가을볕에 잘 삭은 된장을 퍼올 때 마침 장독대로 떨어지던 노을처럼 쓸쓸하다고나 할까? 그러한 느낌이었다.

그 후 나는 겨울을 안고 칩거에 들어갔다. 봄이 올 때 까지는 한참을 앓아야 할 얼음밤의 고독에 빠져들기 시작한 것이다.

그렇기 때문에 내 주위로 무슨 일이 벌어지고 있는지를 알 수가 없었다. 처음부터 알려고를 하지 않았다.

그런 비감한 겨울나기를 식구들마저 두둔해주는 편이라서 509호에서 이 겨울에 무슨 일이 있었는지를 알게 된 것은 새내

기 봄이 묵은 겨울의 머리카락을 한주먹 내기나 뽑아놓고 으스대던 삼월 초순이었다.

딸아이가 경비실 앞에서 웅성거리는 사람들 틈을 헤집고 주워 들어온 이야기는 509호에 살던 여자와 제법 옹알이가 또렷해질 만한 아기가 지난 일월 말쯤에 죽었다는 것이었다.

그 집 남자는 증권회사에 다니고 있었는데 야근을 하는 날이 많았단다. 그날도 삼천포에 사는 시어머니의 생신을 맞아 밤늦게 고속도로를 달려가던 중 맞은편에서 달려오던 트럭과 충돌을 하여 운전을 하던 남자는 심한 뇌의 손상을 입었고 뒷자리에 타고 있던 아내와 아기는 안전벨트를 매지 않아 그 자리에서 즉사하고 말았다는 것이다.

살던 이곳은 타향이라서 사고소식을 알릴만큼 친분이 있던 사람들도 없었고 앞집에 사는 나조차도 두 달이 다 되도록 현관문 열리는 소리가 나지 않아도 별다르게 신경을 쓰지 않았던 것이다.

이제는 습관이 되어버린 나 이외의 무관심이 얼마나 죄스러운 것인가를 절실하게 느꼈다. 그 사고로 남자는 삼천포로 내려가서 치료를 받고 요양중이니 바다는 몇 달을 혼자 흐르고 있었던 것이다.

사람들의 발자국이 오래도록 찍히지 않은 바닷가는 얼마나 쓸쓸했을까? 정작 떠난 사람보다 아무도 타지 않을 하얀 배와 흐름을 멈추었을 509호의 바다에 들어가고 싶은 충동을 느꼈다.

그러면서도 이렇게까지 매정한 나였던가? 나조차도 그런 내가 두려워지고 있었다. 아니 두려워하고 있었던 것 같다.

어쩌다 엘리베이터를 기다리면서 앞집의 대문을 바라보면 아기를 안고 나오던 여자가 보이기도 하고 온통 파랑색이던 바다가 스르르 떠밀려와 나를 삼키는 환영이 스치면 갑자기 몸에 전율이 일며 두려워져 엘리베이터를 기다리지 못하고 계단으로 뛰어 내려가는 날이 늘어났다.

사람은 무엇이든 잊을 줄 안다. 생각하는 일보다는 잊는 것에 더 열심이다. 잊어야만이 살아낼 수 있다는 영악함을 누구보다 강하게 지니고 있던 나는 509호의 바다와 여자와 아기를 잊어가고 있었다.

아니 처음부터 그 여자는 바다색의 눈빛이 아니었고 그 집의 벽도 파란색이 아니었다고 상아빛 쇼파는 배가 아니라 棺이었을 것 같다는 잊어짐에 필요한 것들을 늘어놓기 시작했다. 더 이상 바다를 궁금해 하거나 그리워하지 않았다. 그것은 얼굴도 모르는 여자에게 느꼈던 질투를 완전히 포기하는 일이었다. 비로소 내가 나로 보였다.

그 여자의 봉긋한 배를 흘깃거리던 여름이 가고 그토록 투명하던 눈동자가 지쳐 보이던 가을도 넘겼고 새근거리는 얼굴이 너무나도 예쁘던 아기를 보여주며 "밉지요? 정말 밉지요" 투정어리게 살포시 웃던 겨울마저 햇수를 넘겨 그 집에 아무도 살지 않은지 벌써 일년이나 지났는데 2월 18일 새벽에 509호 작은 방에서 아기의 울음소리가 들려왔던 것이었다.

고향에서 요양중이라던 남자가 그 사이에 재혼을 하여 아기를 낳았나? 그것도 아닌데. 뇌를 심하게 다쳤다던데 어떻게 결혼생활을 할 수 있었을까? 그것이 아니더라도 바다 같은 여자와 아빠라고 한번도 불러보지 못한 아기를 어쩌면 저리 쉽게 잊고 그녀의 바다 속으로 들어갈 수 있단 말이지? 이런저런 생각들이 이웃이라는 단순성을 떠나 같은 여자로서의 분노를 들먹인다.

분명히 애기는 울었다. 금새 달래주기를 바라는 통통한 울음이 아니라 아무도 바라봐주지 않아도 서럽지 않을 만큼의 메마른 울음소리를 분명히 벽 너머로 들었다. 이상한 것은 애기 울음소리는 들리는데 달래주는 어른의 목소리가 들리지 않았다는 것이다.

잠이 몰린다. 눈이 빠져 나갈 만큼 피곤하다. 내가 일어났을 때는 아직은 차가운 겨울해가 창문으로 짱짱하게 붙어있을 때였다. 새벽에 들었던 울음소리는 그다지 기억나지 않는다.

혹시 도둑고양이였을지 모른다고 편하게 생각했다. 머리 아프게 신경써봐야 509호에는 진통제를 건네줄 사람이 없지 않은가? 그쯤에서 울음소리에 대한 궁금증을 털어냈다. 그러고 나서 며칠 후, 점심 무렵이었다.

초인종이 울린다. 평소처럼 아무런 대꾸 없이 글을 쓰는데 초인종을 누르다 현관문을 두드리다, 같은 짓을 반복한다. 뭔가 급하다는 것을 알리려는 행동이었다.

– 여보세요. 여보세요. 앞집에 살던 승언이 할머니인데요. 잠깐만요. 잠깐만요

아, 그 아기가 승언이었구나. 무엇에라도 놀란 듯이 벌떡 일어나 대문을 열었다. 인사는 나눈 적 없지만 한번쯤은 얼핏이라도 보았을 노인이 내 앞에서 잔뜩 추워하면서 떨고 있었다.

- 할머니, 무슨 일이세요?

노인을 대문 앞에 세워 둔 채로 물었다. "이리 들어오세요. 몸을 녹여야겠어요." 하는 것이 도리였지만 나 역시 노인을 따라 급해지지 않을 수 없었다.

- 혹시 며칠 사이에 우리 아들을 보지 못했나요?

무슨 대답을 기다려야 하는지 자신도 알지 못할 만큼 절박한 목소리다.

- 할머니. 아드님을 보다니요? 제가 알기로는 몸이 안 좋아서 고향집에서 요양중이라던데. 그래서 건강해질 때까지 이 집에서 떠나지를 못한다고 한다던데요. 왜 아드님이 어디 갔나요?

정말 많이도 궁금했다는 듯이 물었다.

- 그랬지요, 며느리하고 손주 놈이 그렇게 되고나서 이 놈도 잘못되는 줄 알았는데 더 이상 나빠지지는 않더라구요. 늘 그 놈이 말했지요. 승언이 하고 유란이의 뒷정리를 하지 못했다고. 얼른 나아서 그것부터 해야겠다구요. 승언이 사진도 제대로 앨범에 꼽아놓지 못했다고요. 그러더니 며칠 전에 잠깐 바람 좀 쐬고 온다고 나가더니 소식이 없는 거예요. 갈 데도. 찾아갈 사람이 없는 줄을 내가 아는데요. 그래도 혹시나 하고 몇 군데 연락을 했더니 안 왔다고 하기에 혹시나 하고 여기로 와 본거에요. 정말 우리 아들을 보지 못했나요? 혹시 대문 여는 소리도 못 들었어요?

얼른 보리차를 한잔 드려야겠다고 생각했다. 입술이 하얗게 찢어지고 있었다.

- 할머니, 이리 들어오세요, 들어오세요.

노인은 보리차 한잔을 단숨에 마시고서야 꽉 누르고 있던 눈물을 쏟아내기 시작한다.

- 이렇게 사람이 사는 것 같이 따뜻한 색으로 도배를 하지 바다가 뭐가 그리 좋다고 온통 파랑 칠을 했을까, 그것이 다 멍인 줄 모르고, 이렇게 가슴 치면서 살아가야 할 멍이 될 줄도 모르고, 닦아도 닦아도 지워지지 않는 어미 가슴에 멍이 될 줄도 모르고 왜 그렇게 파랑 칠을 처발랐을까? 연한 살색으로 도배가 되어있는 우리 집을 연신 둘러보면서 노인은 참으로 아픈 설움을 토해내고 있었다. 그래, 그것은 바다가 아니었다. 멍이었다. 오랜 세월이 흘러도 지워지지 않고 더 뚜렷해지는 멍이었다. 여러 가슴에 칠을 해 놓은 그 파랑빛에 맞아 승언이와 유란이는 떠날 수밖에 없었던 것이다. 더 이상 바다가 그리울 까닭이 없는 순간이었다.

- 할머니, 며칠 전 새벽인데요. 제가 밤을 새우는 일이 잦은데 다섯 시가 조금 넘었을까? 갑자기 509호에서 애기 울음소리가 나는 거예요. 참 이상하다 했지요

- 네? 애기 울음소리가요? 우리 아들집에서요?

- 네. 그런 것 같은데 잘못 들었다 생각했지요. 벌써 아무도 살지 않는지가 언제인데 그럴 일이 있나? 혼자 지워버렸어요

- 전화를 해도 안 받고 대문은 잠겨있고 한번 들어가 보고

싶은데 어떡하면 좋지요?

애기 울음소리가 들렸다는 나의 말에 할머니의 눈에 생채가 번쩍인다.

- 요즘은 관리실에서 보조열쇠를 갖고 있지 않아요. 그전 같으면 보조열쇠 하나는 관리실에서 맡았다가 비상시에 열곤 했는데 요즘에는 프라이버시를 너무 존중하다 보니까 열쇠구멍도 서너 개 씩은 되잖아요. 그러니까 대문을 밖에서 연다는 것은 불가능하구요. 그렇다고 창을 넘어 들어간다는 것도 어렵구요. 참 할머니. 열쇠 집에다 전화 한번 해 볼까요? 그 사람들은 대문 여는 데는 귀신이거든요. 그래도 안 되면 119에다 신고를 해서 그 분들의 도움을 받도록 해보구요. 할머니가 꼭 509호에 들어가고 싶으시다면 그런 방법도 있다는 거예요.

전화를 건지 십분도 안 되어서 열쇠전문가가 왔다. 언젠가 들은 이야기로 금방 열어질 대문을 죽어도 안 열릴 것처럼 시간을 끌며 애를 태워서 돈을 더 우려낸다는 소리를 들은 적이 있기에

- 일반주택과는 달리 아파트 현관문은 워낙 보호 캡이 두꺼워서 열리기가 만만치 않은데요-

- 아저씨, 지금 상황이 위급하니까 빨리 열어주세요. 그래야 해요. 어서요. 어서! -

만약 그러지 않으면 불벼락이라도 떨어질 줄 알라는 듯이 아주 단호하게 말을 했더니

- 어허, 다행히 열쇠가 하나만 잠겨있네요. 이런 것은 금방 열려요

그 사이에 찰카닥 파도소리가 들리고 바다가 보였다. 흐름을 멈춘 바다, 어디론가 떠나지 않았음이 분명한 배도 보였다. 노인과 나는 쉽게 발을 들여놓을 수 없어 하는데 열쇠장이가 먼저 거실로 들어섰다

- 우아, 바다에 온 것 같네. 벽지 한번 특이하게 했네요. 그런데 어째 으스스 하네요. 날이 더 추워지는 건가?

말이 많은 사람이었다. 노인이 먼저 들어가더니 안방 문을 열었다. 아무도 없었다. 나는 현관에 그대로 서 있었다. 손에 묻기만 해도 금새 번져 내 몸에, 가슴에 시퍼런 물이 든다는 게 겁이 났다. 내게도 심장 가까이에서 스무 해가 넘도록 웅덩이진 상처가 있기 때문이었다. 감히 들여다 볼 수 없을 정도로 깊게 패인 흔적, 그 둘레가 온통 멍빛 이었다. 나도...

할머니가 욕실 문을 열었다. 아! 조용히 터지는 한숨이 차라리 안도에 가까웠다. 멀리서 보기에도 욕실 안은 물기가 전혀 없이 건조했다. 내 방과 벽 하나를 두고 있는 작은 방을 열던 할머니가 새파랗게 질려 뛰쳐나와선 거실 바닥에 주저앉았다.

- 할머니, 왜 그러세요. 할머니

내가 더 맘이 급해져 이럴 줄 알았으면 열쇠장이를 보내지 말았어야 한다는 후회가 들었다. 할머니가 손가락으로 귀를 찔러가며 뭔가를 말하는데, 도무지 알아차릴 수 없어 작은 방을 들여다보던 나한테선 묘한 흥분이 일었다. 가슴이 철렁 내려앉았는데도, 숨소리가 거칠지 않고 일정했다. 안으면 품 안에 쏙 들어올 만큼의 인형이 젖병을 물고 누워 있고 그 옆에는 한 쌍

의 결혼식 사진이 눈을 꽉 채울 만큼 환하게 웃고 있었다. 그리고 바로 그 위에는 회오리무늬의 파란 양초가 두 개 꽂힌 데코레이션 케이크가 촛농을 이 세상에 남기는 마지막 눈물처럼 잔뜩 떨궈둔 채 말라가고 있었다. 순간 빵을 한 뭉텅이 떼어 비벼보고 싶어졌다. 처음부터 인연이란 이처럼 까끌하게 부스러질 모래였을 거라는...

애절한 광경은 뜻밖의 감상을 들추고, 그런 내가 어처구니 없어져 한숨이 깊어질 때였다. 눈자위가 어떤 파편에 맞기라도 한 것처럼 아찔해졌다. 살다보면 저렇게 아름다운 모습을 볼 수도 있구나... 감동이 격해올라 이를 앙다물었다. 젖병을 문 애기와 자신의 여자가 되기 위해 걸어오는 한 여인의 미소를 가슴 위에 올려둔 채로 반듯하게 누워있는, 남자의 뺨으로 눈물자국이 짙게 나 있었던 것이었다.

깨끗했다. 흐트러진 곳이 하나도 없었다. 경비원이 달려오고 경찰서에도 형사들이 이것저것을 집어내는 동안 나는 인형의 젖병을 빼고 싶다는 생각이 들었다. 저것을 빼내면 분명히 내가 들었던 울음소리가 들려 올 것 같았기 때문이었다. 새벽에 애기 울음 소리가 들리더라는 나의 말에 고개를 갸웃거리던 형사가 인형의 젖병을 빼자마자 "으앙. 으앙. 으앙. 으앙" 울음을 터뜨렸다. 승언이도 저렇게 울었으리라... 할머니가 젖병을 잘잘 흔들더니 승언이를 안아 천천히, 천천히 물려주었다. 다시 젖병을 문 인형도 승언이 아버지, 어머니 옆에 눕더니 반짝이 속눈썹을 내렸다.

"딱 이년 되었네요. 우리 아들이 승언이 어미와 결혼을 한 날이. 첫 번째로 맞는 결혼기념일은 지 놈도 아파서 그냥 넘어갔을 테지만, 이번만큼은 그냥 보낼 수 없어 여기로 와서 혼자 촛불을 켜놓고 축하를 했나 보네요. 그러고 나서 그 애들을 찾아 저도 그 곳으로 갔나 보네요. 아마 2월 18일은 온 가족이 그 곳에서 재회를 하는 더 기쁜 날이 되었을 거예요. 등신 같은 놈, 저는 제 식구를 만나서 행복하겠지만 나는 지 놈 잃은 이 멍을 어찌 풀고 살라고, 어찌 닦고 살라는지"

뭉툭한 손톱으로 벽을 마구 쥐어뜯는데 온 몸이 바다색으로 물이 들고, 파도에 덮쳐 울음짓이 크던 바다가 멀리로, 멀리로 사라져가고 있었다.

[일반부 독서감상문부문 최우수작]

백년 동안의 울림

이지안

담론이 늘 아름다운 것은 아니다. 어릴 적 내가 목격한 어른들의 반상회는, 시급한 현안에 대해 논하는가 싶다가도 이내 어느 집 뒷담화로 이어지기 십상이었다. 어른이 되어 만난 담론들도 매한가지였다. 두세 사람만 모이면, 거기에 없는 지인이나 연예인, 혹은 정치인들을 무작정 비난하며 어설픈 동질감을 누리려는 비난의 모습을 쉽게 목격할 수 있었다. 아마도 비판적 담론인 토론의 정의를 잘못 이해했을 공산이 클 것이다. 그리고 그러한 오해는 때로 토론의 장을 토로의 그것으로 전락시킨다. 이 소설에 친절하게 붙어 있던 '토론 소설'이란 분류가, 조금 미심쩍게 느껴진 것도 그래서였을 것이다. 올 여름, 나는 이 작품을 연극으로 먼저 접했다. 물론 고등학교 국어시간에 설핏 스친 기억은 있다. 그러나 본문에 대한 여실한 이해 없이, 그저 '이해조의 <자유종>은 신소설' 정도로만 암기하고 끝낸 단편적인 지식에 불과했다. 게다가 연극은 스르르 졸음이 돌만큼 꽤나 지루했다. 그래서 이 책을 열기 전, 혹시나 하는 마음에 진한 커피부터 한 잔 마셔야 했다. 이제와 생각하면 다분히 기우였지만 말이다. 책을 다 읽어낸 지금, 소설은 역시 소설로 읽어야 맛이구나, 싶어진다. 이 책의 문장들이, 국어시간이나 연극의 지루함과는 사뭇 다른 담론의 즐거움으로 나를 안내해주었기 때문이다.

신기했다. 오래된 신소설이 재미있게 읽힐 줄은 몰랐다. 이상한 표현인지 모르겠지만, 마치 음악처럼 흥얼흥얼 읽혔달까. 이 책을 읽는 동안, 내 귀에 아슴아슴 들려오던 환청이 있었다. 리스트의 <라 캄파넬라>가 그것이다. '작은 종'이란 뜻을 가진 피아노곡인데, 은밀한 듯 시작해 때론 세심하게, 때론 격정적으로 흐르던 건반의 움직임이 이 소설의 담론과 닮았다는 느낌이 들었다. 그것은 아이러니하게도, 이 소설이 구태의연한 구소설의 형식에서 벗어나지 못했기 때문이었을 것이다. '신소설'이란 말은 구소설이라는 기존의 형식에 대응해 붙여진 이름이다. 하지만 구(舊)를 전복케 하는 신(新)이란, 언제나 과도기의 성질을 지닐 수밖에 없다. '해 아래 새 것이 없다'는 말처럼, 무엇도 완전히 새로울 수는 없는 것이다. 신소설은 당시의 계몽주의가 만들어낸 소산이었다. 때문에 작가는 고심했을 것이다. 보다 새로운 사상을 어떻게 하면 보다 쉽게 전달할 수 있을까, 하고. 솔직히 처음에는 형식이 새롭지 않은데 어떻게 신소설이라 할 수 있냐는 생각도 했다, 하지만 뚝배기 보단 장맛이라고, 신구의 여부는 형식보단 사상에 의해 가늠되어야 하지 않을까. 새로운 사상이었기 때문에 오히려 새로운 형식에 담을 수 없었는지도 모르겠다는 생각이 든다. '계몽'이란, 보다 많은 사람들에게 읽혀질 때라야 가능한 것이기 때문이다. 결국 이해조는 기존의 형식 속에 새로운 사상을 담아냈다. 마치 원래 먹던 그릇에 새로운 음식을 선보이듯, 구소설의 형식을 빌린 것이 외려 신소설의 미덕이었다는 생각이 든다. 썩 잘 읽히는 까닭이다. 결국 아직 '안 굳어진' 생각을 담아내기에는 '굳어진' 문장이 가장 좋은 그릇이었던 셈이다. 덕분에 요즘 소설들과는 판이하게 다른 정형적 리듬감은 이 책의 문장들을 음악처럼 들리게 한다. 책장을 열면서, 자유종이란 제목이 무엇을 의미하는지 궁금했던 이유를 이제야 조금은 알 것 같다.

이 소설은 수평적이다. 서사적 줄거리의 기승전결보다는 몇몇 토론 주제 만으로 구성되어 있기 때문이다. 때문에 단조로운 구성은 약점으로 지적될 수도 있겠다. 그러나 여느 소설의 플롯과는 다른 토론의 형식을 빌림으로써, 이 소설만의 독창적인 개성을 획득한다. 소설은 이매경의 생일에 있었던 개인들의 사회적 담론을 그리고 있다. 등장인물들은 모두가 여성인데, 남성 중심의 조선 사회에서 활동의 제약을 받아온 존재들이란 점에서 꽤나 시사적이었다. '암탉이 울면 집안이 망한다'는 속담이 주를 이루던 편파적인 사회에서, 이 여성들은 따로 만나 대화하고 시국에 대한 토론까지 하고 있는 것이다. 요즘 카페에서 흔히 볼 수 있는 여성들의 무분별한 수다와는 사뭇 다른 정경이었다. 이 여성들의 담론은 현실 비판적인 토론(여성의 권리, 학문의 필요성, 자녀의 올바른 교육, 자주 독립에 대한 희망 등)에서 시작해, 이상적 사회 건설을 지향에 대한 꿈으로 귀결된다. 여성에게 발언권이 없던 시대에 여성들의 입을 빌린 풍자라니, 작가의 용기와 재치에 싱긋 웃음이 났다. 그래서일까. 담론이 있던 날을 한 여성의 생일로 설정한 점마저도 인상적이었다. 생일이 표상하는 근본적인 의미를 생각하면, 이들의 담론은 새로운 세상에서 다시 태어나고 싶은 욕구에의 반영으로도 읽혀졌기 때문이다.

또한 이 여성들은 모두 양반 계층으로, 개명한 이름(이매경, 신설헌, 강금운, 홍국란)을 가지고 있었다. 그 중 사회자 격인 신설헌 부인의 이름이 인상 깊었는데, 그녀가 마치 새롭게 신설될 법(憲)이라도 표상하듯, 개혁에 대한 강한 의지를 피력했기 때문이다. 당시의 시대적 정황이 봉건사회에서 근대사회로 전환되던 시기였음을 고려하면, 남녀 차별 없이, 개명된(계몽된) 국민들의 오롯한 힘만으로 근대 국민국가가 세워지기를 바란 작가의 목소리가 스며있다는 느낌을 받았다. 그러므로 이들(작가)은 누구의 눈치도 보지 않고 자신의 생각을 이야기한다. 그러나 의견이 똑같을 수는 없다. 신설헌과 마찬가지로, 나머지 여성들도 거대 담론에 대해 저마다의 의견을 지닌 국민들을 표상하고 있기 때문이다. 강경한 개혁의지를 보인 신설헌과 달리, 이매경은 개혁에 소극적이며, 홍국란은 점진적인 방법을 주장한다. 강금운은 전면적인 한글 사용을 주장하지만, 홍국란은 일시적인 한문 폐지에는 유보적인 반응을 보이인다. 이처럼 이들의 의견은 제각각 다르지만, 개혁이 필요하다는 사실에는 누구도 이견이 없다. 그 사실이 희망적이다.

그러나 애석하게도, 이들의 의견 개진은 한계를 보여준다. 책의 말미에서 인물들은 모두 자신의 꿈을 이야기한다. 대한제국의 자주 독립과 문명개화, 평화와 안녕을 꿈꾸었다고 말한다. 이것은 앞에서 이들이 열띠게 토론한 현실의 문제와는 상당한 괴리가 있다. 말 그대로 꿈은 꿈이기 때문이다. 이들의 담론이 탁상공론에 그칠 듯한 느낌을 주는 것도 바로 꿈 때문이다. 그러나 꿈이 이루어지기 어렵다는 이유로 꿈을 꾸지 말도록 종용할 수는 없다. 그럼에도 불구하고 우리는 꿈을 꾸어야 한다. 꿈은 그 자체로 자기완결성을 갖고 있기 때문이다. 책 속의 여성들은 자신들이 처한 조악한 현실을 당장에 바꿀 만한 힘은 가지고 있지 못했다. 그러나 그들은 문제를 제기하고 생각을 나누고 현실 개혁에 대해 진지하게 머리를 맞대는 모습을 보였다. 나는 어쩌면 그 모습이야말로 진정 우리가 꾸어야 할 '꿈'이 아닐까, 하는 생각을 해본다. 백년 전의 이야기 속에서 우리가 지향해야 할 민주사회의 초상을 본 것이다.

자유종. 봉건 사회의 '백성'이 근대 사회의 '국민'으로 다시 태어나려면, '자유'가 있어야 한다는 이 책의 메시지를 생각한다. 이 책의 작가인 이해조는 애국계몽 운동가로 알려져 있다. 나는 문득 백년 전에 붓을 든 한 작가를 상상해 본다. 문학 속에 계몽의 메시지를 담아내려 했을 그 떨리는 희망의 붓끝을. 국권 회복을 위해서는 교육이, 계몽을 통해서는 자주권의 회복이, 그리고 봉건적인 것들의 타파가 필요하다는 것. 그런 현실적인 주장을 하나의 이야기란 꿈속에 담아내기 위해 그는 얼마나 고심하였을 것인가. 지금 우리가 당연하게 여기며 누리고 있는 것들이, 백년 전에는 당연하지 않았다는 사실이 놀랍고도 숙연해진다. 그래서 이 책을 읽는 일은, 백년 전의 사람들과 그들의 시간에 대해 상상하게 되는 일이기도 했다. <자유종>이 올해로 출간된 지 꼭 일백 년이 된다는 말을 들었다. 자유의 중요성을 알리기 위하여 크고 작게 울렸을 그 시대의 종소리들. 백년 전, 우리보다 먼저 태어나 먼저 개혁을 느낀 이들 중에는, 이 책의 종소리를 읽고 자유를 깨친 이도 있었을 것이다. 그 종소리의 울림이 바꾼 사람들을, 바꾼 세상을 생각한다. 그리고 백년 전에 울린 종소리의 수혜자가 지금의 나와 당신이라는 사실이 새삼 고맙다. 우리 사회의 민주주의가 퇴보하고 있다는 각성의 목소리가 잦은 요즈음이다. 이 책을 진정한 자유를 상실하고 있는 이들에게 권하고 싶다. 비록 우리의 담론이 한낱 꿈에 불과할지라도, 우리는 계속해서 현실을 이야기해야 하고, 머리를 맞대야 하고, 꿈을 꾸어야 할 것이기 때문이다. 바로 그것이 이 시대에 맞춤한 계몽일 것이기 때문이다. 나는 자유의 종을 울리던 이해조의 마음이 되어본다. 백년 전의 그 아련한 종소리가 우리의 자유를 토닥토닥 위로하는 듯하다. 나도 아름다운 울림을 물려주는 종소리가 되는 꿈을 꾸고 싶다. 비록 현실이 아프고 괴로울지라도, 아직은 이 말을 신뢰하는 까닭이다.

종소리를 더 멀리 내보내기 위하여 종은 더 아파야 한다.

– 이문재, <농담> 중

〈학생부 시부문 심사평〉

수준 높은 희망의 별들

동농 선생의 명작 「자유종」 100주년을 기리는 이해조 문학상 응모작은 모두 258편이었다. 전국 중고등 학생을 대상으로 한 시부문 심사는 예상외로 어려운 작업이었다. 작품이 많아서가 아니라 학생들의 창작수준이 아주 높은 곳에서 치열하게 맞붙고 있었기 때문이다. 우열을 가리기 쉽지 않은 10여 명의 예비 시인들이 벌이는 소리 없는 싸움에 심사위원들은 기쁨 속에서 선택의 어려움을 겪은 것이다.

당장 시인으로 등단해도 별로 손색이 없을 듯한 유승연, 박주현, 이서연, 백온유, 이현진 등의 작품은 학생 작품으로 보기 어려울 만큼 높은 수준을 보여 주었다. 유승연의 「텔레스코프」는 소통 부재와 거기에서 오는 현대인의 심리적 혼란을 절묘하게 형상화했다. 박주현의 「고향」은 몽골처녀를 제재로 하여 외국인 근로자의 향수를 능숙한 솜씨로 그려냈고, 이서연의 「바그다드」는 전쟁 속에 무너지는 인간의 참혹함이 가득한 이라크의 비극을 사실적으로 그려냈다. 백온유의 「성문(聲紋)」과 이현진의 「내 안의 거울」도 현대 한국인의 도시적 삶의 현상적 무늬와 그 심리적 파문을 예리하게 묘파했다. 그러나 이러한 수작(秀作)들은 일부 전문계 학교에 몰려 있고 일반고등학교 학생들과 현격한 편차를 보이고 있어 아쉬운 현실로 부각되고 있는 것은 유감이 아닐 수 없다.

심사위원들은 고심 끝에 유승연의 「텔레스코프」를 최우수 작품으로 뽑는데 합의했다. 그가 가지고 있는 진폭이 큰 상상력의 힘과 예술적 실험성의 안정적 싹을 높이 산 것이다. 연극에서의 '제4의 벽'을 제재로 하여 의미를 가진 수많은 현실적 언어들이 동시에 발화되어 무의미화 되는 현대인들의 삶의 혼란과 거기에서 오는 무가치성을 곱씹어 보게 하는 뛰어난 감응적 자력이 성공적으로 발휘되고 있기 때문이다. 다른 경쟁자들보다 작품들이 고른 질적 우수성을 가지고 있다는 점도 최종 선택의 한 이유가 되었다. 박주현은 묘사력이, 이서연은 함축성이, 백온유와 이현진은 두 가지 모두 아주 조금씩 부족했다. 미세한 차이일 뿐이다. 정진하여 미래의 훌륭한 시인들로 성장하기를 바란다. 이들 외에 유병현, 유다인, 허정, 윤효선 등도 아주 좋은 재능이 반짝이는 기대주들이었다. 모두 수준 높은 우리 시의 희망의 별들이다. 정진하기 바란다.

(서범석, 대진대학교 국어국문학과 교수, 시인)

〈학생부 소설부문 심사평〉

이채리의 <천장에 붙었다>(고양예고)는 실재(實在)와의 만남을 섬뜩하게 그린 수작이다. 실재와의 만남은 우리 삶을 고장내고 붕괴시키는 현실의 일각을 보여준다. 서술자 '나'는 짓궂지만 좋아하는 짝꿍 유치원생인 동수가 교통사고로 죽어서 '천당에 갔다'는 선생님의 전화 통화를 엿듣고 집에 와서 저녁을 먹다가 '동수가 천장에 붙었다'고 엄마에게 말한다. 사실은 동수가 '나'에게 길을 건너 바래주고 중간에서 돌아서가다 교통사고를 당했던 현장을 목격한 '나'는 '선택적 기억상실 혹은 언어의 선택장애(?)'를 일으킨 상태다. '나'를 데려오던 엄마 역시 동수의 사고를 목격한 터라 딸아이가 정상인 줄 알고 다음날 유치원에 보낸다. 여러 날이 지나도 동수는 유치원에 오지 않고, 엄마도 심한 화상을 입어 병원에 입원한다. 동수도 엄마도 없는 허전함에 울음보가 터져버린 나는 연락을 받고 달려온 아빠와 함께 입원한 엄마에게 간다. 붕대로 칭칭 감긴, 절대 안정이 필요한 엄마에게 매달리는 나를 아빠가 떼어내고 주차장으로 데려가 태우려는 순간 나는 도망친다. 그 다음 서술자는 유령으로 바뀌고 서술도 유아의 경어(敬語)에서 평어체로 바뀐다. 모든 것을 투시할 수 있는 유령이 되었고 감정도 증발된 상태라 극히 건조한, 그래서 더욱 섬뜩한 서술이 된다. 그러니까 이 유령-서술자는 자신이 교통사고를 당하는 현장과 이를 목격하고 있는 부모님의 모습을 재현한다. 이 재현은 현실의 찢김을 통해 그 참혹한 실재를 드러낸다. 이 실재가 질문한다. 무엇이 우리 삶을 이토록 죽음의 질주로 내모는가? 참혹한 죽음들-교통사고 사망률 세계 제1위인 나라! 이 조급증과 광란의 질주야말로 우리 모두가 불치의 심각한 증상들을 노정하고 있는 환자들이 아닌가. 전체가 병동인데도 정작 아무도 아픈 사람은 없는 참 이상한 나라의 사람들! '문학은 이와 같이 몰락하면서도 치명적인 질문을 하는 윤리학'이란 명제에 이 작품은 잘 부합하는 강렬한 내용 및 탄탄한 구성을 갖췄다.

최우수작과 우열을 가늠하기 어려운 작품이 김보람의 <당신의 장례식>(고양예고)이다. 이야기가 아름답고 신비하기까지 하다. 2인칭으로 서술한 경어체가 감칠맛 나고, 할머니 장례식장에 찾아가면서 회고하는 추억이 감동적인 휴먼 드라마다. 쓰러진 할아버지를 요양원에 보내자는 가족들의 분분한 말씨름 사이로 불쑥 비집고 나타난 할머니는 언젠가 할아버지가 후처를 들이겠다고 하시던 그 당사자인 듯, 슬쩍 암시하는 수법도 은근한, 감춰진 속 깊은 이야기가 있을 듯 후광을 드리운다. 5년 동안 조용히 헌신적으로 뒷바라지를 해온 할머니와, 이를 애써 백안시하는 식구들의 대비가 참 비/인간적으로 선명하다. 어머니가 필요할 때마다 꼭 나를 심부름꾼으로 들여보내곤 하는 할머니 방에서는 알 수 없는 신비한 냄새가 난다. 어느 날 나는 방주들이 없는 줄도 모르고 빈방에 심부름 차 들어갔다가 침대 위에 놓인 작은 버선 한 켤레를 발견하고 신으려 애쓰다가 침대 위를 다 헝클어놓고 마침 들어온 할머니의 등 뒤로 따가운

엄마의 눈총을 받는다. 나는 설날 할머니로부터 작은 버선 한 켤레를 선물로 받는다. 10년 전의 그 선물을 꺼내들고 나는 장례식장으로 향하면서 모놀로그를 통해 온 가족의 냉대를 받던 할머니의 인간적인 모습을 부조해낸다. 할아버지가 돌아가시자 장례를 끝낸 할머니는 조용히 떠났다가 죽어서야 그 아들을 통해 나에게 부고를 전해온 것이다. 조문 후, 할머니의 아들에게서 망자가 남겨준 복주머니를 건네받는 고3 수험생의 모습에서 인간에 대한 최소한의 예의가 어떠해야 하는지를 새삼 배우게 된다. 그러나 장편(掌篇)이라는 점과 서사의 강렬성에서 최우수·우수를 가를 수밖에 없었다.

서술자를 '나'(-소민)로 설정한 조은비의 <빨간 구두>(포천일고)는 남매의 갈등과 화해의 과정이 이야기 선을 형성했다. 빨간 구두를 엄마에게 졸라서 사는 바람에 언니가 소풍비를 내지 못하고 가출하고 귀환하는 과정과 소민이가 언니 유민의 품에 안겨 잠드는 결말이 뭉클한 자매애를 느끼게 한다. 문장도 비문이 별로 보이지 않고 안정적이다. 가작이다.

이정대의 <달팽이집>(안양예고)은 흐름을 탈 것 같다가도 얽힌 문맥에서 딱딱 걸리곤 했다. 비문들 때문이다. 이를테면 '트럭은 당연하다는 듯 달팽이를 밟고 지나갔다.' 트럭을 의인화해서 '당연하다는 듯', '밟고 지나갔다' 등은 비문이 되게 하는 조사법(措辭法)들이다. '근처로 달팽이집의 껍질들이 분주했다.' 도 비문. 이런 예는 더 많다. 그래도 묘사의 꼼꼼함이 비교적 평가할 만하다. 달팽이집이나 다름없는 은수의 집을 묘사하는데 공을 들였다. 사실 은수는 집이 없는 '민달팽이'임을 부각시키는데 어렸을 적 차바퀴에 깔려 으깨진 달팽이 속살을 연결한 병치법에서 작위적이지만 따뜻한 은유법적 시각을 느끼게 한다. 가작이다.

(장윤수, 대진대학교 국어국문학과 교수, 소설가)

〈독서감상문부문 심사평〉

독서 감상문에 응모한 작품은 모두 학생부문에 11편, 일반부문에 12편이었다. 응모작이 예상보다는 저조한 것이 안타까웠다. 동농 선생의 작품들이 오늘의 시대에 읽히기에는 약간의 거리가 있는 것도 사실이다. 이런 의미에서 선생의 전집 발간이 시급함을 다시 한 번 절실하게 기대해 본다.

먼저 일반부를 보면 최우수작품에 심사위원 전원이 선뜻 <백년 동안의 울림>을 선정하는 데 동의하였다. 그만큼 강렬하게 다가오는 작품이었다. 무엇보다도 작품(자유종)에 대한 예리한 관찰력과 통찰력이 돋보인다. 특히 네 여성의 토론하는 시간이 그 중 한 사람의 생일이었음은 근대사상으로 새롭게 태어남을 암시했다는 해석은 탁견이라고 할 만하다. 문장 표현 또한 섬세하며 구체적인 표현 하나하나에도 전혀 군더더기가 없다. 뿐만 아니라 문장이 거침이 없어 읽는 것이 물 흐르듯 자연스러웠다. 가히 프로의 글 솜씨를 보여주고 있다. 마무리에서 "종소리를 더 멀리 내보내기 위하여 종은 더 아파야 한다."는 시를 인용한 것도 인상적이었다. 복계미의 <자유종>은 일반적인 독후감의 모범을 보여주는 작품이다. 작가 소개와 충실한 작품의 내용 소개, 이어서 작품 분석과 감상으로 마무리하고 있다. 하지만 지나치게 공식적인 것이 오히려 흠이 되었다고 할 수 있다. 김혜경의 <고대여 눈을 뜨거라>는 <자유종> 일색인 응모작 가운데 <구마검>을 대상으로 했다는 점이 눈에 띄었다. 차분하게 작품을 소화하였고, 작품 이해에서 오늘의 삶과 연결한 것도 높이 살 만하였다.

그 밖에도 멀리 지방에서 응모해 주신 오지윤의 <울리어라, 자유종아!>와 길철현의 <새로운 여성상의 등장-이해조의 『홍도화』를 읽고>도 끝까지 경쟁한 작품이다. 앞의 작품은 문장력도 있고 내용도 잘 짜여 있으나, 지나치게 많은 소설 속의 문장에 대한 인용이 아쉬웠다. 한편 길철현의 글은 차분하면서도 논리적인 전개가 돋보였으나, 지나치게 학자적이면서 평론가적인 안목과 시각, 문장 전개 등이 일반적인 독후감과는 거리가 있었다.

다음으로 학생 부문을 보도록 하겠다. 아쉽게도 학생들의 작품 중에서는 최우수작을 선정하지 못한 대신에 가작을 두 편 선정하기로 하였다. 학생들이 중간고사가 겹친 탓도 있었고, 무엇보다도 작품에 대한 인지도나 접근성, 이해력에서 어려움이 있었던 것으로 판단된다. 먼저 우수작에 뽑힌 포천일고 박상원의 <자유종>은 학생답게 성실한 작품 읽기가 돋보였다. 글의 구성이나 전개도 잘 되었으나, 개성적인 안목과 해석이 뒤따르지 못했다. 동남고 한승재의 <구름에 달 가듯이>와 일동고 황은영의 <구마검을 읽고>도 차분한 내용 전개를 보인 작품들이다, 두 편을 가작으로 선정하였다. 이밖에 포천일고 송혜빈의 글도 가능성을 보였기에, 이 자리에 언급해 둔다.

(이병찬, 대진대학교 국어국문학과 교수)

〈일반부 소설부문 심사평〉

이병덕의 <이유>, 김희철의 <비둘기는 어디로 날아갔을까>, 신타인의 <웨딩케이크>, 전민우의 <부초>, 김경남의 <모잠비크>, 최다경의 <노추 그리고 초로>, 홍다나의 <역시 선악과는> 그리고 5개의 작품을 낸 윤여경의 달의 정원 등, 8작품이 소설 일반부 수준작에 올랐다.

우선 전민우의 <부초>는 캐나다계의 혼혈과 베트남계의 혼혈인들의 성장기를 보여주면서 이민족들이 우리 사회는 물론 어떤 곳에도 뿌리내리지 못하고 소외계층으로 살아감을 예리하게 파헤치고 있다. 더구나 캐나다처럼 서구 혼혈은 대접을 받고 동남아계는 천대를 받는 우리 사회 병적인 시각까지를 꼬집는 우수작으로 결국에는 정치인을 살해하는 살인범으로 전락, 우리 사회가 안고 있는 이민족의 대한 시각에 대한 경고를 연못 위에 떠서 살아가는 식물 부레옥잠과 같은 부초와 대비하여 형상화해 내었다.

이병덕의 <이유>는 ...사람을 죽여드립니다, 로 시작되어 명퇴를 당한 이 시대 중년 이후의 남성을 통해 기계에 함몰되어 가는 인간성의 피폐를 그리고 있다. 청부살인업을 하는 주인공을 등장시켜 이 시대 재화라면 사람의 목숨도 파리목숨이 되는 휴먼과는 거리가 먼 자본주의에 함몰된 현대의 잔혹상과 동시에 자라나는 세대들의 전자기계와 사이보그화를 경고하고 있다.

김희철의 <비둘기는 어디로 날아갔을까?>는 김광균의 詩 <성북동 비둘기>를 연상시키는 작품으로 달동네 서민 아파트에 불어닥치는 개발과 맞물려 사회적 약자와 소외계층들의 소시민적인 삶을 통해 날아오를 수 없는 비둘기를 그리고 있다.

신타인의 <웨딩케이크>는 결혼 후 새 생활을 시작하는 옆집이 도배를 하는 잔잔한 이야기로 시작된다. 바다를 연상케 하는 푸른색 일색으로 마감된 집을 새댁이 바다를 열고 닫는다고 표현하면서 작가는 시적인 메타포를 등장시킨다. 이 시대 가장 흔한 소재인 교통사고로 아기와 신혼의 아내를 잃은 젊은이가 상처를 견디지 못하고 욕실에서 젖병을 물고 있는 인형과 웨딩케이크에 촛불을 켜놓고 자살하는 장면으로 소설은 끝을 맺는다. 흔하디 흔한 소재를 이렇게 상큼하고 시적이며 회화를 보는 듯한 장면으로 승화시켜 죽음과 삶이 함께 존재하는 바다의 이미지로 끌어내면서 섬뜩함과 지속되는 아픔을 던지고 있다. 보기 드문 수작으로 마지막 장면을 덮을 때 심사자의 귀에 슈벨트의 현악 4중주 <죽음과 소녀>가 템포를 빨리하고 있었다.

40여 편에 가까운 풍성한 응모작은 주제의 다양성과 참신함이 돋보여 심사자의 마음을 흐뭇하게 하는 순간이었다. 대부분의 작품에서 문체의 성숙도가 느껴지는 점으로 보아 이해조 기념사업회가 펼치고 있는 근대문학의 아버지 동농을 바라보고 있는 문단과 학계의 비중이 적지 않음을 가늠케 한다.

그러나 자신이 알고 있는 조금은 희귀한 이야기를 들려주거나 과거를 회상하는 등의 플롯이 배제된 작품을 심리소설의 무의식을 읊조리는 것으로 아는, 현 기성문단처럼 안이한 자기 독백을 소설이라고 알고 있는 작품들이 많은 것을 역시 지적하지 않을 수 없다. 끝까지 남은 작품이 전민우의 <부초>와 이병덕의 <이유>, 그리고 김희철의 <비둘기는 어디로 날아갔을까?>와 신타인의 <웨딩케이크>이었다.

김희철의 비둘기는 어디로 날아갔을까?는 여전히 이시대의 고민을 담고 있지만 주제의 식상함을 흠으로 잡는다. 이병덕의 <이유>는 조금은 허황된 구석도 있지만 이 시대의 현상을 단적으로 잡아내어 패러디한 재치가 유니크하다고 보아 수작으로 뽑는다. 다음으로는 1, 2위를 다툰 것이 <웨딩케이크>와 <부초>였다. 우리 시대와 사회가 안고 있는, 또한 새롭게 정의되어야 하는 다문화적 사회와 소외계층을 다루는 솜씨에서 작자의 따뜻한 인간애가 느껴진다. <웨딩케이크> 못지 않게 형상화도 잘 되어 있으나 문학적 향기와 예술적 승화라는 면에서 <웨딩케이크>를 최우수작으로 뽑는다.

김자현(소설가)

언론 기사 모음

2010년 06월 10일 (주)포천신문사

이해조의 자유의 종은 진실의 종소리

동농 이해조 선생 서거 83주기 추도식 개최

동농 이해조 선생 기념사업회(회장 홍을표)는 지난 6월 10일 포천시 신북면 신평리 묘소에서 포천시 관내 각계 주요 인사들이 참석한 가운데 동농이해조선생의 83주기 추도식을 가졌다.

동농 이해조 기념사업회가 주최하고 포천시와 경기문화재단의 후원으로 개최된 이날 추도식에는 서동기 포천부시장을 비롯한 정종근 포천시의회 부의장, 전종덕 경기문화재단 사무처장, 이철웅 포천교육장, 이만구 포천문화원장, 허영범 포천유림회 교화부장, 김성노 연극연출가협회장, 이중희 포천문인협회장, 이구상 포천교육삼락회장, 신효영 경복대학교 교수, 이인화 포천시 문화체육과장, 안유진 포천시 환경보호과장, 양호식 법무사, 윤여빈 경기문화재단 전문위원, 강창희 포천일고 교사, 이혁기 동농선생의 종손, 이해동 인평대군 종친회 대표 등 문화 예술계 인사 50여 명이 참석한 가운데 엄숙하게 치러졌다.

헌화에 이어 처음 단상에 오른 홍을표 동농 이해조 선생 기념사업회장은 추도사에서 "올해는 이해조 선생께서 이 땅에 <자유종>을 울린 지 꼭 100년이 되는 해"라고 공표하고 "당시 일제의 노골적인 침탈로 풍전등화 같은 국운 앞에 선생은 애국계몽운동으로, 문학으로 조선을 식민지화 하려는 일제를 전면적으로 부정하고 우리에게는 본질적인 대응과 각성을 촉구하셨던 분"이라고 강조했다.

이어 서동기 부시장은 "포천에서 태어나신 이해조 선생은 민족의 혼과 근대적 각성을 민족 앞에 요청하고 언론과 문학을 통해 민중의 계몽과 교육에 헌신하신 분이었음을 재확인하면서 포천최초의 민립학교인 청서제일학교를 세운 교육의 선구자이며 당시의 어떤 인사보다 국권회복을 향해 기치를 높이 드신 애국자"임을 천명했다.

포천시의회 정종근 부의장은 "동농 선생은 구한말 국권상실기에 국채보상운동을 비롯한 우리민족의 자존과 국권을 회복하는데 힘쓰셨다"고 말하고 "이밖에도 <자유종>을 비롯한 30여 편의 신소설로 개화사상을 널리 알리고 사회 부조리를 비판하는 등 많은 업적을 남기신 분"이라며 "동농 선생의 문학과 사상을 우리지역의 정신적 문화유산으로 계승, 발전시켜야한다"고 다짐했다.

또한 경기문화재단 전종덕 사무처장은 추도사를 통해 "동농 선생의 문학적인 업적이 포천시와 경기도의 근대문화유산으로 자리매김 할 수 있도록 경기문화재단에서 적극지원해줄 것"을 약속하고 "금년에 시행되는 동농 선생의 대표작<자유종> 백년제 행사가 성황리에 실시되어 이해조 선생이 우리 문학사에 우뚝 설 수 있도록 지원을 아끼지 않을 것" 이라고 말했다.

한편 이해조 기념사업회 이사를 맡고있는 소설가 김자현은 헌시를 통해 "동농 선생의 자유의 종은 바로 진실의 종소리"라 말하고 "자유를 실은 시대의 열차는 여전히 진실이라는 21c의 선로를 타고 달려 그 험난하던 현대의 역사 위에 친일 청산의 깃발을 꽂았다"면서 "비틀린 역사를 바로세우고 국민을 위한 참다운 머슴정치가 실현되는 그날까지 혼령이 되어서조차 신자유종을 언제나 울리실 것"이라고 지하에 계신 동농 선생을 향해 발언했다.

이해조의 대표작 <자유종>이 발간된 지 꼭 100년이 되는 해를 기념하고 '자유종 100년제'의 서막을 알리는 이날 행사에는 지난해 포천관내 고등학생을 대상으로 동농 선생의 대표작인 <자유종>에 대한 독후감 대회에서 가장 훌륭한 글로 선정된 포천일고 이병민 학생의 독후감 낭독과 함께 참석한 각계 인사들의 헌화가 이어졌다.

한승필 기자

2010년 07월 02일 (주)포천신문사

'자유종' 발간 100주년 기념 도서 특별전시회 개최

동농 이해조 선생 기념사업회 '자유종 100년제' 일환 12월 31일까지
6개월간…작품 도서 및 자료 총 111점

동농 이해조 선생 기념사업회(회장 홍을표)과 포천시립 소흘도서관은 '자유종 100년제'의 일환으로 지난 7월 2일부터 '동농 이해조 선생 도서 특별전시회'를 개최했다.

오는 12월 31일까지 6개월간 소흘도서관 2층 종합자료실에 진행되는 이번 행사에는 동농 이해조 선생의 작품 도서 및 자료 총 111점이 선보여진다.

소흘도서관은 지난 7월 2일 서장원 포천시장, 김종천 포천시의회

의장, 이만구 포천문화원 원장, 홍을포 동농 이해조선생 기념사업회 회장 등 100여 명이 참석한 가운데 기념테이프 컷팅식 및 축하떡 전달식을 개최하며 성공적인 전시회 개최를 기원했다.

개최 행사에 이어 대진대학교 국문학과 이병찬 교수가 '동농 이해조선생 문학 특강'을 실시했다.

포천시는 이번 이해조선생 도서 특별전시회를 바탕으로 현재 건립하고 있는 시립 중앙도서관이 완공되면 모든 자료를 중앙도서관으로 이관해 영구 보존하고, 특별 서가를 별도로 제작해 소장 및 비치함으로써 우리의 미래이며 소망인 어린이와 청소년들이 동농 이해조선생에 대해 공부하고 후대에 널리 전하는데 적극 활용할 예정이다.

한편, 동농 이해조선생 기념사업회는 지난 7월 1일부터 9월 30일까지 '자유종 발간 100주년 기념 동농 이해조 문학 공모전', 서울 대학로 예술극장 소극장에서 자유종 연극제 등 '자유종 100년제'를 성대하게 기념해 나가고 있다.

2010년 07월 07일 (주)포천신문사

"이해조의 '자유종'은 근대문학의 새로운 축"

동농 이해조선생 기념사업회-한국연극연출가협회 창작포럼

동농 이해조 선생기념사업회(회장 홍을표)와 한국연극연출가협회(회장 김성노)는 지난 7월 5일 오후 2시 서울 동숭동 대학로 예술극장에서 "이해조와 한국연극"을 주제로 창작포럼을 개최했다.

"자유종 100년제"의 일환으로 이해조의 '자유종'을 연극화하여 공연하는 행사기간에 실시된 이날 포럼은 "이해조의 현재적 의미"를 주제로 최원식 교수(인하대)가 기조연설을 했으며, 제1토픽 "이해조와 이인직-'자유종'과 '은세계'의 비교"는 홍을표 회장이 발표했다. 제2토픽 "자유종 연출노트"는 이인수(현대버전), 박정희(원전) 교수가 각각 발표했고, 제3토픽 "이해조 문학과 연극"은 김석만 교수(서울시극단 단장)가 맡았다.

최원식 교수는 기조연설에서 우리 근대문학의 새로운 축을 "이인직에서 이광수로가 아니라, 이해조에서 염상섭, 박태원으로 이어지는 계선으로 잡아야 우리 문학의 족보가 바로 선다"고 주장했다. 최 교수는 특히 "서울 중바닥 사람들의 경아리말과 세태를 핍진하게 그려낸 '구마검'(1908)은 이미 염상섭과 박태원을 선취한다"고 평했다.

최 교수는 한국소설의 면면한 '불구의 삼각관계'로부터 이탈한 '산천초목'(1910), 멕시코 노동이민의 참상을 그린 '월하가인'(1911), 이른바 동학란을 욕망 실현의 계기로 활용하는 어느 양반출신의 사기꾼의 행적을 생생하게 그린 '화의혈'(1911), 그리고 한명회를 축으로 세조정변을 도덕적으로 재단하는 것이 아니라 권력투쟁을 향한 인간들의 투쟁이란 눈으로 접근한 '한씨보응록'(1918)은 이후 이광수와 김동인으로 이어지는 우리 근대역사소설의 새로운 계기가 되었다고 평가했다.

홍을표 회장은 주제 발표에서 이해조의 '자유종'과 이인직의 '은세계'의 비교를 통해 이해조 문학의 위상을 정립하고자 했다. 그는 이 발표에서 '자유종'의 신문연재 시기가 1908년 초라는 사실을 새롭게 밝히고, 국치 직전 국민연설회 사건으로 인한 이해조와 이인직의 정치적 갈등관계가 1910년 '자유종' 단행본 출간의 계기가 되었음을 밝혔다.

홍 회장은 "1908년의 정치적 현실에 대응한 '자유종'과 '은세계'의 치열한 대결에서 당대에는 '은세계'가 이겨 속국이 되었지만 결국 민족해방과 국제정세의 거대한 흐름에 따라 일제는 패망하고 '자유종'이 다시 울렸다"고 결론짓고, "'은세계'의 주인공 옥남의 고압적인 연설이 희화화되고 '자유종'의 토론자 신설헌의 페미니스트적인 정론이 우리 시대의 '자유종'으로 다시 울렸다"고 말하며, '자유종'의 가치가 일제의 동토를 견디고 이겨 나와 우리 문학의 기반이 되었음을 상징적으로 드러내는 사건이 이번 '자유종' 공연이라고 평가했다.

이인수 교수는 '2010자유종' 연출노트에서 "오래전 이해조가 여성 인물들의 목소리를 빌려 말했던 대한민국의 영광스런 독립을 가로막고 있는 사회의 폐단들이 세월이 흐른 오늘날까지도 여전히 해결되지 않고 반복되고 있다"고 전제하고, "우리가 여전히 선진 강대국에 대한 열등감에 시달리고 있다는 것, 그래서 우리의 것에 대한 자만심과 수치심 사이에서 오락가락하고 있다는 것을 드러내고자 했다"고 말했다.

박정희 교수는 '1910자유종' 연출노트에서 "양반집 여자들은 마이너리티로서, 망국민으로서 여성만을 의미하는 것이 아니라 지식인이며 망국민을 극복하고 역사와 사회의 주체로서 거듭나려는 인식 투쟁을 하고 있는 사람들"이라고 설명했고, 이것이 이해조 문학의 핵심이라고 설명했다.

김석만 교수는 '화의혈'(1911)을 분석해 이해조 문학의 연극화 가능성을 타진했다. 그리고 '화의혈'이 '춘향전'을 패러디한 작품이라는 전제에서 두 작품을 비교해 극적 요소를 분석해 냈다. 그는 '자유종'에서 판소리를 비판한 대목을 거론하며 1910년 이후 매일신보에 연재한 판소리계 소설 창작 의도를 논증했다.

판소리계 소설의 연재의 변으로 '광대들에 의해 구전되는 천박함을 교정하고, 전통을 발굴하고 옛사람의 좋은 뜻을 되살려야 한다'는 이해조의 언급을 인용했다. 또한 임성구의 혁신단을 중심으로 우리 연극사를 새로 정립하려는 시론을 선보였고, 천주교 뮈텔 주교의 일기를 통하여 당시의 상황을 재현하여 연극 공연의 가능성을 타진했다. 요컨대 그는 1908년 원각사에서 공연된 '은세계'를 우리 연극의 출발로 보는 기존의 시각을 부정하고 임성구의 혁신단을 그 대안을 삼는 획기적인 시도를 했다.

2010년 07월 12일 (주)포천신문사

이해조(李海朝)의 현재적 의미

– 근대문학의 아버지 바꾸기

나는 <이해조 문학 연구>(1986)를 통해 동농(東儂) 이해조(李海朝, 1869-1927)를 국초(菊初) 이인직(李人稙, 1862-1917)의 단순한 연장으로 파악한 임화(林和) 이후의 통설에 의문을 제기하고, 우리 근대문학의 아버지 바꾸기를 시도하였다.

이인직에서 이광수(李光洙)로가 아니라, 이해조에서 염상섭(廉想涉)으로 이어지는 계선을 근대문학의 축으로 삼아야 우리 문학의 족보가 바꾸어진다고 판단했기 때문이다. 그런데 이는 과거로 그치는 문제가 아니다.

친일개화론을 기원으로 하는 서구주의적 근대화론과 애국계몽사상을 남상으로 삼는 동아시아적 탈근대론이 오늘날에도 다양하게 변주되고 있는 점을 상기할 때, 이 쟁점은 아직도 절실히 살아있다고 해도 지나친 말은 아닐 터이다.

친일개화론과 애국계몽사상, 양자 모두 계몽주의(Enlightenment)다. 알다시피 계몽주의란 이성을 사용할 용기를 가짐으로써 주체를 세우고 그 주체들의 자발적 집합으로서 근대국민국가(Nation)를 건설하는 것을 목표로 삼는 사상운동이다.

따라서 친일개화론은 '신하의 오성'을 뒤집어쓴 불구의 계몽주의라고 하겠다. 그럼에도 왜 이해조는 이인직에 비해 과소평가된 것일까? 좀 거칠게 요약한다면 1910년 대한제국의 식민지화 이후 친일개화론과 그 변종들이 우리 사회의 중심담론으로 자리잡아왔기 때문이다.

경쟁하던 두 담론 사이의 비대칭성이 식민지화 이후 역전하면서, 다시 말하면 1910년 이전에는 애국계몽사상파가 다수였고 친일개화파는 소수인 데 반해 그 이후에는 후자가 다수로 바뀌면서, 이인직을 아버지로 하는 우리 근대문학상이 고착되기에 이른 것이다.

1910년 8월 29일 대한제국이 지도 위에서 사라진 사건은 정치뿐만 아니라 문학 내지 문화에도 깊은 낙인을 남겼다. 일제는 애국계몽운동과 관련한 일체의 작업들을 탄압함으로써 애국계몽기(1905-10)의 문화에 강하게 드러난 정치성을 소거하였다.

이 외적 강제로부터 1910년대 문화는 통속성이 현저히 강화되었던 것이다. 1913년 일본신파소설의 번안작 <장한몽(長限夢)>의 출현은 그 상징으로서 모자람이 없다. 신파극의 정착에도 결정적으로 기여한 이 소설은 '돈이냐, 사랑이냐', 더 정확히 말하면 '돈이냐, 의리냐'라는 엉터리 질문으로 식민지 민중을 탈정치의 영역으로 인도하는 데 근사하게 성공한다. 이 점에서 이광수의 <무정(無情)(1917)이 <장한몽>의 연장이라는 점 또한 시사적이다.

그렇다고 내가 이인직은 친일파이고 이해조는 애국자이기 때문에 후자의 문학을 더 높이 평가하는 것은 물론 아니다. '인민의 자유'와 '나라의 독립'을 양축으로 하는 이해조의 애국계몽사상은 <자유종>(1910)과 같은 수준 높은 관념소설의 형태로서만이 아니라 서사의 육체성을 독특하게 획득한 비관념소설에서 더욱 빛을 발한다. 중인 출신 부자 함진해 집안이 무당 금방울과 임지관(地

官) 같은 사기꾼들에 의해 여지없이 몰락하는 과정을 통해 서울 중바닥 사람들의 경아리말과 세태를 핍진하게 그려낸 <구마검(驅魔劍)>(1908)은 이미 염상섭과 박태원(朴泰遠)을 선취(先取)한다.

늙은 박참령의 첩 깅릉집의 짧고 격렬한 불륜을 그림으로써 한국소설에 면면한 '불구의 삼각관계'로부터 이탈한 <산천초목(山川草木)>(1910), 멕시코 노동이민의 참상을 그린 <월하가인(月下佳人)>(1911), 이른바 동학란을 욕망 실현의 계기로 활용하는 어느 양반 출신 사기꾼의 행적을 생생하게 그림으로써 한국소설사에 이도사라는 탁월한 전형의 성격을 제출한 <화(花)의혈(血)>(1911), 그리고 한명회(韓明澮)를 축으로 세조정변을 도덕적으로 재단하는 것이 아니라 권력을 향해 질주하는 인간들의 투쟁이란 눈으로 접근함으로써 위인전에 머문 애국계몽기의 역사소설을 한 단계 들어올린 <한씨보응록(韓氏報應錄)>(1918)은 이후 이광수와 김동인(金東仁)으로 이어지는 우리 근대역사소설의 새로운 계기로 되었던 것이다.

이처럼 이해조 문학의 궤적은 신소설의 전진과 붕괴, 그 전체성을 가장 충실히 반영하였으니, 이해조는 신소설과 3.1운동 이후의 신문학을 연결하는 가장 중요한 고리라는 문학사적 위치가 확연해진다. 요컨대 이해조는 계몽주의시대 최대의 작가다.

최원식 / 인하대 국문과 교수

2010년 07월 13일 한국일보

스크린 · 인형극 효과… 절제된 기법 인상적

극단 풍경의 '1910 자유종'

두 청년은 관객이 입장하기 전부터 PC 게임에 열중해 있다. 그 배우들을 둘러싼 풍경이 심상찮다. 전면의 대형 모니터에는 한국전쟁 이후 현재까지, 익숙한 영상들이 펼쳐진다. '영상 편집을 통한 한국 근대사의 이해'라는 메모가 첨부돼 있다. 극단 풍경의 '1910 자유종'은 정확히 100년 뒤, 현재의 풍경을 병치시키는 콜라주 연극이다. 한국연출가협회가 내놓는 '한국 연극 100년 - 재발견' 시리즈의 첫 작품이다.

귀를 의심하리만치 저렴한 제작비, 내공이 쌓인 배우들을 중심으로 작년부터 섭외한 출연진, 연출가 박정희의 섬세한 시선 등이 한데 모여 빚어낸 무대는 연극의 의미를 천명하는 듯하다. 전쟁통에 굶주린 소녀의 사진과 PC 게임의 폭발음 등 극단적으로 대비되는 이미지 속에 개화기 작가 이해조의 신소설 ‘자유종’을 보는 현재의 시선이 있다.

행세깨나 할 법한 네 부인이 각각 소반을 한 개씩 놓고 ‘자유종’에 나오는 토론 장면을 정확히 재현한다. 그들이 벌이는 토론의 주제에 따라 스크린에 관련 영상이 뜬다. 인습과 종교의 폐단을 질책하는 대목에서는 대학 축제에서 학생들이 술 마시기 대회 하는 모습이 동시 투영되고, 어린이를 함부로 대하는 풍토를 개탄하며 신분제 타파를 주장하는 대목에서는 ‘무전유죄, 유전무죄’를 외치며 인질극 끝에 자살한 1988년 지강헌 사건의 기록 사진이 등장한다.

무대에서 회고조의 감상은 철저히 배제된다. 그 같은 연출가의 시선은 현재의 몰가치적 상황을 극단적으로 대비시키는 데 유효하다. 게임을 하던 청년이 스크린에 몰두해 있는 딴 청년의 옷을 뒤져 금품을 터는 대목이 올바른 자식 양육법에 대해 논하는 장면과 겹치도록 배치하는 식이다.

그러나 무대의 어조는 나비의 날갯짓처럼 은근하다. 새까만 옷으로 몸을 감싼 배우 한 명이 커다란 모형 나비 한 마리를 들고 와 객석 바로 앞에 놓더니, 무대를 빙그르르 돌고 퇴장하기를 두어 번. 개화를 역설하는 극중 여인들이 호접몽의 나비인지, 나비효과의 나비인지는 객석이 판단하라는 암시다.

공연에 앞서 ‘한국 연극과 이해조’를 주제로 세미나와 포럼을 하는 등 어느 무대보다 탄탄한 준비 과정을 거쳤다는 사실은 연극에서 받은 감동을 설명해 주기 족하다. 7~11일 나흘 만에 끝난 짧았던 공연 기간 역시 나비의 꿈 같다.

장병욱 기자

2010년 08월 28일 포천뉴스

이해조 문학 학계에서 주목받다

심포지엄 계기로 역사학계와 연극계로 연구 확대

경기문화재단(대표이사 권영빈)과 동농이해조선생기념사업회(회장 홍을표)는 8월27일 오후1시30분부터 오후6시까지 서울역사박물관에서 학계, 정계, 포천문화계, 재경포천시민회 인사와 종친회 인사 및 포천시민 등 200여명이참석한 가운데 동농 이해조 선생 기념 심포지엄을 개최했다.

이날 심포지엄은 개회식, 주제발표, 종합토론 순으로 진행됐다. 홍을표 동농이해조선생기념사업회 회장은 환영사를 통해 "오늘 한국문학사의 새로운 지평을 열고자 하는 심포지엄을 통해 신소설의 개척자로서의 이해조 선생뿐 아니라 계몽운동가요, 교육자, 언론인으로서의 이해조, 그리고 판소리 등 우리의 전통가곡을 사랑한 예술인으로서의 이해조, 더 나아가 민족과 국가의 위기를 이겨나가고자 한 국제적인 안목을 지닌 지성으로서의 이해조를 만나는 기회가 되기를 희망한다"고 말했다.

경기문화재단 전종덕 사무처장은 이날 인사말을 통해 "오늘 경기문화재단과 동농이해조선생기념사업회가 공동사업으로 동농 이해조 선생을 본격 조명하는 학술행사를 개최하게 됐다"며 "동농 선생의 계몽운동이 제대로 평가돼 내년도 자유종 발간 100주년 사업 등이 탄력을 받았으면 하는 바램"이라고 강조했다.

이강림 포천시의회 의원이 대독한 축사를 통해 김영우 국회의원은 "우리 포천의 자랑인 동농 이해조 선생을 기념하는 심포지엄에 초대해준 경기문화재단 권영빈 대표이사와 동농이해조선생기념사업회 홍을표 회장을 비롯한 관계자 여러분에게 진심으로 감사드린다"며 "오늘 나오는 얘기들이 한국문학 발전에 시금석이 되길 바라며 오늘 행사를 마련해준 관계자를 비롯해 참석해준 여러분에게 깊은 감사를 드린다"고 말했다.

서장원 포천시장은 윤석희 포천시 총무국장이 대신 전한 축사를 통해 "이해조 선생님은 국운이 기우는 구한말에 인평대군의 후손으로 포천에서 태어나 민족의 혼과 근대적 각성을 민족앞에 요청하고 언론과 문학을 통해 민중의 계몽과 교육에 헌신해 왔다"며 "오늘 우리는 선생님의 학술적 가치와 문학 혼이 곳곳에 발현될 수 있도록 선생님의 진면목과 선구적인 안목을 드높이는 뜻 깊은 시간을 통해 우리 포천시가 문화와 교육의 명실상부한 중심도시로 서기를 진심으로 바란다"고 말했다.

이각모 재경포천시민회 회장은 "오늘 심포지엄을 준비해준 관계자 여러분에게 감사드린다"며 "오늘 행사가 성공적으로 개최되기를 희망한다"고 밝혔다.

이어 "누가 신소설 최고의 작가인가"라는 주제로 발표에 나선 최원식 인하대학교 교수는 "친일여부만 가지고 이인직보다 이해조를 높이자는 것은 아니며 이해조의 문학적 업적이 이인직을 능가하고 있는 점에 주목한다"며 "이해조문학의 궤적은 신소설의 전진과 붕괴, 그 전체상을 가장 충실하게 반영하였으니, 이해조는 신소설과 이광수 이후를 연결하는 가장 중요한 고리라는 문학사적 위치가 확연하다"고 밝혔다.

최 교수는 “이인직이 아니라 이해조를 신소설시대의 중심에 둘 때 우리 초기 소설사의 올바른 맥락이 재구성된다는 점에서 이해조는 긍정적 측면과 부정적 측면을 아울러서 신소시설시대 최고의 작가였다”고 주장했다.

제2주제 “한말 계몽운동과 동농 이해조”라는 주제로 발표한 연세대학교 김도형 교수는 “동농 이해조 선생은 신구절충의 개신유학자의 모습을 보였다”며 “이해조는 당시 만들어진 각종의 단체, 잡지, 신문 등에서 임원으로 활동했고 소설을 비롯한 많은 글을 통해 민중층을 계몽했다”고 밝혔다.

제3주제 “경술국치 이후의 문학적 변모에 대하여”라는 주제로 발표한 인하대학교 홍정선 교수는 “이인직은 봉건적인 사회를 변화시키는 개화가 누구에 의해 추진되던 아랑곳하지 않고 개화를 지지하며 신념의 친일파로 변모했지만 이해조는 개화의 이면에 제국주의 국가들의 수탈과 지배가 들어 있는 것을 간파했기 때문에 그렇게 변모하지 못했다"고 지적하고 "1910년대에 이해조가 일본을 전면적으로 거부하는 것도 일본에 적극적으로 협조하는 것도 아닌 길을 걸어간 데에는 그가 지닌 이런 현실적이고 신중한 측면 또한 보이지 않게 작용했을 것"이라고 강조했다.

제4주제 "동농 이해조 소설의 창작공연 가능성"이라는 주제로 발표한 김석만 한국예술종합학교 교수는 "소설이 지니는 당대의 한계를 뛰어 넘어 이해조 문학이 지니는 가치를 현재화 하기 위한 방안의 하나로 이해조 소설의 연극화는 마땅히 기획해볼만한 시도"라며 "판소리계 소설의 창작공연 가능성은 창극의 무대형상화 작업과 연결되어 있는 부분이어서 일반적인 과제를 안고 갈 수밖에 없으며 창작 음악을 작곡해서 새노래를 만들지 않고서는 진정한 판소리 창작공연은 먼 길을 가야하는 단계이므로 이해조의 판소리계 소설의 창극공연은 작곡의 문제와 맞물러 있어 판소리의 창작공연의 문제제기와 함께 다뤄야 할 주제"라고 밝혔다.

주제발표를 마친 후 각 지정 토론자들의 토론이 임형택 성균관대학교 명예교수를 좌장으로 진행됐으며 이 자리에서 동농 이해조를 새롭게 인식하는 심포지엄이라는 평가를 내리기도 했다.

이날 마지막 순서로 방청석 질의응답시간에는 이중희 포천문인협회 회장과 공명수 대진대학교 영문학과 교수가 질의자로 나서기도 했다.

한편, 이날 심포지엄에는 민주당 이종걸 국회의원, 민주사회를 위한 변호사 모임의 박연철 부회장, 경기도의회 이우형 의원, 포천시의회 이강림 의원, 한국연극연출가협회 김성노 회장, 대진대 국

문학과 이병찬 교수, 대진대 영문학과 공명수 교수, 이만구 포천문화원장, 이중희 포천문인협회 회장, 이각모 재경포천시민회장, 정동화 의식개혁협의회 회장, 신용철 전 경희대학교 교수,강영길 전 재경포천시민회 사무국장, 이상구 재경포천시민회 사무국장, 이용만 (사)한국체육개발원 사무총장, 이혁기 종손, 이해동 인평대군종친회 회장, 이해동 인권목회자동지회 회장, 이만열 전 국사편찬위원장, 윤석희 포천시 총무국장, 안유진 포천시 환경관리과장 등이 주요내빈으로 참석했다.

김병용 기자

2010년 10월 06일 (주)포천신문사

이해조(李海朝)와 '자유종(自由鍾)'(최종)

100년만에 다시 울리는 '자유종'

이인직이 심혈을 다해 만든 '은세계'는 어떤 세상인가? 소설은 첫 장면에서 다음과 같이 묘사한다. "잘던 눈발이 굵어지고, 드물던 눈발이 아주 떨어지기 시작하며 공중에 가득 차게 내리는데, 굵은 체 구멍으로 하얀 흰무리 떡덩어리 같이 되었더라. 사람이 발 디디고 사는 땅덩어리가 참 떡덩어리가 되었을 지경이면 사람들이 먹을 것 다툼 없이 평생에 떡만 먹고 조용히 살았을는지도 모를 일이나…" 운운. 아름답고 새로운 세상을 기대했는데 세상을 움직이는 것은 오로지 떡이다.

이인직의 '은세계'가 자본이 주도하는 자본주의라면 지금이 '은세계'인지도 모른다. 그러나 그는 민족 없는 '은세계'를 바랐지만 지금 우리는 엄연한 민족국가에 살고 있다. 이인직은 민족 없는 근대(近代)를 위해 친일(親日)을 했다. 우리가 직면한 세계화 시대에도 이인직의 교훈은 유효하다. 또다시 민족 없는 세계화를 할 것인가? 아니면 '자유종'에서 제시한 중체서용(中體西用)의 안목에서서 세계화에 대응할 것인가?

이해조가 '자유종'에서 그토록 절규하던 근대적 보편교육은 이제 거의 실현되었다. '자유종'에서 홍국란의 입으로 했던 말 중에 한

문을 폐하고 "그제야 국문을 가위 글이라 할 것이니, 이 일을 예산한즉 오십 년 가량이라야 성공하겠소."라고 순우리말을 사용할 수 있다던 그 예언도 거의 정확하게 실현되었다. '자유종'에서 유교를 개혁하여 서구 사회에 대응하는 문화적 정체성을 유지하려 한 것은, 그로부터 100년이 지난 지금 세계화의 물결 앞에 선 우리들에게 참으로 심오하고 원대한 대안인 것이다. 공자를 비판하고 유교를 억압했던 중국도 이제 와서 서구화에 대응하는 정신적 원천을 유교에서 찾고자 하는 것을 볼 때 이해조의 '자유종'의 울림은 아직도 쩡쩡하다.

동학의 평등사상을 내재화하여 여성의 권익을 신장하고 여성 교육을 권장하려는 이해조의 구상은 오늘날 페미니즘에 맞닿아 있다. 국치 이후에도 그는 판소리계 소설을 연이어 발간했다. 그리고 조선의 소리를 집성한 '정선조선가곡(精選朝鮮歌曲)'(1914)을 집필했다. 우리의 전통의 바탕에서 새로운 것을 접목하고자 한 그의 절충주의적 태도는 겉으로는 점진적이고 온건한 것처럼 보이지만 그러한 태도에서 생산된 문학적 성과물은 실로 우리의 문학사 속에 면면히 이어 나와 우리 문학과 문화 전반의 큰 바탕이 되었다.

민중적 기초가 없는 상층 엘리트의 급진적 개혁은 친일로 귀결된다는 점이 '은세계'의 정치적 함의라면, 이해조의 '자유종'은 수십 년 수백 년을 바라보는 거시적이고 근본적인 비전을 담고 있다. '자유종'이 당대에는 비록 실패했지만 100년이 지난 지금까지도 우리에게 울리고 있다. 이해조는 참으로 역사를 길게 보고 거시적인 비전과 높은 안목으로 시대의 문제를 바라보았다.

당대적 정치현실 앞에 서로 맞대결을 펼친 두 거물의 1908년부터 1910년까지의 승부는 그로부터 100년이 지난 이제 막을 내린다. '자유종'과 '은세계'의 치열한 대결에서 당대에는 '은세계'가 이겨 우리가 일본의 속국이 되었으나 결국 민족해방운동과 국제정세의 거대한 흐름에 따라 일제는 패망하고 '자유종'이 다시 울렸다. 최후의 승자는 '자유종'이다. '은세계'의 주인공 옥남의 고압적인 연설이 희화화되고 '자유종'의 토론자 신설헌의 페미니스트적인 정론이 우리 시대의 '자유종'으로 다시 울린다.

이해조의 문학과 정치의 성패는 고스란히 우리 문학과 정치의 성패와 괘를 같이 한다. 그러므로 그의 문학의 역사와 위상이 곧 우리 문학의 역사와 위상이다. 이해조의 작품에 녹아있는 인물과 생각은 그대로 우리의 100년 전의 우리의 조상의 모습이고 생각이다. 그가 사랑한 민족과 민족의 예술은 그대로 지금 우리가 사랑하는 문학과 예술의 토대가 되고 있다. 이해조의 한계와 성취가 곧 우리 문학의 근거이고 뿌리이다. '자유종'의 가치가 일제의 동토를 견디고 이겨 나와 우리 문학의 기반이 되었음을 상징적으로 드러내는 사건이 이번 자유종100년제의 백미인 '자유종' 연극 공연이다(포천신문, 2010. 6. 24, 7. 5, 7. 7 ; 연합뉴스 6. 21, 7. 1 ; 매일경제 6. 21 ; 서울신문 6. 28 ; 조선일보 6. 30 참조).

100년의 역사를 관통하여 이해조의 '자유종'이 새롭게 울린다. 이로써 우리 문화와 예술의 새로운 기점이 세워졌다. 다시 말하면 '자유종'과 '은세계'의 100년간의 기나긴 대결에서, 비로소 계부(繼父) 이인직으로부터 친부(親父) 이해조로 우리문학사에서 근대 소설의 계보를 바로잡게 된 것이다. 나는 '자유종' 발간 100주년 및 경술국치 100년을 맞이하는 문화사적인 의의가 바로 여기에 함축되어 있다고 생각한다.

홍을표 / 동농 이해조선생 기념사업회 회장

2010년 10월 15일 (주)포천신문사

"이해조의 여성해방론 아직 유효하다"

제4회 동농포럼 개최…16, 23일 〈자유종1910〉 연극영상 관람회도

동농 이해조 선생 기념사업회(회장 홍을표)는 지난 10월 14일 오후 2시 포천시립소흘도서관 세미나실에서 '동농 이해조와 여성해방론'(발표자 김자현)을 주제로 제4회 동농포럼을 개최했다.

이 날 포럼에는 이철웅 경기도포천교육장, 임승오 포천미술협회장, 한대관 포천연극협회장, 안유진 포천시 환경보호과장, 이만수 대진대학교 문헌정보학과 교수, 허효만 전 선단초등학교장을 비롯한 각계각층의 인사 40여명이 참석했다.

이해조의 대표작인 <자유종> 발간 100주년을 기념하는 '자유종 100년제' 기간중에 개최된 이 날 포럼은 <자유종>이 우리나라 페미니즘 문학의 원조라는 특별한 의미를 지니고 있어 더욱 관심을 끌었다.

이 날 주제발표문에서 김자현 작가는 이해조의 작품 <홍도화(상)>, <빈상설>, <월하가인>, <구마검>, <화의혈>, <원앙도>, <자유종> 등 7편에 나타난 여성주의적인 요소를 분석해 내고, 이해조가 "현대적 개념의 정교하게 분화된 페미니즘은 아니나 그가 얼마나 여성을 사랑했고 노예와 다름없이 살아가는 민족의 반쪽에 대해 뼈아픈 통절을 느끼고 있었는가를 확인할 수 있었다"고 말했다.

한편, 동농 이해조 선생 기념사업회는 제5회 동농포럼은 오는

10월 28일 오후 2시 포천시립소흘도서관 세미나실에서 '이해조 연구의 서지학적 고찰'을 주제로 대진대학교 문헌정보학과 이만수 교수가 발제에 나선다고 밝혔다.

또한 이 달 16일 오후 7시, 23일 오후 7시 양일간 포천시립소흘도서관 세미나실에서 지난 7월 동숭동 대학로 예술극장에서 절찬리에 공연된 바 있는 연극 <자유종1910> 영상 관람회를 개최한다고 밝혔다(문의 : 포천시립소흘도서관)

장영광 기자

2010년 10월 25일 (주)포천신문사

연극 〈1910자유종〉, 포천 소흘도서관에서 영상으로 방영

동농 이해조 선생 기념사업회(회장 홍을표)는 지난 6월 30일부터 7월 11일까지 서울 동숭동 대학로 예술극장에서 절찬리에 공연된 <1910자유종>(연출 박정희)의 영상을 포천시립소흘도서관 세미나실에서 지난 10월 16일, 23일 양일간 방영했다.

<1910자유종>은 동농이해조선생기념사업회와 한국연극연출가협회가 공동으로 이해조의 대표적인 소설인 <자유종>(1910)을 원본으로 하여 만든 연극이다.

이 작품을 연출한 박정희(극단 풍경 대표)는 "<자유종>을 처음

만났을 때 사전에서 찾아야 할 수 많은 고어로 씌어져 세세히 이해하지 못했음에도 불구하고 '역사의 데자뷰'를 느꼈다. 100년 전의 문제가 세월이 흐른 지금, 어떤 문제도 해결되지 않았다니 참으로 신기하다"며 "그래서 원작에는 없는 2010년의 젊은 청년 두 명을 극에 등장시켰고 무대 뒤 화면을 통해 현재의 장면과 극을 대비시켰다"고 연출 의도를 밝혔다.

지난 대학로 예술극장 공연을 관람한 원로연극인 오현경 씨는 "스토리도 없고 100년 전의 어려운 담론을 가지고 연기하기가 매우 어려웠을 터인데 4명의 배우들이 마치 이해조 선생의 분신인 것처럼 아주 잘 소화하여 연기했다"고 후배 연기자들을 칭찬했었다.

포천의 극단 한내 한대관 대표는 "극의 시작과 끝에 등장시킨 '나비의 효과'가 인상적이었다"며 "극화하기에 어려운 원작을 현대인들이 이해할 수 있도록 다양한 연극기법을 사용하여 원작의 분위기를 최대한 살리면서도 조명, 음향, 무대디자인 등 연극의 예술성을 높이려 노력한 작품"이라고 평가했다.

신설헌 역에 길해연, 홍국란 역에 황정민, 이매경 역에 김정영, 강금운 역에 강정임이 맡았고, 원작에는 없는 청년 역은 문종선, 이경섭이 맡았다.

이상창 기자

2010년 10월 30일 (주)포천신문사

이해조 연구 학계 최초 서지학적 접근 시도

제5회 동농포럼서 이만수 대진대 문헌정보학과 교수

동농 이해조 선생 기념사업회(회장 홍을표)는 지난 10월 28일 오후 2시 포천시립 소흘도서관 세미나실에서 <동농 이해조 선생 관련 연구의 서지학적 고찰>을 주제로 제5회 동농포럼을 개최했다.

이 날 주제발표를 한 대진대학교 문헌정보학과 이만수 교수는 학계 최초로 이해조 관련 연구에 대한 서지학적(書誌學的)인 접근을 시도하여 이해조 연구의 동향과 향후 과제를 제시했다.

홍을표 기념사업회 회장은 “이 날 발표된 논문은, 향후 기념사업회가 이해조 연구의 기반이 될 이해조 전집 발간 사업을 기획하고 있어서 금년 포천시립 소흘도서관에서 실시되고 있는 이해조 선생 도서특별전시회와 함께 전집 발간을 위한 준비적인 성격을 지니고 있다”고 밝혔다.

이만수 교수는 문헌정보학적인 방법론을 통하여 기존의 이해조 연구의 서지목록을 집성하였고, 이것을 토대로 지금까지의 연구 결과를 다양한 서지 분류적인 측면에서 분석하여 기존의 이해조 연구의 성과를 일목요연하게 정리했다.

이만수 교수는 이 날 발표문에서 “동농 이해조 선생에 관련된 연구를 분석하면 단행본 28권, 국내외 학술지 및 정기간행물 기사 59편, 학위논문 23건 중 박사 4편, 석사 19편이다. 단행본의 발간년도는 1960년대가 3권, 1980년대 8권, 1990년대 3권, 2000년대 14권으로 최근의 연구가 활발하다”고 밝혔다.

이 교수는 그러나 “박사학위 논문은 4편으로 모두 1980년대에 학위를 받은 오래된 논문으로 앞으로 박사학위 수준의 전문적인 연구가 필요하다”고 강조했다.

이만수 교수는 “단행본 28권 중에 어린이를 위하여 엮은 것도 4권정도 된다”며, 이들 책은 최근에 발행된 것을 보아 독서 수요가 있다고 판단하여 향후 어린이 도서를 발간하여 이해조 선생의 문학을 어린이들에게 널리 알리는 출간 사업을 할 것을 제안했다.

2010년 11월 02일 (주)포천신문사

이해조 문학 공모전, 심사열기 '후끈'

접수 마감, 총 170명 응모…시 255편, 소설 52편, 독서감상문 33편 등
시상식은 11월 10일 오후 2시, 반월아트홀 소공연장에서 개최

동농 이해조 선생 기념사업회(회장 홍을표)는 지난 10월 30일 이해조 문학공모전을 마감했다.

이번 공모전에는 총 170명(대학 일반부 44명, 중고등부 116명)이 응모했으며, 시 255편(85명), 소설 52편, 독서 감상문 33편이 접수됐다.

특히 이번 문학 공모전에서 소설 부문에 52편이나 응모하여 이

해조 문학에 대한 높은 관심을 보여주었다. 응모 결과 응모자들이 서울에서 제주도까지 전국적으로 고르게 분포되어 있어서 이해조 문학에 대한 전국적인 관심을 반영했으며, 행사 관계자는 향후 이해조문학상 제정의 기틀을 놓았다고 평가했다.

심사위원장은 이병찬 교수(대진대 국문학과)가 맡았고, 소설 및 독서 감상문 부문에 장윤수 교수(대진대 국문학과), 김자현 소설가, 시 부문은 서범석 교수(대진대 국문과), 강돈희 시인이 심사를 맡았다.

이병찬 교수는 "학생부문 시와, 소설 부문에서 매우 우수한 작품들이 많이 들어왔다"며 "이는 그간 자유종100년제 기간 동안 이해조공모전에 대한 홍보가 광범위하게 이루어졌음을 반증한다"고 말했다.

특히 소설 부문에 다수의 수작들이 들어왔는데 이에 대하여 소설 부문의 심사를 맡은 장윤수 교수는 "이렇게 많은 소설 작품이 응모해 오는 경우는 전국단위의 유명 문학상에서도 드문 일"이라며 이해조 문학에 대한 작가지망생들의 높은 관심에 대해 놀라운 반응을 보였다.

심사결과는 개별적으로 통지하며 시상은 오는 11월 10일 오후 2시 포천반월아트홀 소공연장에서 개최되는 '자유종100년제' 기념식에서 거행하게 된다.

장영광 기자

동농 이해조선생 기념사업회 연혁

'05. 01. 11	이해조문학회 창립(푸른언덕)
'05. 06. 22	동농 이해조선생 선양문학세미나 개최 (포천반월아트홀)
'06. 06. 06	동농 이해조선생 기념사업회 발기대회 (경복대 세미나실)
'06. 06. 06	동농 이해조선생 서거 79주기 추도식 거행 (경복대 동농 선생 묘소)
'06. 10. 25	동농 이해조 선생 기념사업회 창립(포천반월아트홀)
'06. 10. 25	〈이해조문학〉 창간호 발간
'07. 06. 25	동농 이해조 선생 서거 80주기 추도식 거행 (경복대 동농 선생 묘소)
'08. 12. 11	홈페이지 개설(www.leehaejo.org)
'08. 12. 15	문학특강(홍정선) 및 총회 개최(임원 선출 및 정관 개정)
'09. 02. 25	제1회 동농포럼 개최(발제 홍을표, 선단동사무소)
'09. 04. 03	이해조문학 특강(동남고)
'09. 04. 24	제2회 동농포럼 개최(발제 안익수, 선단동사무소)
'09. 05. 02	이해조문학 특강(포천시청 3층 강당)
'09. 06. 10	동농 이해조선생 서거 82주기 추도식 거행 (경복대 동농 선생 묘소)
'09. 06. 18	동농 선생 묘역 정비
'09. 07. 10	이해조문학 특강(영북고)
'09. 07. 14	이해조문학 특강(포천일고, 일동고)
'09. 08. 27	동농 이해조 선생 기념 심포지엄(서울역사박물관)
'09. 10. 26	「자유종」 독후감대회 시상식(송우고)

'09. 10. 29	사단법인 설립 발기인 창립대회 개최(CHA의대)
'09. 11. 30	「자유종」 독후감대회 시상식(포천일고)
'09. 12. 14	「자유종」 독후감대회 시상식(일동고)
'09. 12. 21	「자유종」 독후감대회 시상식(동남고)
'10. 03. 11	이사전형추천위원회 개최, 신임이사 선임(CHA의대)
'10. 06. 10	동농 이해조 선생 서거 83주기 추도식 거행 (경복대 동농 선생 묘소)
'10. 06. 30	「자유종」 연극 공연 개막(대학로 예술극장)
'10. 07. 05	연극 「자유종」 창작포럼 개최(대학로 예술극장)
'10. 07. 02	동농 이해조 선생 도서특별전시회 개막식 (포천시립소흘도서관)
'10. 07. 02	제3회 동농포럼 개최 (발제 이병찬, 포천시립소흘도서관)
'10. 07. 01	이해조문학 공모전(10. 30 마감)
'10. 10. 07	제4회 동농포럼 개최 (발제 김자현, 포천시립소흘도서관)
'10. 10. 28	제5회 동농포럼 개최 (발제 이만수, 포천시립소흘도서관)
'10. 11. 10	자유종 100년제 기념행사 거행 「동농문학」 3집 발간(포천반월아트홀)

동농문학 제3집 · 2010

발행일 2010년 11월 10일
펴낸이 홍 을 표
펴낸곳 동농 이해조선생 기념사업회
www.leehaejo.org
주 소 경기도 포천시 동교동 198-1 차의과학대학교
전 화 031)850-9440

출 판 다락방
www.darakbang.co.kr
주 소 서울 서대문구 북아현3동 1-495 세방그랜빌 2층
전 화 02)312-2029

ISBN 978-89-7858-054-8 03810